Xpert.press

Helmut O.B. Schellong

Moderne
C-Programmierung

Kompendium und Referenz

3., vollständig überarbeitete und erweiterte Auflage

 Springer Vieweg

Helmut O.B. Schellong
Vlotho, Deutschland

ISSN 1439-5428
ISBN 978-3-642-54436-1   ISBN 978-3-642-54437-8 (eBook)
DOI 10.1007/978-3-642-54437-8

Die Deutsche Nationalbibliothek verzeichnet diese Publikation in der Deutschen Nationalbibliografie; detaillierte bibliografische Daten sind im Internet über http://dnb.d-nb.de abrufbar.

Springer Vieweg

Gedruckt auf säurefreiem und chlorfrei gebleichtem Papier

Springer Vieweg ist eine Marke von Springer DE. Springer DE ist Teil der Fachverlagsgruppe Springer Science+Business Media.
www.springer-vieweg.de

Vorwort zur 3. Auflage

Dies ist eine aktualisierte, überarbeitete und stark erweiterte Auflage.

Nicht nur das eBook-Format, sondern auch das gedruckte Buch ist nun farbig. Alle nunmehr 443[1] Kode-Abschnitte sind mit farbiger Syntaxhervorhebung versehen. Eine eingeklebte CD in jedem Buchexemplar gibt es nicht mehr. Ein CD-Inhalt ist im Internet erreichbar:

```
http://www.schellong.de/htm/code3.html
http://www.schellong.de/txt/code3.text
```

Diese 3. Auflage wurde um 67 Seiten erweitert[2]. Der im Dezember 2011 veröffentlichte aktuelle C-Standard C11 wurde mit einem eigenen neuen Kapitel berücksichtigt. Das Kapitel des C99 wurde erheblich ausgedehnt. Diese beiden Kapitel wurden vom Aufbau her systematisiert.

Zusätzlich sind fast alle Abschnitte des Buches überarbeitet und erweitert worden, oft ohne zusätzliche Seiten zu erzeugen.

Gleichartige Themen wurden sinnvoll zusammengezogen (nützliche Tabellen). Inhalte spezieller Abschnitte wurden verteilt: Beispielsweise sind die durch C99 hinzugekommenen Schlüsselwörter nicht mehr in einem separaten Absatz vorhanden, sondern wurden in die allgemeinen Abschnitte hinein verteilt. Dies geschah von vornherein mit den neuen C11-Schlüsselwörtern.

Es gibt infolgedessen mehr Hinweise »C99«, »C11« und so weiter. Auch mehr Seitenverweise (▶ [148+30]) sind vorhanden, besonders hin und zurück. Das Stichwortverzeichnis enthält mehr Stichwörter als zuvor. Verschiedene Stichwortvarianten sind jeweils hinter ihrer Hauptvariante versammelt.

---

[1] Zuvor 380-24; es wurden 24 Kode-Abschnitte gelöscht.
[2] 280-12→335; es wurden 12 Seiten gelöscht.

Der aktuelle C-Standard C11 weist bei weitem nicht so viele Neuheiten auf wie der Vorgänger C99. Allerdings hat C11 *Multithreading* <threads.h> standardisiert, was doch ein wahrhaft *großer Brocken* ist. Es sind nun Auflistungen vorhanden über die jeweiligen Neuheiten.

Der C-Erfinder DENNIS RITCHIE hatte nach Veröffentlichung des C99 die verpflichtende Aufnahme von *Komplexen Zahlen* bemängelt. Sein Argument dagegen ist die dadurch erheblich gestiegene Größe der Libraries. Daß er Recht hat, ist daran zu erkennen, daß dieses Merkmal von C11 nunmehr als optional hingestellt wird. Das von C11 eingeführte und vorstehend genannte *Multithreading* ist (deshalb) von vornherein optional.

Es geht darum, daß C gemäß C78 eine wirklich sehr *schlanke* Sprache war. Ein Aufblähen von C auf ein Vielfaches würde der Verbreitung von C gewiß sehr schaden.

Die neue Optionalität stößt auch auf deutliche Kritik: ▶ 79

Dieses Buch informiert nicht über alle Details und Neuheiten, die es in den Standard-Dokumenten gibt (der aktuelle Standard hat 702 Seiten). Insbesondere wurden keine Standard-Funktions-Listen und -Beschreibungen angepaßt oder erweitert. Deshalb wird im Literaturverzeichnis auf die COMMITTEE DRAFT verwiesen, die kostenlos sind und für die es dort Internet-Adressen gibt. Erschöpfende Funktionsbeschreibungen sollten zudem in jedem Entwicklungssystem vorhanden sein, soweit von diesem unterstützt. Das POSIX-Kapitel nennt weitere Internet-Adressen.

Auflistungen von Funktionsprototypen, Makrodefinitionen, usw. aus der Standard-Bibliothek (<header.h>) wurden ersatzlos gelöscht. Diese 12 Seiten waren als erklärungslose Listen inhaltsschwach und im Buch beinahe Platzverschwendung.

Der Begriff ANSI-Standard trifft eigentlich nur auf C89 zu und wurde daher weitgehend entfernt. Der C-STANDARD ist international und nennt sich ISO/IEC 9899:2011. Nationale Standard-Organisationen wie ANSI und DIN übernehmen regelmäßig den internationalen STANDARD.

In diesem Buch wurden zusammengehörige Inhalte nach Möglichkeit gezielt auf die linke und die rechte Seite des aufgeschlagenen Buches plaziert, um das Erfassen von Themen zu erleichtern.

Vlotho, im Januar 2014   *Helmut O. B. Schellong*

Vorwort zur 2. Auflage

In der 2. Auflage wurden drei kleine Textfehler korrigiert; drei Zeichen wurden hinzugefügt. Das eBook-Format ist nun farbig. Alle 380 Code-Abschnitte sind mit Syntax-Highlighting (Syntaxhervorhebung) versehen. Eine eingeklebte CD in jedem Buchexemplar gibt es nicht mehr. Ein CD-Inhalt ist im Internet unter `http://www.schellong.de/htm/code.html` erreichbar.

Während der zurückliegenden etwa acht Jahre mit der 1. Auflage gab es überwiegend positive Erfahrungen in Bezug auf Rezensionen. Insbesondere adäquate Rezensionen haben die Eigenschaften des Buches vollständig und unverzerrt gewürdigt. Das Buch sei sehr vollständig, prägnant und übersichtlich in der Darstellung und uneingeschränkt [...] geeignet, wurde unter anderem notiert.

In der zweiten Auflage wurde diesbezüglich auch nichts verändert. Dies gilt gleichermaßen für weitere Auflagen.

Die dritte Auflage wird merkbar erweitert sein. Nach Erscheinen der 1. Auflage im Jahre 2005 wurde im Jahre 2011 der bisher neueste C-Standard C11 veröffentlicht. Es wird mindestens dieser neue C-Standard in Form eines weiteren Kapitels berücksichtigt werden.

Vlotho, im Juni 2013   *Helmut O. B. Schellong*

Vorwort zur 1. Auflage

Motivation für die Entwicklung der Sprache C war die Existenz des Unix® Betriebssystems, das ab 1970[3] bekannt wurde. Es sollte erreicht werden, daß Unix auf andere Prozessoren portiert werden konnte, ohne jedesmal das Betriebssystem vollständig in Assembler neu schreiben zu müssen, sondern eher nur zu 5 %. Die Kommandos dieses Betriebssystems konnten dann gänzlich ohne Neuprogrammierung erzeugt werden – einfach durch Kompilierung.

Deshalb ist bis heute traditionell ein C-Entwicklungssystem für jedes Unix-System vorhanden. Oft ist es ohne C gar nicht erhältlich.

Lehrgrundlage für dieses Buch waren die beiden Bücher *Programmieren in C* [8] der Autoren Kernighan/Ritchie, wobei Dennis M. Ritchie eher der Erfinder der Sprache C und Brian W. Kernighan eher der Buchautor ist.

Diese Bücher gelten als *C-Bibel* und werden in der C-Szene mit K&R1 und K&R2 bezeichnet. Die Sprache C im Sinne dieser Bücher wird K&R-C bzw. Ansi-C genannt. Ein K&R3 aufgrund des neuen C-Standards von 1999 ist leider nicht in Sicht. Vielleicht ist *dieses* Buch ein gewisser Ersatz dafür.

Die Sprache C war 1974 fertig entwickelt. Das englische Original des Buches K&R1 erschien dann 1978. Ab 1983 gab es Standardisierungsbemühungen, die zum Ansi-Standard C89 und dann auch zum internationalen Standard Iso/Iec C90 führten. Am 1.Dez.1999 wurde der nun aktuelle C-Standard C99 veröffentlicht, der bis dahin mit C9X bezeichnet wurde.

Der aktuelle Standard [4] wurde als Informationsquelle bei der Erstellung dieses Buches benutzt. Beispielkode wurde einem früheren Entwurf des Standards [3] entnommen.

---

[3] Ein Zeitstempelwert von 0 s unter Unix ergibt: 01.01.1970 00:00:00

Der C-Standard ist ein englischsprachiges Dokument mit etwa 560 Seiten, das die Sprache C in einer Art *juristischen Vertragssprache* beschreibt, sich eher an Entwickler von Compilern wendet und somit als Lehrbuch oder Tutorial/Kompendium ungeeignet ist. Es wird daher auch nicht daraus zitiert.

Bei Befragungen von Dennis Ritchie[4] sagte dieser beispielsweise auf die Frage, wie ihm der neue C-Standard C99 gefällt, daß ihm der alte Standard C89 gefiel. Er hätte sich gewünscht, daß das Komitee mehr Standhaftigkeit gezeigt hätte gegenüber den vielen Vorschlägen neuer C99 Merkmale. Er kritisiert den beträchtlich gesteigerten Umfang des neuen Standards, und beispielsweise den neuen Typ `_Complex`, der in Folge die Libraries sehr aufbläht.

Es existiert Ende 2004, fünf Jahre nach Veröffentlichung von C99, auch kein einziger C-Compiler, der C99 zu 100 % unterstützt. Bei dieser Bewertung muß bedacht werden, daß ja alle Bibliotheken und alle Header-Dateien gemäß C99 dabei sein müssen. Aber zum Glück unterstützen einige Compiler C99 annähernd zu 100 %. Darunter auch der sehr bekannte `gcc`. C99 ist zwar kein Flop, aber die Stimmung darüber ist bedeckt.

Dieses Buch wendet sich an Leser, die bereits programmieren können und C oder eine andere Programmiersprache ausreichend (oder besser) beherrschen. Unter dieser Voraussetzung ist es sicher möglich, C anhand dieses Buches zu erlernen oder seine Kenntnisse (stark) zu verbessern.

Es liegt die Erfahrung vor, daß wenn Programmierer mit einiger Vorerfahrung eine weitere, für sie neue Programmiersprache erlernen wollen, sie diese neue Sprache möglichst schnell *erfassen* wollen, mit Hilfe von kompakten aber vollständigen Listen, Tabellen und ähnlichen Darstellungsformen nebst Erklärungen in Kurzform, begleitet von Kodebeispielen.

Dieses Buch stellt darauf ab und bietet im Teil I auf etwa 40 Seiten diese Möglichkeit, wobei gleichzeitig eine Referenz gegeben ist.

Dieses Buch basiert auf einem Dokument [1], das seit Januar 2000 als Webseite im Internet existiert und dort außerordentlich beliebt ist. Es erreichten den Verfasser eMail-Zuschriften, die genau die zuvor beschriebene Kompaktheit, die Listen, die Tabellen, den daraus resultierenden schnellen Zugriff und die gleichzeitige relative Vollständigkeit lobten. Ebenso wurde die Kommandoliste zum Editor `vi` kommentiert (Anhang) [2].

Dieses papierne Buch *setzt da noch einen drauf*, indem es besser gegliedert, umfangreicher, noch sorgfältiger geschrieben und fehlerfreier ist.

---

[4] Dennis Ritchie prägte auch sehr wesentlich die Entwicklung von UNIX.

Der C-Standard verwendet ein Vokabular, das in einem Lernbuch nicht dienlich wäre, wie beispielsweise *Übersetzungseinheit* für *C-Datei*, *Übersetzer* für *Compiler*, *Basisausführungszeichensatz* für *Zeichensatz*, und so weiter. In diesem Buch hingegen werden allgemein übliche Begriffe verwendet, wie sie in der täglichen Praxis anzutreffen sind (▶ S. 261).

Im Zusammenhang mit Programmierung gibt es einige Abhängigkeiten von der verwendeten Plattform (Prozessor, Betriebssytem). In diesem Buch wird nötigenfalls von der gängigsten Plattform ausgegangen, nämlich INTEL iX86. Das ist u. a. bei konkreten Zahlenbeispielen und Bitrepräsentationen oft unvermeidbar.

Die Sprache C ist allerdings mit großem Abstand die portabelste Programmiersprache überhaupt, so daß in der Programmierpraxis mit C kaum unterschiedlich programmiert werden muß, um verschiedene Plattformen zu bedienen.

Desweiteren ist C generell wohl die am weitesten verbreitete Programmiersprache. Entwicklungssysteme für Mikrokontroller haben nahezu ausnahmslos C-Compiler. Eine andere Tendenz ist nicht in Sicht. Das wäre auch Unfug, denn für die Programmierung von Betriebssystemen, deren Kommandos und die Millionen von Programmen für Mikrokontroller ist eine eher wenig abstrahierende Sprache wie C auch am geeignetsten.

C ist wegen ihrer Feinkörnigkeit, Rekursivität, Flexibilität und Ressourcenschonung für die zuvor aufgeführten Anwendungsgebiete einfach ideal. Es können aber auch alle anderen Gebiete gut bis ausreichend mit C bedient werden, besonders wenn es auf Ressourcenschonung und maximale Effizienz ankommt. Wenn es darauf nicht ankommt, sind manche anderen Programmiersprachen komfortabler und *sicherer*.

Das Manuskript zu diesem Buch wurde hergestellt mit: dem Editor `gvim`, dem vom Verfasser selbst entwickelten Skript-Interpreter `bsh` und – LaTeX.

UNIX-Betriebssystem war FREEBSD V4.11 mit Programmpaket `teTeX-3.0`.

Die Buch-CD enthält eine `.html`-Datei mit den Kodeabschnitten des Buches in Farbe. Ebenso eine `.txt`-Datei.

Bad Salzuflen, im November 2004   *Helmut O. B. Schellong*

Inhaltsverzeichnis

Teil II   Eingehende Beschreibung der Merkmale

Anhang

## Teil I

Erfassung der Sprache C / Referenz

1

C-Schlüsselwörter

Schlüsselwörter sind in allen Programmiersprachen reservierte Wörter. In C sind zusätzlich alle Namen _[A-Z]... und __... reserviert. Weiterhin durch die Standard-<Header> eingeführte Bezeichner.

1.1 Liste der Schlüsselwörter

Typen von Datenobjekten

`_Bool`	Integer, Wertbereich {0,1}	C99
`char`	Integer	
`short`	Integer	
`int`	Integer	
`long`	Integer	
`float`	Gleitkomma	
`double`	Gleitkomma	
`_Complex`	Komplexe Zahlen $(z = r + i)$	C99
`_Imaginary`	Imaginär	C99
`void`	leer / unbestimmt	C89
`unsigned`	Integer ohne Vorzeichen	
`signed`	Integer mit Vorzeichen	C89
`_Atomic`	Atomischer Zugriff _Atomic(typ)	C11
`struct`	Beliebig zusammengesetzter Typ (Struktur)	
`union`	Auswahltyp / Vereinigungstyp	
`enum`	Aufzählungstyp (Enumeration; Integer)	C89
`typedef`	Individuelle Typnamen-Vereinbarung	

Größe und Adressenausrichtung in Byte

`sizeof`	`sizeof(int)`, `sizeof i`	
`_Alignof`	`_Alignof(int)`	C11
`_Alignas`	`_Alignas(int)`, `_Alignas(8)`	C11

Speicherklassen von (Daten-)Objekten

`auto`	Voreinstellung in Funktionen	
`register`	(Möglichst) ein Prozessor-Register verwenden	
`static`	Name / Symbol wird nicht exportiert; statisch	
`extern`	Objekt (public), von außen her bekanntmachen	
`_Thread_local`	Thread-gebundenes Objekt	C11

Typqualifizierer von Daten-Objekten

`const`	Nach Initialisierung read-only	C89
`volatile`	Keine Optimierung / Stets Direktzugriff	C89
`restrict`	Zeiger mit ausschließlichem Zugriff	C99
`_Atomic`	Atomischer Zugriff	C11

Funktions-Spezifizierer

`inline`	Funktion Inline	C99
`_Noreturn`	Funktion, die nicht retourniert	C11

Programmierung des Ablaufes

`if`	Bedingte Verzweigung (falls ja)
`else`	Bedingte Verzweigung (falls nein)
`while`	Schleife
`for`	Schleife
`do`	Schleife (do-while)
`switch`	Fallunterscheidung (case)
`case`	Fallunterscheidung (Fallzweig)
`default`	Fallunterscheidung (default-case)
`break`	Hinaussprung: Schleife / switch
`continue`	Fortsetzungssprung in Schleifen
`goto`	Allgemeiner unbedingter Sprung
`return`	Beenden einer Funktion (Rücksprung)

Sonstige

_Static_assert	Diagnose	C11
_Generic	Typgesteuerte Selektion	C11

Ehemalige

entry	Eintritt / Eintrag	C78
fortran	Fortran	C78
asm	Assembler	C78

Die Schreibweise _Xyyy bei neuen Schlüsselwörtern wurde wahrscheinlich so gewählt, weil beispielsweise bool als Preprocessor-Definition zuvor bereits weit verbreitet war und / oder wegen des Zusammenhangs von C und C++. Dessen ungeach-
tet sind diese Schlüsselwörter optisch absonderlich und häßlich.

Für Schlüsselwörter, die mit _Xyyy beginnen, gibt es in Standard-<headern> passende Makrodefinitionen: beispielsweise bool, das _Bool einsetzt.

C78 entspricht K&R1.

Der Standard (seit C78) ordnet typedef als einen Speicherklassen-Spezifizierer wie
extern, auto oder register ein, wegen syntaktischer Dienlichkeit, Bequemlichkeit. Was wäre denn so unbequem dabei, wenn typedef als Typnamendefinierer
eingeordnet würde? Es gäbe doch nur eine weitere Rubrik bei den Schlüsselwörtern,
die nur mit typedef belegt wäre. So arg unbequem wäre das nicht. *Type extension*
könnte man solch eine Rubrik nennen. ▶ 8.

1.2 Erklärung einiger besonderer Schlüsselwörter

const

Mit diesem Schlüsselwort wird angegeben, daß ein Objekt konstant ist bzw. als konstant angesehen werden soll, und somit kein Schreibzugriff erlaubt ist. Diese Eigenschaft kann direkt als auch bei beliebigen Zeigerdereferenzierungsebenen (*) vereinbart werden.

```
const int ci= 16;
const int *cip= adr;
```

Hiernach sind ci= x; und *cip= x; Fehler!

```
int * const ipc= &ci;
```

Hiernach wäre ipc++; ein Fehler! Aber, diese Definition ist problematisch, denn (*ipc)++; wäre ja erlaubt, was aber ci ändern würde, ci ist jedoch konstant!

```
int const * const ccip= &ci;
```

Hiernach sind *ccip= x; und ccip= a; Fehler!

```
extern int atoi(const char *);
```

Optimierung möglich, da der Compiler davon ausgehen darf, daß die Funktion atoi auf das per Adresse zugreifbare Objekt keine Schreibzugriffe vornimmt.

Mittlerweile lassen Compiler als konstant bezeichnete Daten in reale readonly-Segmente legen. Das ist mit einer Reihe von Vorteilen verbunden. Dieses Verhalten ist oft unverzichtbar, beispielsweise wenn ein Mikrokontroller nur 6 KB RAM aber 384 KB FLASH hat. Große Struktur-Arrays (85 KB), auf die Schreibzugriffe unnötig sind, können so im viel größeren readonly Flash-Speicher Platz nehmen. ▶ 198.

volatile

```
static void seKulmination(void)
{
    int volatile rf=0;
    if (setjmp(J)==1 && rf>0)  return;
    // ...
    if (seKul>9)  rf=2, ++a;
    if (a)  longjmp(J, 1);
    ErrV= rf;   // cc
    return;
}
```

Ohne volatile hält der Compiler die Variable rf wahrscheinlich zeitweilig in einem Register und ändert sie *nicht* an der Stelle rf=2, sondern erst an der Stelle cc, weil sie bis dahin garnicht gebraucht wird. Sie wird aber doch gebraucht, falls longjmp() aufgerufen wird, denn longjmp() kehrt nicht zurück, sondern springt nach setjmp(), wo rf>0 steht. Und genau *das* kann der Compiler nicht wissen!

Mit volatile wird auf die Variable rf bei *jedem* Vorkommnis *direkt* zugegriffen. Eine weitere Fehlermöglichkeit existiert im Zusammenhang mit globalen Variablen, die laufend in Interrupt-Routinen verändert werden. ▶ 267.

```
_Noreturn void longjmp(jmp_buf, int);
```

Der Standard C11 definiert die Funktion longjmp() wie vorstehend, unter Verwendung des neuen Schlüsselwortes _Noreturn. Und schon ist das oben beschriebene Problem beseitigt.

Das Problem existiert natürlich auch, wenn die Funktion longjmp nicht sichtbar ist:

```
static void seKulmination(void)
{
    int volatile rf=0; //...
    if (setjmp(J)==1 && rf>0)  rf=1;
    // ...
    if (seKul>9)  rf=2, ++a;
    if (a)  list(Args);
    else    back('l');
    ErrV= rf;
    return;
}
```

In der Funktion list() oder back() oder in einer von beliebig darin verschachtelten Funktionen wird möglicherweise longjmp() aufgerufen. Dadurch retournierte setjmp() ein zweites Mal, diesmal mit der Rückgabe == 1. Alle auto-Variablen (nichtstatisch) ohne volatile, deren Wert zwischen den Aufrufen von setjmp() und longjmp() verändert wurde, haben dadurch einen unbestimmten Wert. ▶ 82.

typedef

Dieses Schlüsselwort gestattet die Definition eigener Typnamen (typedef-Namen). Komplexe Typen sind besonders einfach zu definieren durch mehrstufige Anwendung. ▶ 5.

```
typedef  unsigned char  BYTE;
typedef  BYTE  *BYTEP;

BYTE a, b=2, c, *bp=0;
```

```
typedef struct _FILE_
{
    int              __cnt;      // 4
    unsigned char *__ptr,        // 8
                  *__base,       //12
                   __flag,       //13
                   __file,       //14
                   __buf[2];     //16(Dummy)
} FILE, *FILEP;

extern FILE __iob[];

#define stdin   (&__iob[0])
#define stdout  (&__iob[1])
#define stderr  (&__iob[2])

FILE *fp;
fp= fopen("COM2", "rb");
if (!fp)  PrintErr(E_OPENF, "COM2"), exit(2);
```

Hier wurden zuletzt die Typnamen FILE und FILEP definiert. Anschließend ein Array __iob[] bekannt gemacht, aus Strukturen vom FILE-Typ als Elemente, das außerhalb angelegt ist, weshalb es als *unvollständiger Typ* angegeben wurde ([ohne Angabe]), da die Elementanzahl in der aktuellen C-Quelle unbekannt ist. Man sieht auch, daß die vordefinierten FILE-Pointer stdin, stdout, stderr, die Adressen der ersten drei Array-Elemente sind, vom Typ FILE* beziehungsweise FILEP. ▶ 45, 176, 268, 149.

```
typedef  int A[10][2];
A a, b;
int a[10][2], b[10][2];
```

Es wurde ein Typname A definiert. Die beiden letzten Zeilen haben gleiche Wirkung.

Elementare Datentypen

2.1 Liste der Datentypen

Bitanzahl und Wertbereich sind nachfolgend für typische Intel-Plattformen gezeigt (`<limits.h>` `<float.h>`):

Typ	Breite	Wertbereich / Signifikanz	STD
char	8	-128...+127	
signed char	8	-128...+127	C89
unsigned char	8	0...255	C89
short	16	-32768...+32767	
unsigned short	16	0...65535	C89
int	32	-2147483648...+2147483647	
unsigned	32	0...4294967295	
long	32	siehe int	
unsigned long	32	siehe unsigned	C89
long long	64	-9223372036854775808... +9223372036854775807	C99
unsigned long long	64	0...18446744073709551615	C99
int	16	DOS: siehe short	
unsigned	16	DOS: siehe unsigned short	
float	32	7 Stellen	
double	64	15 Stellen	
long double	80	19 Stellen (Intel iX86)	C89
long double	128	33 Stellen (z. B. HP-UX)	C89
sizeof(long double)	10	DOS	C89
sizeof(long double)	12	32 Bit (10+2 FüllByte)	C89
sizeof(long double)	16	HP-UX	C89

Die Integer-Typen wurden in Kurzschreibweise angegeben; Hinter short, unsigned und long kann jeweils noch int stehen: z. B.: unsigned long int

2.2 Erklärungen zu den Datentypen

signed kann auch mit anderen Integer-Typen als char verwendet werden, was aber redundant wäre. Eine Vorzeichenbehaftung des Typs char ist implementationsabhängig: char ist entweder signed char oder unsigned char. Genau betrachtet sind char, signed char und unsigned char drei verschiedene Typen.

Die meisten Compiler haben eine sehr sinnvolle Option, die global umfassend char als unsigned char bewertet. Diese Option erzeugt oft etwas kleinere und schnellere Programme und beseitigt eine Reihe von potentiellen Problemen. Auch Zeichenkonstanten 'c' sind dabei (int)(unsigned char). Wurde diese Option gegeben, hat signed char einen Sinn. Allerdings will man höchst selten im Zahlenbereich eines char arithmetische Berechnungen mit Vorzeichen betreiben. Andererseits können beispielsweise Temperaturwerte platzsparend gespeichert werden, die dann bei Verwendung automatisch (implizit) vorzeichenerhaltend auf int erweitert werden (▶ 95).

1er-Komplement-Prozessoren können in 8 Bit nur -127..+127 darstellen, nicht -128..+127. Dafür haben sie eine negative und eine positive 0. Der STANDARD fordert -127..+127 als Mindestwertebereich für einen vorzeichenbehafteten char.

Die Wertebereiche in der obenstehenden Tabelle entsprechen den STANDARD-Mindestforderungen, mit der Ausnahme, daß laut STANDARD die negativen Werte um 1 positiver sind und daß für int der Wertbereich eines short ausreicht, was auch für deren unsigned-Varianten gilt.

long long ist neu seit dem Standard C99. Der Compiler gcc kannte schon zuvor long long, Borland Builder kennt __int64 und -2345i64, 2345ui64. Der neue STANDARD enthält: long long, <stdint.h>: int64_t, etc.

Achtung, es gibt Plattformen, auf denen ein Byte 32 Bit hat! Und die Typen char, int, long, ... haben dort alle 32 Bit!, und sizeof(typ) für all diese Typen ist 1, was korrekt ist.

void

```
void funktion(void)  { /*...*/  return; }
```

Die Funktion funktion hat *keinen* Rückgabewert und erhält *keine* Argumente beim Aufruf: funktion();

```
(void)printf("...");
```

Der Rückgabewert der Funktion printf (die einen solchen hat: int) soll explizit *ignoriert* werden. Dies wird aber meist implizit belassen, indem ein Rückgabewert einfach gänzlich unbenutzt bleibt.

void

```
# define uchar  unsigned char

void *memset_F(void *d0, int i, register unsigned n)
{
    register uchar *d= (uchar*)d0;
    register uchar  c= (uchar )i;
    while (n > 0)  *d++ = c, --n;
    return (d0);
}

# undef uchar
```

Der Funktion `memset_F` kann die Adresse von Zielobjekten *beliebigen Typs* übergeben werden, weil hier mittels `void*` ein unbestimmter Adressentyp vereinbart wurde. Innerhalb der Funktion wird in eine `uchar`-Adresse umgewandelt. Bei Variablen, die eine `void`-Adresse enthalten (oben: `d0`), können weder `*d0` noch `d0++` durchgeführt werden, weil der Compiler nicht weiß, mit welcher Breite er auf das Objekt zugreifen soll und um wieviel er die Adresse erhöhen soll. Der Compiler kennt nur `sizeof(d0)`, nicht jedoch `sizeof(*d0)`! Es können damit nur Zuweisungen und Vergleiche auf Gleichheit oder Ungleichheit vorgenommen werden.

```
int iarr[64];
struct dirent dea[100];

memset_F(iarr, 0, sizeof(iarr));
memset_F(dea , 0, sizeof(dea));
memset_F(&dea[8], -1, sizeof(*dea));
memset_F(&dea[8], -1, sizeof(struct dirent));

// sizeof(dea)/sizeof(*dea) ist gleich 100
```

`memset_F()` schreibt ggf. 0-Bits und löscht somit nur bedingt typgerecht (▶ 168).

Der Ausdruck `(void)v;` hat *keinen* Wert, sondern es werden eventuell nur Seiteneffekte bewirkt. Dies bei diesem Ausdruck, falls `v` mit `volatile` qualifiziert ist. In diesem Fall erfolgte ein Blind-Lesevorgang von `v`. Ohne `volatile` würde der Compiler diesen Ausdruck weg-optimieren (▶ 143).

Hingegen der Ausdruck `(void*)&v;` hat einen Wert, nämlich einen Adressenwert, der vom Originaltyp her unverändert sein muß. Der Typ `void*` ist ein zentraler, temporärer Träger für *alle* Adressentypen.

Jede Adresse `void*` kann ohne explizite Typumwandlung mit beliebigen Adressentypen verknüpft werden, im Rahmen der erlaubten Operationen. Der obenstehende Typ-Cast `(uchar*)d0` ist redundant.

```c
typedef unsigned         uint;
typedef unsigned char  byte;

void *memcpy_F(void *d0, const void *s0, register uint n)
{
    register byte *d=d0;
    register const byte *s=s0;
    if (n)  do  *d = *s, ++d,++s;  while (--n);
    return d0;
}


int memcmp_F(const void *d0, const void *s0, uint n)
{
    register const byte *d=d0, *s=s0;
    if (n && d!=s)  {
       do  if (*d!=*s)  return *d - *s;
       while (--n&&(++d,++s,1));
    }
    return 0;
}


uint strlen_F(const byte *s0)
{
    register const byte *s=s0;
    while (*s)  ++s;
    return (s-s0);
}


int strcmp_F(const byte *d0, const byte *s0)
{
    register const byte *d=d0, *s=s0;
    if (d!=s) {
       for (;  1;  ++d,++s) {
          if (*d!=*s)  return *d - *s;
          if (!*s)  break;
       }
    }
    return 0;
}
```

Es ist zu beachten, daß *d - *s wegen der int-Promotion (▶ 95) zu falschen Ergebnissen führte, sollten vorzeichenbehaftete Byte-Werte verglichen werden. Bei
Gleichheit (d!=s) würde ein und dieselbe Byte-Folge verglichen.

3

Punktuatoren und Operatoren

3.1 Punktuatoren

```
[ ]  ( )  { }  .  ->
++  --  &  *  +  -  ~  !
/  %  <<  >>  <  >  <=  >=  ==  !=  ^  |  &&  ||
?  :  ;  ...
=  *=  /=  %=  +=  -=  <<=  >>=  &=  ^=  |=
,  #  ##
<:  :>  <%  %>  %:  %:%:
```

Punktuatoren sind Symbole mit unabhängiger syntaktischer und semantischer Signifikanz. Abhängig vom Kontext können sie Operatoren sein. Alle Klammern sind nur
als Klammer*paar* gültig.

```
<:  :>  <%  %>  %:  %:%:

[ ]    { }    #  ##
```

Die Punktuatoren in der hier oberen Zeile sind Ersatzsymbole. Die untere Zeile zeigt
deren Bedeutung. Diese Ersatzsymbole berücksichtigen beispielsweise Tastaturen,
die die Ursprungssymbole nicht erzeugen können.

{ }

Die geschweiften Klammern (Blockklammern) dienen hauptsächlich der Zusammenfassung von Anweisungen, um diese gemeinsam beispielsweise von einer Bedingungsprüfung abhängig zu machen oder sie einem Funktionskopf zuzuordnen, etc.

:

Der Doppelpunkt als Punktuator steht hinter Sprungzielmarken und zeigt innerhalb von Strukturen ein Bitfeld an.

;

Das Semikolon ist ebenfalls *kein* Operator, sondern das Abschlußzeichen einer jeden Anweisung. Ein Semikolon ohne Anweisung davor ist eine Leer-Anweisung, die beliebig redundant gesetzt werden kann:

```
{ /*...*/ a=4;;;;;;;;;; };;;;;
```

Diese erlaubte Redundanz ist bei Makros nützlich. Im Kopf einer for-Schleife müssen sich grundsätzlich zwei Semikoli befinden, als Trenner/Abschluß. Das Semikolon ist ein Sequenzpunkt.

. . .

Die Ellipsis (C89) wird verwendet, um bei Funktionen eine variable Anzahl von Argumenten anzuzeigen. Dieses beim Prototypen (Deklaration) und bei der Definition einer Funktion. Bei Makros ab C99 möglich. ▶ 260, 61.

# #

Das Doppelkreuz-Zeichen als erstes Nichtzwischenraumzeichen in einer Zeile macht diese Zeile zu einer Umgebung für den Preprocessor, fungiert hier also als Punktuator. Innerhalb einer solchen Zeile ist *keine weitere* Direktive (beginnend mit #) möglich, inbesondere nicht innerhalb einer Makrodefinition. Innerhalb der Definition eines Makros wirkt # als Stringizing-Operator auf Makro-Parameter.

##

In einer Preprocessor-Zeile innerhalb einer Makro-Definition wirkt diese Zeichenfolge als Tokenizer-Operator auf Makro-Parameter. ▶ 41.

3.2 Operatoren

Operatoren haben Operanden und veranlassen eine Operation/Aktion.

Fallender Rang von oben nach unten.
Zusammenfassung von links/rechts (L/R) her.

```
()   []   ->   .    x++  x--      (typ){liste}    L
*    +    -    !  ~  ++x  --x  &   sizeof _Alignof R   unär
                                  (typ)           R   unär
*    /    %                                       L
+    -                                            L
<<   >>                                           L
<    <=   >    >=                                  L
==   !=                                           L
&                                                 L
^                                                 L
|                                                 L
&&                                                L
||                                                L
?:                                                R   ternär
=    +=   -=   *=   /=  %=  &=  ^=  |=  <<=  >>=   R
,                                                 L
```

unär, monadisch: Operator hat einen Operanden
binär, dyadisch: Operator hat zwei Operanden
ternär, triadisch: Operator hat drei Operanden

Die Operatoren * + - & werden **unär** als auch **binär** verwendet!
Das Komma wird als Operator **und** als Trenner verwendet!

Die Operatoren-Tabelle berücksichtigt Operatoren einschließlich C11.

Merksätze:

- Beim Programmieren immer an Rang und Zusammenfassungsrichtung aller beteiligten Operatoren denken!

- Bei jeglichem Verbinden, Verknüpfen, Zuweisen von Ausdrücken immer an deren Typ bzw. den Typ beider Seiten denken!

3.3 Operatoren, kurz erklärt

Zu jedem Operator wird nachstehend nur eine kurze Erklärung gegeben, und zwar, wie die Operatoren schwerpunktmäßig verwendet werden. Die Operatoren werden hier nicht erschöpfend erklärt, sondern andere Kapitel ergänzen dies, implizit/explizit, von jeweils einem anderen Hauptthema ausgehend.

( )

Ein Paar runde Klammern bildet den Funktionsaufruf-Operator. Im Zusammenhang mit anderen Verwendungen kann nicht mehr von Operator gesprochen werden, da es keine Operanden gibt: Mit runden Klammern kann eine gewünschte Verknüpfungsreihenfolge erzwungen werden, falls der vorgegebene Rang von Operatoren eine unerwünschte Verarbeitung zur Folge hätte. Beispiel: a= (b + c) * d;

Außerdem werden runde Klammern zur Abgrenzung, Einfassung, Zusammenfassung eingesetzt, beispielsweise bei Bedingungen. Desweiteren kann mit ihnen ein Kommalisten-Ausdruck gebildet werden, bei dem das letzte Abteil den Ausdruckwert repräsentiert.

[ ]

Eckige Klammern stehen hinter Array-Namen und geben das Array-Element an, auf das Zugriff erfolgen soll: `array_name[index_ausdruck]`

Das Resultat eines Index-Ausdrucks muß ein Integer-Wert sein. Auf das erste Array-Element wird mit Index 0 (`array_name[0]`) zugegriffen. Der Name eines Arrays *repräsentiert* die Adresse des ersten Array-Elements; ein Array-Name kann nicht Ziel einer Zuweisung sein, er kann *nur lesend* verwendet werden! Eckige Klammern dereferenzieren: `a[n]` entspricht `*(a+n)`. Eckige Klammern können deshalb auch hinter einer Adressen-Variablen stehen und dann auch einen negativen Index enthalten:

```
int ia[10];
int *iap, i;
iap= ia+5;
i= iap[-2];        // entspricht: i= ia[3];
i= (ia+5)[-2];     // dito
```

Bei Adressen-Ausdrücken haben `[0]` und `*` die gleiche dereferenzierende Wirkung. Bei `[char==signed char]` auf die ungewollte Entstehung negativer Indexwerte achten! (`unsigned char`) beseitigt solche Probleme.

->

Dies ist ein Zugriffsoperator, um von einer Struktur-*Adresse* ausgehend auf ein Mitglied der Struktur zuzugreifen:

```
long l;
struct test { int i; char c; long l; };
struct test  T;
struct test *TP= &T;
l= TP->l;
l= (*TP).l;              // *TP ist die Struktur T als Ganzes
l= TP[0].l;
l= T.l;
l= (&T)->l;
```

Die letzten fünf Zeilen haben die gleiche Wirkung! Man erkennt, daß es diesen Operator nur aus Komfortgründen gibt. Der Name einer Struktur repräsentiert *nicht* deren Adresse, wie bei Arrays, sondern ist die Struktur als Ganzes!

.

Der Punkt-Operator dient dem Zugriff auf Struktur-Mitglieder, von einer Struktur ausgehend. Siehe oben Operator ->

( ){   }

Ein Ausdruck, der aus einer geklammerten Typangabe gefolgt von einer Initialisierer-Liste in geschweiften Klammern besteht, ist ein *Compound literal*[1]. Es stellt ein namenloses Objekt zur Verfügung, dessen Wert durch die Initialisierung bestimmt wurde. Außerhalb von Funktionen angelegt ist die Speicherdauer statisch, innerhalb automatisch und assoziiert mit dem einschließenden Block. [5] :

```
if (*(q = (int[2]){i, j}))
     fn(p = (int[5]){9, 8, 7, 6, 5}, q);
else fn(p = (int[5]){4, 3, 2, 1, 0}, q + 1);

(const char []){"abc"} == "abc"
```

Der Vergleich könnte 1 ergeben, falls es von Zeichenkettenkonstanten mit gleichem Inhalt nur je ein Exemplar gibt (shared). Durch mehrfaches Überlaufen werden *nicht* mehrere Zuweisungsobjekte (im jeweiligen Gültigkeitsbereich) erzeugt. Auch für andere Objektarten ist das nur durch rekursive Funktionsaufrufe möglich. ▶ 64, 65.

---

[1] C99: Zusammengesetztes Literal; Namenloses Zuweisungsobjekt.

Dies ist der allgemeine Zugriffsoperator, um von einer Adresse ausgehend auf den Inhalt des adressierten Objektes zuzugreifen (Dereferenzierung):

```
int i, *ip;
ip= &i;
*ip= 5;
i= 5;
```

Die beiden letzten Zeilen haben gleiche Wirkung.

Dies ist der Adressen-Operator, der die Adresse eines Objektes liefert.

```
int *ip, **ipp;
ipp= &ip;
```

`register`-Variablen und Bitfelder haben keine &Adressen! Man kann auch Offset-adressen aus größeren Objekten erhalten, beispielsweise Adressen von Array-Elementen und Struktur-Mitgliedern. Letztlich hat jedes einzelne Byte von Objekten eine Adresse; ein Byte (`char`/`unsigned char`) ist gewöhnlich die kleinste adressierbare Einheit.

Bei unärer Verwendung wird ein Wert negiert (`NEG`): `i= -i;` Hierdurch wechselt der Wert in `i` sein Vorzeichen. Der Operator `+` dient hier nur Symmetriezwecken.

~

Komplementierung aller Bits eines Integer-Wertes (NOT/Einer-Komplement):

```
~00000000 == 11111111
~11111111 == 00000000
~11001101 == 00110010
unsigned long ul= ~(0ul);
```

Achtung, die hier gezeigte Zahlendarstellung zur Basis 2 (Dualzahlen) ist in C
nicht möglich! Das ist schade, und mittlerweile nicht mehr nachvollziehbar: Nahezu alle C-Programmierer wünschen sich `0b1010011110110100` und daß alle Print-
Funktionen "`%b`" beherrschen.

!

Logisches `NOT/NICHT`.
Aus einem Wert `0` oder `0.0` resultiert `1` (TRUE).
Aus einem Wert ungleich `0` oder `0.0` resultiert `0` (FALSE).

```
if (!a)  a= b+2;
i= !!25;
i= !!(1-3);
```

`i` erhält in beiden Fällen den `int`-Wert `1`.
`(a)` entspricht `(a!=0)`, `(!a)` entspricht `(a==0)`.
Dieser Operator kann auch auf Adressen angewandt werden: Prüfung auf `NULL`.

++ -- * ()

```
c= ++*a++;
c= ++*++a;
c= (*++a)--;          // Fehler!: *++a--
```

Wirkungsweisen (▶ 20):
Der Inhalt `*a` wird inkrementiert und zugewiesen, dann wird `a` selbst inkrementiert.
`a` wird inkrementiert, der Inhalt `*a` inkrementiert und zugewiesen.
`a` wird inkrementiert, der Inhalt `*a` zugewiesen, dann der Inhalt dekrementiert.

Es ist zu beachten, daß je nur *eine* Operation ++ oder -- auf den Inhalt von `a` und
den *anderen* Inhalt `*a` korrekt sind (▶ 292).

++   --

Inkrement / Dekrement: Ein Variableninhalt wird um 1 oder 1.0 erhöht bzw. reduziert (Addition / Subtraktion von 1 oder 1.0). Es gibt einen Unterschied, je nach dem, ob diese Operatoren *vor* oder *nach* einem Variablennamen stehen: Präinkrement/-dekrement oder Postinkrement/-dekrement.

```
++i; i++; i+=1; i=i+1;
--i; i--; i-=1; i=i-1;
```

Diese je vier Anweisungen haben jeweils den gleichen Effekt.

```
a= b + ++i + c;
```

Der Wert des Ausdrucks ++i ist der alte Wert des Inhalts von i plus 1.

```
a= b + i++ + c;
```

Der Wert des Ausdrucks i++ ist der alte Wert des Inhalts von i.
Achtung: der Inhalt von i wird (in beiden Fällen) möglicherweise erst beim Semikolon (;), dem nächsten Sequenzpunkt, inkrementiert! Man soll niemals den Inhalt ein und derselben Variable zwischen zwei Sequenzpunkten mehr als einmal ändern oder verwenden bei vorliegender Änderung!

```
a= b + i+1 + c, ++i;
a= b + i   + c, ++i;
```

Diese beiden Anweisungen zeigen das Sequenzpunkt-Verhalten der obenstehenden Varianten. Der Komma-Operator ist auch ein Sequenzpunkt. Im Zusammenhang mit ++ -- gibt es sehr erhebliche Unsicherheiten!

```
i-- = 2;  i++ = 2;
```

Das sind Fehler! Schon allein von den Sequenzpunkt-Regeln her! Die Ausdrücke x++ x-- ++x --x sind sogenannte *rvalues*, denen grundsätzlich keine weitere Änderung zugewiesen werden kann. Auch &++x ist nicht möglich, da & nur auf *lvalues* angewandt werden kann.

```
*a++ = *b++;
*a   = *b  ,  a++, ++b;
*++a = ++*b++;
```

Auch die erste Zeile oben ist korrekt, da nur die Adressen geändert werden, nicht aber der dereferenzierte Zielinhalt. Es wird ja an a nichts zugewiesen per = , sondern an *a. Die zweite Zeile hat die gleiche Wirkung.
*Wirkung*sweise dritte Zeile: a wird vor der Zuweisung an *a inkrementiert. Der Inhalt *b wird inkrementiert und dann an *a zugewiesen, b selbst wird erst danach inkrementiert.

(typ)

Typ-Cast: Explizite Umwandlung des Typs des Wertes eines Objektes/Ausdrucks in einen anderen Typ. Es können alle elementaren Typen untereinander umgewandelt werden. Ein Cast kann eine Wertveränderung bewirken!

```
unsigned u;
int   i=100;
char  c;
int   *ipa, *ipb;

c= (char)i;
c=-2;                  // c == 11111110
i= c;                  // i == -2 == 111111...1111111111111110
u= c;                  // u == 4294967294u

u= (unsigned)c;                    // u == 4294967294u
u= (unsigned)(unsigned char)c;     // u == 254 == 11111110
u= (unsigned char)c;               // u == 254

c= 127;
u=i=c;                 // u == i == c == 127 == 01111111

ipb= ipa + 1;
i= (int)(ipb-ipa);                      // i == 1
i= ( (unsigned)ipb - (unsigned)ipa );   // i == 4
i= ( (char*)ipb - (char*)ipa );         // i == 4

struct kfl { char a; unsigned char b; } *sp;
  sp= (struct kfl*) &i;
++sp->b;
```

Die drei letzten Zeilen sind sicher *bemerkenswert* – sie sind aber korrekt, da i groß genug ist, um die Struktur vom Typ kfl aufnehmen zu können und weil kein Misalignment auftreten kann.

$\longrightarrow$

Effizienz-Typ-Cast, der erst in C11 unproblematisch ist:

```
char Buf[256];
for (i=0;  i<sizeof(Buf)/sizeof(long);  ++i)
{
    ((long*)Buf)[i]= 0L;
}

memset(Buf, 0, sizeof(Buf));

_Alignas(long) char Buf[256];  // C11
```

Die Zuweisung in der for-Schleife funktioniert fein mit Intel-x86-Prozessoren, deren AC-Bit im Statusregister den Reset-zustand 0 hat, ist aber generell gewagt (▶ 103)! Hier werden 64 longs auf 0 gesetzt, anstatt 256 mal 1 Byte. Mit anderen Prozessoren kann long-Misalignment auftreten und 256/sizeof(long) kann einen Divisionsrest ergeben und Probleme mit Padding-Bits sind möglich! Mittels **union** ist so etwas auch (ziemlich) portabel lösbar.

Die beste Lösung ist hier jedoch die Verwendung der Funktion memset(), da diese prozessor-spezifisch maximal effizient programmiert sein dürfte.

Adressen-Differenzen (s. o. ipb-ipa) haben den Typ ptrdiff_t, ein vorzeichen-behafteter Integer, der meist int oder long oder long long entspricht (▶ 100).

In den allermeisten Fällen kann per Klammerung und Typ-Cast auf int gewandelt werden, da der Differenzwert fast immer relativ klein ist (<32768). Viele Programmierer vermeiden die Verwendung[2] der Typen ptrdiff_t, size_t und ähnlich. Das kann auch unproblematisch getan werden, denn obwohl beispielsweise strlen() oft einen 64 Bit-Typ retourniert, so ist doch der Wert in vielleicht 99,5% aller Fälle kleiner als 2000.

In vielen Kontexten ist jeweils die längstmögliche Zeichenkette und auch die größtmögliche Adressendifferenz bekannt. Beispielsweise wenn in einem Kontext ein Display maximal 40 Zeichen darstellen kann und das größte Array 220 Byte lang ist, sind die Limits sicher abgesteckt. Bei viel größeren Werten sollte mit null-terminierten Zeichenketten konzeptionell garnicht gearbeitet werden.

---

[2] Im Sinne eines Hineinschreibens in den Quellkode.

sizeof

Dieser Operator ermittelt die Anzahl der Bytes von Typen und von Objekten, Objekt-Teilen, Objekt-Elementen. Bei Strukturen und Struktur-Typen können Füll-Bytes dabei sein – zwecks Alignment von Array-Elementen. ▶ 116.

```
struct kfs { int i; char rel; } Kfs[2];
int Array[10];

sizeof(int)          // 4
sizeof(char)         // 1    (ist immer 1)
sizeof(char*)        // 4

sizeof(struct kfs)   // 8    also 3 Füll-Bytes
sizeof(*Kfs)         // 8
sizeof(Kfs)          // 16
sizeof(Kfs+0)        // 4    Pointer-Kontext erzwungen: +0
sizeof(Kfs[0].i)     // 4
sizeof(Kfs[1].rel)   // 1

sizeof( ( (struct kfs *)0 )->rel )   // 1
sizeof(&( (struct kfs *)8 )->rel )   // 4

sizeof(Array)        // 40
sizeof(*Array)       // 4
sizeof(Array[0])     // 4
sizeof(long[2][3])   // 24
sizeof("")           // 1
sizeof("abc")        // 4
sizeof('A')          // 4
sizeof((char)'A')    // 1
sizeof(F(n))         // size of Rückgabetyp
sizeof(ipb-ipa)      // size of ptrdiff_t
```

Der Typ des Resultats von sizeof ist size_t.
Fast immer unsigned: typedef unsigned size_t;
Die oben gezeigte pauschale Klammerung hinter sizeof ist nicht zwingend vorge-schrieben. Sie kann weggelassen werden, falls Mißinterpretation mit nachfolgender Syntax ausgeschlossen ist.

_Alignof

Der Operator `_Alignof` bildet seit C11 gemeinsam mit `_Alignas()` die Alignment-Unterstützung. `_Alignas(typ)` entspricht `_Alignas( _Alignof(typ) )`. `_Alignas` ist kein Operator.

Als Operand von `_Alignof(typ)` dürfen nur Datentypen angegeben werden. Kodetypen (Funktions-Typen) sind nicht erlaubt.

Der Operator liefert einen Integer-Wert, der die Alignment-Anforderung eines Typs angibt. Falls ein Adressenwert dividiert durch diesen Integer-Wert keinen Divisionsrest ergibt, dann ist dieser Adressenwert geeignet, um darauf ein Objekt des angegebenen Typs zu speichern.

Der Typ des Resultatwertes ist `size_t`, wie bei `sizeof`.

Maximales Alignment: `_Alignof(max_align_t)`.

Header: `<stdalign.h>`

Siehe ▶ 81.

* / %

Multiplikation, Division und Restwert-Division (% nur mit Integer).

```
8/4 == 2
7/4 == 1
7.0/4.0 == 1.75
5/4 == 1
4/4 == 1
3/4 == 0
8%4 == 0
7%4 == 3         // 7/4 == 1 + 3/4
5%4 == 1
4%4 == 0
```

Bei Multiplikation einen Überlauf und bei Division einen Divisor mit dem Wert 0 verhindern! Der Rest ist stets kleiner als der Divisor (bei pos. Werten).

+ −

Addition und Subtraktion.

```
int  y, a=j, b=k, c=25000, d=40;  // int: 16 Bit
y=  a - b + c + d;
y= (a - b)+ c + d;
y= (int)( a - (long)b + c + d );
```

Achtung, es sollte damit gerechnet werden, daß manche (ältere) Compiler die Reihenfolge: strikt von links nach rechts, hier nicht einhalten. Dabei bliebe unbeachtet, daß der Programmierer die Reihenfolge möglicherweise so gewählt hat, daß ein Überlauf vermieden wird. Falls beispielsweise b+c überlaufen könnte, so wird durch a-b ein kleiner Zwischenwert gebildet, so daß anschließend temp+c eben *keinen* Überlauf erzeugt.

Pauschal sicher geht man, indem mit einem breiteren Datentyp gerechnet wird, durch Typ-Casting. Oder es werden Klammern verwendet, was jedoch die genaue Kenntnis der möglichen Zahlenwerte zur Laufzeit des Programms bedingt. Auf der rechten Seite einer Zuweisung werden zunächst alle kleineren Typen durch die *int-Promotion* erweitert und dann bei den allermeisten Typkombinationen auf den dort *breitesten* Typ erweitert und damit gerechnet. Das Resultat von rechts wird auf den Zieltyp angepaßt, durch Erweiterung oder Abschneiden von Bitstellen (Warnmeldung des Compilers) (▶ 95).

Variablenbezeichner und Konstanten sind isoliert betrachtet Primäre Ausdrücke, mit Typ und Wert. Durch Verknüpfung mit Operatoren entsteht ein Ausdruck mit Typ und Wert. Die rechte Seite einer Zuweisungsoperation ist ein Ausdruck mit Typ und Wert. Die gesamte Zuweisung ist wiederum ein Ausdruck mit Typ und Wert des Zuweisungszieles, und so weiter (▶ 143).

<< >>

Bitweises Schieben von Integer-Werten nach links und nach rechts.

```
(  signed char)11110000 >> 2        ==>11111100 !
(unsigned char)11110000 >> 2        ==>00111100
```

Streng nach STANDARD sollte man bei `signed`-Typen nicht einen Überlauf nach links erschieben. Das ist bei negativen Werten sofort der Fall. Beim Rechtsschieben gibt es – plattformabhängig – meist *zwei* Arten des Schiebens: Arithmetisches und Logisches Rechtsschieben: ASR und LSR. Das ASR wird bei `signed`-Typen angewandt und erhält ein eventuell vorhandenes Vorzeichen dadurch, daß dann von links her 1-Bits nachgezogen werden. Bei ASR und negativen Werten ist allerdings zu beachten, daß das Resultat um 1 unterschiedlich sein kann zur Division mit `/`.

Durch Links/Rechts-Schieben wird mit Potenzen von 2 (2^n) multipliziert/dividiert, und zwar sehr viel schneller als mit `*` `/`. Beispielsweise 3 Bits nach rechts entspricht einer Division durch 8, wobei der Divisions-Rest *vorher* den niederwertigen 3 Bits entnommen werden kann: `rest= i&7; i>>=3;    /* i>=0 */`

< <= > >= == !=

Vergleichsoperatoren.
Kleiner, Kleiner_oder_Gleich, Größer, Größer_oder_Gleich, Gleich, Ungleich.

```
if (i == (int)u)  /*...*/;
while (*ap != NULL)  { /*...*/ ++ap; }
```

Es ist zu beachten, daß beim Vergleich von Gleitkomma-Werten mittels der Operatoren `==` und `!=` mit sehr großer Wahrscheinlichkeit die Bedingung *niemals* zutreffen wird! Ein berechneter Wert, der beispielsweise mit `5.85` verglichen wird, wird beispielsweise

```
5.850000000000013  oder
5.850000000000022  oder
5.849999999999994  oder
5.849999999999981  oder  ...
```

betragen, jedoch höchst selten exakt `5.850000000000000`.

Dabei darf nicht vorschnell einer Ausgabe durch die Funktion `printf()` vertraut werden, denn die *rundet* per Voreinstellung bei der Umwandlung des Gleitkomma-Wertes in eine lesbare Zeichenkette.

Folglich mit einem Epsilon-Wert arbeiten: `(v >= f-eps && v <= f+eps)`

&   ∧ |

Bitweise: `UND(AND)-`, `XODER(XOR)-`, `ODER(OR)`-Verknüpfung.

```
i  = 32;                    00100000
i |= (1 | 4 | 8);           00101101
i &= ~(1 | 4 | 8);          00100000
10000001 ^ 11111111  ==  01111110

if ( i & (4|8))  ...
if ((i & (4|8))==(4|8))  ...
```

Es ist erkennbar, daß der Rang dieser drei Operatoren unglücklich festgelegt wurde. Ein höherer Rang als der der Vergleichsoperatoren wäre besser. Siehe auch: ~

&& ||

Logisch: `UND-`, `ODER`-Verknüpfung. Diese Operatoren sind Sequenzpunkte.

```
if (!a && b>=4 && (c||d))  ...
if (r=0,  !a && (r=1, b>6) && (r=2, c))  ...
```

Bei diesen Operatoren wird von links nach rechts gemäß KO-Logik verfahren: Sobald eine Bedingung vor `&&` `0` ist oder sobald eine Bedingung vor `||` `1` ist, wird der Rest der `&&`- bzw. `||`-Verknüpfung ignoriert, denn dann steht fest, daß die jeweilige Bedingungskette als Ganzes `FALSE(0)` bzw. `TRUE(1)` ist. `!a^!b` entspricht einem logischen XOR: `^^`. Siehe auch: !

?:

Dieser ternäre Operator hat Ähnlichkeit mit `if()-else`, ist jedoch weniger aufwendig zu schreiben und kann mitten hinein in Ausdrücke gesetzt werden. Bei der Erstellung von universellen Preprocessor-Makros ist er oft unverzichtbar.

```
y= a>5 ? 1 : 0;
z= a + b + (a>2 ? a&12 : (++k, b-1)) - 24;
k ? printf("k!=0") : printf("k==0");
```

In der vorletzten Zeile ist die Klammerung zu beachten, wegen des geringen Rangs von: > ?: , Der Typ des Wertes der beiden Ausdrücke vor und nach dem : muß gleich sein. In der letzten Zeile liegt `int` in beiden Fällen als Typ vor, da dies der Rückgabe-Typ von `printf()` ist. Ein Cast `(void)` ist hier manchmal nützlich.

```
=
+=   -=   *=    /=    %=
&=   ^=   |=   <<=   >>=
```

Zuweisungs-Operator und zusammengesetzte Zuweisungs-Operatoren.

```
a    =  1;
b   +=  2;        entspricht    b= b+2;
b   -=  3+a;      entspricht    b= b-(3+a);
b   *=  a+1;      entspricht    b= b*(a+1);
s  <<=  4;        entspricht    s= s<<4;
s   +=  l = CatS(buf+s, j, k, *pp, (byte*)0);
```

Wegen des geringen Rangs entfallen außerdem Klammern, wie zu sehen ist. Bei der Mehrfachzuweisung in der letzten Zeile wird bekanntlich von rechts nach links, Stufe für Stufe, zusammengefaßt.

```
,
```

Der Komma-Operator ist ein Sequenzpunkt. Mit ihm können kürzere Schreibweisen und kompakte Syntax-Konstruktionen realisiert werden. Es können Ketten aus Quasi-Anweisungen innerhalb einer Anweisung gebildet werden, ohne Blockbildung mittels geschweifter Klammern:

```
if (a>2&&b!=10)   a+=4, b=Fu(1), ++c;
else              a=b=0, --c;
if (k&8)  { a=2, b|=k|1, ++Err; break; }
```

Schlüsselwort-Anweisungen dürfen allerdings nicht Bestandteil einer Kommaliste sein!, wie in der letzten Zeile zu sehen ist.

```
if (f>1)  i+= Fuu(a, b, (f+=2,c=a-f, c), d=D+1, e), i*=4;
```

Nur das dritte, vierte und das letzte Komma sind hier Komma-Operatoren!, die anderen Kommata sind Trenner/Punktuatoren.

```
i= A[f=++k+4];
i= A[f=++k+4,  f];
```

Bewertet (hier als Array-Index) wird stets der letzte Ausdruck einer Komma-Liste. (Insofern überhaupt ein Wert gebraucht wird.) Die beiden Zeilen haben gleiche Wirkung. Weitere Beispiele sind an anderen Stellen dieses Buches zu finden. Bei Variablen-Definitionen können mehrere Variablen-Namen hinter einer Typ-Angabe aufgelistet werden (▶ 25). Hierbei fungiert das Komma aber wieder als Trenner, nicht als Operator.

```
switch (at->z.n) {
  case 0: if (at->format!=AT_BIN) { at->z.n=3; goto TXTSW; }
          at->z.n=1;
  case 1: if (!T_All[at->vi]) {
              buf[0]=0; buf[1]=0; buf[2]=0; buf[3]=0;
              buf[4]=2;
              at->crc= Crc16(at->crc, buf, 5);
              buf[5]=(BYTE)at->crc;
              buf[6]=(BYTE)(at->crc>>8);
              put(buf, 7);
              at->z.n=5; goto END;
          }
          at->bi=0; at->z.n=2;
  case 2: if (s=TXT(T_All[at->vi], at->bi), !s) {
              ++at->vi; at->z.n=1; goto TXTSW;
          }
          dw= (UNS4)T_All[at->vi][at->bi][0];
          buf[0]=(BYTE) dw;
          buf[1]=(BYTE)(dw>>8);
          buf[2]=(BYTE)(dw>>16);
          buf[3]=(BYTE)(dw>>24);
          r= (buf[4]=(BYTE)strncpy_F(buf+5, s, _40+1))+5;
          at->crc= Crc16(at->crc, buf, r);
          put(buf, r);
          ++at->bi; goto END;
  case 3: if (!T_All[at->vi]) {
              put("\r\n", 2);
              at->z.n=5; goto END;
          }
          at->bi=0; at->z.n=4;
  case 4: if (s=TXT(T_All[at->vi], at->bi), !s) {
              ++at->vi; at->z.n=3; goto TXTSW;
          }
          r= sprintf_F(buf, "%0101u\t", T_All[at->vi][at->bi][0]);
          r+=nput=strncpy_F(buf+r, s, _40+1);
          if (!nput||nput>_40)  buf[r++]='\a';
          buf[r++]='\r', buf[r++]='\n';
          put(buf, r);
          ++at->bi; goto END;
  case 5: break;
}
```

In der Praxis gibt es fast keine Probleme mit dem Rang der Operatoren in C. Eine Rangklammerung ist oben nur wegen der Typ-Casts (BYTE) vorhanden. (UNS4) wandelt einen FAR* um.

Die Schiebeoperationen dw>># sind übrigens portabel. Es wird hier stets das erst-, zweit-, dritt- und viertniederwertigste 8 Bit-Byte aus dw an buf[#] zugewiesen. (Voll portabel mit vordefiniertem Makro CHAR_BIT.)

3.4 Lvalue, Rvalue

Viele Programmierer werden schon einmal die folgende oder eine ähnliche Fehlermeldung eines C-Compilers gesehen haben:

```
error: lvalue required as left operand of assignment
```

- Ein *Lvalue* ist ein Ausdruck, der potentiell ein Objekt
  kennzeichnet (das einen Namen hat), der nicht nur innerhalb
  eines Ausdrucks temporär existiert.

- Ein *modifizierbarer Lvalue* kennzeichnet ein Objekt, dem
  ein Wert zugewiesen werden kann.

- Eine *Lvalue*-Konvertierung gewinnt den Wert aus dem
  durch den *Lvalue* gekennzeichneten Objekt, wodurch
  der verwendete *Lvalue* kein *Lvalue* mehr ist.

- Eine Zeichenkettenkonstante ist ein *Lvalue*.

- Ein *Rvalue* ist der Wert eines Ausdrucks.

```
int a[9], c, i;

c+3 = i-1;
c++ = 7+4;
F() = 28;
i>9?i:c = 33;
```

Kein vorstehendes Zuweisungsziel ist ein *Lvalue*, was jedoch erforderlich ist. Auf
der rechten Seite der Zuweisungen befinden sich *Rvalue*, die nur temporär existieren.
Das Objekt i repräsentiert rechts seinen Wert, nach *Lvalue*-Konvertierung.

```
a   = 65;
```

Das Objekt a ist kein modifizierbarer *Lvalue*; a hat den Typ int[9], nicht den Typ
int. [sizeof(int[9]) == sizeof(a) == 9*4 == 36]

4

C-Zeichensatz, Konstanten, Kommentare

4.1 Zeichenmenge

```
abcdefghijklmnopqrstuvwxyz
ABCDEFGHIJKLMNOPQRSTUVWXYZ
_0123456789
```

Obenstehend diejenigen Zeichen, die für Namen (und Konstanten) verwendet werden dürfen. Der Unterstrich _ gilt als Buchstabe. C unterscheidet glücklicherweise zwischen Groß- und Kleinbuchstaben! Namen müssen mit einem Buchstaben beginnen.

Die ersten 31 (C99: 63) Zeichen eines internen Namens sind signifikant. Der Standard C99 fordert 31 Zeichen für externe Namen, die vom Linker verarbeitet werden.

Nur die Zahlenwerte der Zifferzeichen "0123456789" müssen in der gezeigten Reihenfolge eine Differenz von je +1 aufweisen! Deren absolute und alle anderen Werte sind plattform-spezifisch. Beispielsweise die Zeichen a...z müssen folglich keineswegs aufsteigende Werte noch Differenzen von 1 besitzen.

```
!"#%&'()*+,-./:;<=>?[\]^{|}~
```

Die vorstehenden Zeichen sind Operatoren- und Punktuatorenzeichen.
$ @ ' sind die einzigen (sichtbaren) in C *nicht* verwendeten ASCII-Zeichen.

Leerzeichen, beide Tabs, Zeilen- und Seitenvorschub sind Zwischenraumzeichen, die völlig beliebig in einen Quelltext geschrieben werden können, solange sie nicht Schlüsselworte oder Operatoren (aus zwei oder mehr Zeichen) oder sonstige Syntaxeinheiten zerteilen. In einer Preprocessor-Zeile ab # dürfen nur Leerzeichen und h-Tab als *White space* verwendet werden. An manchen Stellen *müssen* Zwischenraumzeichen stehen, um eine Trennwirkung zu erzielen: `unsigned long` kann nicht so: `unsignedlong` geschrieben werden.

4.2 Zahlenkonstanten

Wert	Typ	Zahlenbasis/Anm.		Ziffernmenge
12345	int	dezimal:10		0...9
04567	int	oktal:8		0...7
0x12AF	int	hexadezimal:16		0...9a...f, 0...9A...F
12345L	long			
12345LL	long long	C99		
12345u	unsigned	C89		
12345ul	unsigned long			
12345ull	unsigned long long	C99		
1.2345	double			
1.2345f	float			
1.2345L	long double			
1.2345e-6	double	$1.2345 \cdot 10^{-6}$		
0x1A.3FEp28	double	16p10	C99	
0x1A.3FEp-28	double	16p10	C99	
0x1A.3FEp28f	float	16p10	C99	

uUlLfFeEpP sind als Suffix/Exponentmarkierer gültig.

Oktal-Darstellung beginnt mit `0`
Hex-Darstellung beginnt mit `0x` oder `0X`

Oktal- und Hexzahlen haben eine Besonderheit, da deren Zahlenbasen 8 und 16 Potenzen von 2 sind: $8 = 2^3$, $16 = 2^4$: Jede Ziffer steht für genau 3 bzw. 4 Bit. Die jeweilige Ziffernmenge nutzt diese Bit-Felder voll aus:

```
0777  ==     111111111
0x777 ==   11101110111
0xFFF == 111111111111
```

Eine besondere Konstante ist der *NULL-Pointer*. Im Pointer-Kontext wird die `int`-Konstante `0` in eine spezielle Null-Adresse umgewandelt, die als Erkennungsmarke beim Umgang mit Adressen verwendet wird.

Suffixe müssen nur selten angegeben werden:

```
long long ll;
unsigned u;
short s;

ll = -678;
ll = 857322624983473ll;
ll = 857322624983473;      // Compiler-Warnung!
ll = 1u << 31;             // Suffix u erforderlich!
u  = 16;
u  = 3847772663u;
s  = 28433;
```

Der Compiler erweitert oder verengt eben die drei int-Konstanten entsprechend dem Zieltyp, denn die Zahlenwerte passen ja in den Wertebereich der Ziele, so daß auch keine Information verloren geht.

Im Wesentlichen muß aufgepaßt werden, daß keine int-Konstante in ihren negativen Zahlenwertebereich geschoben wird oder Ähnliches. Und Warnungen des Compilers sollten *abgestellt* werden durch entsprechende Korrekturen im Kode, nicht durch Abschaltung per Option.

Enumerationen (▶ 121) gehören ebenfalls zu den Konstanten.

4.3 Zeichenkonstanten

```
'A'  '#'  'ä'  '\''  '\x41'  '\0'
```

Zeichenkonstanten haben den Typ `int` und den Zahlenbereich: -128...127.
Mit entsprechender Compiler-Option:
`(int)(unsigned char)'x'` und 0...255.
Manche Compiler akzeptieren keine Zeichen >127, wie z. B. 'ü'. Es müssen dann andere Darstellungen des gewünschten Wertes verwendet werden:
'\x81' oder '\201' oder 0201 oder 129 oder 0x81.
Die folgenden Zeichen-Ersatzdarstellungen sind im nächsten Abschnitt erklärt:

```
\'  \"  \?  \\  \a  \b  \f  \n  \r  \t  \v  \ooo  \xhh
```

4.4 Zeichenkettenkonstanten

Zeichenkettenkonstanten werden von einem Paar Doppelapostroph eingefaßt:

```
"Die Programmiersprache \"C\" hat wenige Schlüsselwörter."
```

und haben (im Pointer-Kontext) den Typ: `const char*`. Beispielsweise ein Ausdruck: `"abcdef"+2` ist möglich, um auf die Zeichen ab `c` zuzugreifen.
`char c= "abcdef"[2];` ist ebenfalls möglich. Der Compiler fügt beim Speichern ein Null-Zeichen '\0' an, "abc" belegt also 4 Bytes im Speicher.
In Zeichenketten*konstanten* soll nicht hineingeschrieben werden! Einige Compiler ermöglichen das zwar per Option, aber es ist mittlerweile kaum portabel. Ein Ausweg ist: `char A[]= "abc";`

```
printf("aaaaaaa"  "bbb"
       "ccccc"  "\n"       );

printf("aaaaaaabbbccccc\n");
```

Die beiden Funktionsaufrufe ergeben die gleiche Ausgabe, da der Compiler die erste, in Teilstücken angegebene Zeichenkette automatisch zusammenfügt. Es gibt eine weitere Möglichkeit durch den Preprocessor, mit einem \ direkt vor dem Zeilenvorschub:

```
printf("aaaaaaa\
bbb\
ccccc\
\n"    );
```

Die vorstehende Konstruktion sollte vermieden werden, da sie fehlerträchtig und nicht so freizügig ist.

Die folgenden Zeichen-Ersatzdarstellungen können in Zeichen- und Zeichenketten-Konstanten verwendet werden. Sie ermöglichen das Schreiben von unsichtbaren Steuerzeichen und dienen der Aufhebung der Spezialbedeutung von Zeichen (Maskierung):

\n	Zeilenvorschub (LF, NL)
\r	Wagenrücklauf (CR, ^M)
\t	Tabulator
\b	Rückschritt (Backspace)
\a	Klingelzeichen (Bell,Beep,Alarm,Alert)
\f	Seitenvorschub (Formfeed, ^L)
\v	Vertikal Tabulator
\?	'?' '\?' "?" "\?"
\\	'\\' "\\"
\'	'\'' "\'"
\"	'"' '\"' "\""
\0	Null-Zeichen, Wert==0
\ooo	Oktal-Escape-sequenz
\xhh	Hex-Escape-sequenz

Es ist zu beachten, daß die Oktal-Sequenz 1 bis 3 Oktal-Ziffern enthalten kann, die Hex-Sequenz jedoch 1 bis n Hex-Ziffern/-Zeichen! Beide Sequenzen werden beim ersten unpassenden Zeichen beendet, aber nur die Oktal-Sequenz hat eine anzahlbezogene Längenbegrenzung.

Mit \000...\377 oder \x00...\xFF kann der gesamte Zeichensatz angegeben werden. Direkte Angabe von Zeichen mit Wert >127 ('ä' "öü" ...) ist *nicht* voll portabel!

4.4.1 Universal Zeichennamen

C99 führte diese Zeichennamen ein. Mittels der Präfixe \u und \U können Zeichenkonstanten im Hexadezimalformat angegeben werden:

```
\uhhhh      \Uhhhhhhhh
\uhhhh == \U0000hhhh
"aaaa\u0024($)bbbb\u0040(@)cccc\u0060(')dddd"
"11112222\U0000002433334444"
```

Werte kleiner als 00A0 dürfen nicht angegeben werden, mit Ausnahme der oben aufgeführten drei Werte. Werte von D800 bis DFFF dürfen nicht angegeben werden. Diese Zeichennamen dürfen verwendet werden in Bezeichnern, Zeichenkonstanten und Zeichenkettenkonstanten.

4.5 Präfixe

Folgende Präfixe können Zeichenkonstanten und Zeichenkettenkonstanten vorangestellt werden:

Präfix	Anwendung	Typ	Bemerkungen
	`"abc"`	`char`	
u8	`u8"abc"`	`char`	C11
u	`u"abc"`	`char16_t`	C11
U	`U"abc"`	`char32_t`	C11
L	`L"abc"`	`wchar_t`	C99
	`'a'`	`int`	
u	`u'a'`	`char16_t`	C11
U	`U'a'`	`char32_t`	C11
L	`L'a'`	`wchar_t`	C99

Der folgende Test mit C11-Mitteln auf einer 64 Bit-INTEL-Plattform:

```
# define typ(x)  _Generic((x),default:0,  \
                          char:10,  \
                          unsigned char:11,  \
                          signed char:12,  \
                          unsigned short:20,  \
                          short:21,  \
                          unsigned:30,  \
                          int:31,  \
                          unsigned long:40,  \
                          long:41  \
                          )
printf("%u %u %u %u %u\n", typ(""[0]), typ(u8""[0]),
       typ(u""[0]), typ(U""[0]), typ(L""[0]));
printf("%u %u %u %u %u\n", typ('x'), typ('ü'),
       typ(u'x'), typ(U'x'), typ(L'x'));
```

ergab folgende Basistypen:

Anwendung	Typ	Anwendung	Typ
`"abc"`	`char`	`'a'`	`int`
`u8"abc"`	`char`		
`u"abc"`	`unsigned short`	`u'a'`	`unsigned short`
`U"abc"`	`unsigned`	`U'a'`	`unsigned`
`L"abc"`	`int`	`L'a'`	`int`

Bei Zeichenketten ist der Typ eines Array-Elements angegeben; Obenstehend wird
mittels `""[0]` auf die terminierende 0 der leeren Zeichenkette zugegriffen.

4.6 Kommentare

```
/* Dies ist ein Kommentar */

// Dies ist ein Zeilenkommentar
```

Alles zwischen /* und */ wird ignoriert, auch Zeilenvorschübe. Sobald /* gesichtet wurde, wird nach */ gesucht; es ist auf mögliche Verschachtelung zu achten, die zu Fehlerhaftigkeit führt.

Zeilenkommentare gelten bis zum Zeilenende, ausschließlich des Zeilenvorschubs. In C gültig ab C99.

Achtung!:

```
a= b + c - d / 70;

a= b + c - d //*70*/ 80;
```

Eine Funktion, die beispielsweise "10001110100111011" erzeugt, die einen Integerwert in einen Dualzahl-String umwandelt:

```
int ultob_F(byte *buf, ulong u)
{
    register byte *bp= buf;
    register int l=1;
    int l0;
    if (u)  l=sizeof(u)*CHAR_BIT;
    while (u && !(u&~((~0ul)>>1)))  u<<=1, --l;
    l0=l;
    do
        *bp= u&~((~0ul)>>1) ? '1' : '0';
    while (++bp,u<<=1,  --l>0);
    *bp=0;
    return (l0);
}
```

Der Zielpuffer muß mindestens sizeof(ulong)*CHAR_BIT+1 Byte groß sein. Führende 0-Bits werden übersprungen; Führende "000" können an anderer Stelle individuell hinzugefügt werden. Das ist konzeptionell besser. Mindestens "0" oder "1" wird geschrieben. Die String-Länge wird retourniert.

Der Operand zu u&, sizeof(xyz) und CHAR_BIT sind konstante Ausdrücke und Konstanten, die zur *Kompilierzeit* berechnet werden! ▶ 235.

Die Verwendung der Ziffernwerte `'0'` bis `'9'` ist nachfolgend portabel:

```
 #define ZIFFER(N)  while (u>=N)  u-=N, ++c, f=1;  \
                     if (c>'0' || f)  *a++ = c, c='0';

int itoa_F(byte *a0, int i)
{
   register unsigned u;
   register byte *a= a0;
   register byte c='0', f=0;

   if (i<0)  i= -i, *a++='-';
   u=(unsigned)i;

   if (u<1000U)  goto U100;
#  if defined(UNIX) || defined(DOS32)
   if (u<100000U)  goto U10000;
   ZIFFER(1000000000u);
   ZIFFER( 100000000u);
   ZIFFER(  10000000u);
   ZIFFER(   1000000u);
   ZIFFER(    100000u);
   U10000:;
#  endif
   ZIFFER(     10000u);
   ZIFFER(      1000u);
   U100:;
   ZIFFER(       100u);
   ZIFFER(        10u);
   *a++=(byte)u+'0';
   *a=0;
   return (a-a0);
}
#undef ZIFFER
```

Um die Aufgabenstellung dieser Funktion (int → ascii) zu lösen, reicht im Normalfall eine ganz kleine Funktion mit Division und Restwertdivision pro Ziffer aus (▶ 44). Diese Variante hier arbeitet schneller. Noch deutlich effizienter ist eine Variante, die dem gleichen Konzept folgt wie die auf ▶ 106 präsentierte Funktion, die jedoch 200 Zeilen lang ist und daher nicht abgedruckt werden kann. ▶ 235.

5

Der C-Preprocessor

ist das erste Programm eines C-Compilers, das eine C-Datei bearbeitet. Er bewertet innerhalb einer C-Quelldatei die für ihn bestimmte Syntax und ersetzt sie entsprechend. Er übergibt dem eigentlichen Compiler also eine durch ihn vorbearbeitete Datei, die beispielsweise mehrfach größer sein kann als die originale, vom Programmierer erstellte C-Quelle.

5.1 Einführende Beispiele mit Erklärungen

```
#define kLAENGE   360
```

Zeilen, die als erstes Zeichen # enthalten, sind für den Preprocessor bestimmt. (Nur Zwischenraumzeichen dürfen davor stehen.) Überall, wo im Quellkode kLAENGE steht, ersetzt der Preprocessor dies durch 360, *ab* der obenstehenden Definition. Allerdings nicht innerhalb von Zeichenkettenkonstanten "..." und nicht innerhalb von anderen geschlossenen Namen – logisch. Der Preprocessor fügt vor und nach einem Einsetztext zusätzlich je ein Leerzeichen ein![1]

```
a+kLAENGE.0
```

ergibt also: a+ 360 .0, was fehlerhaft ist.

```
cc -DkLAENGE=360 -DDOS ... -UkLENGTH  xyz.c
```

Solche Definitionen können auch von der Kommandozeile aus vorgenommen werden. Oben wurde definiert (-D) als auch entdefiniert (-U). Mehrere gleiche Entdefinierungen hintereinander sind erlaubt.

---

[1] Bei alten Compilern vor 1990, vor C90, war das noch nicht so.

```
#        include <stdio.h>
#        include "./mod/kfu.c"
```

Die `include`-Zeilen werden durch die aktiven Teile des jeweiligen Dateiinhalts ersetzt. Das bedeutet, daß in den Dateien ja Inhaltsteile wiederum durch Preprocessor-Anweisungen ausgeblendet sein können.

Die Variante mit `< >` adressiert Standard-Header. Inkludierungen dürfen mindestens 15-fach verschachtelt sein.

```
#undef  kLAENGE
#define kLAENGE  3600
```

Falls ein bereits verwendeter Name einen *anderen* Ersatztext erhalten soll, muß er zuvor entdefiniert werden. Mehrere Definitionen mit *gleichem* Ersatztext hingegen sind erlaubt. Eine Entdefinierung eines bereits entdefinierten Namens ist ebenfalls erlaubt.

```
# define D_NBLF  (D_NBLD+32)
```

Bei Verwendung von Operatoren sollte stets geklammert werden, damit es keine unerwünschte Interpretation durch Kombination mit an den späteren Einsetzstellen möglicherweise vorhandenen Operatoren gibt.

```
# define OVSCAN(c)  printf("\033[=%uA", c)
```

Hier wurde ein Makro mit einem Argument vereinbart. Der Argumentbezeichner (hier: c) kann beliebig gewählt werden, solange es keine Gleichheiten mit anderen Namen gibt. Bei der Definition eines Makros muß die Klammer direkt hinter dem Namen folgen, da andernfalls die Klammer als Beginn einer Argumentliste nicht erkannt, sondern als einzusetzender Text aufgefaßt wird. Auch ein `Makro()` ohne Argument ist möglich.

Makros können prinzipiell wie Funktionen betrachtet werden, mit dem Unterschied, daß an den späteren Verwendungsstellen ein wiederholtes direktes Einsetzen des Textes als auch der Argumente erfolgt. Rekursive Makros sind nicht realisierbar.

```
# define D_BSZ1 BUFSIZE
# define D_BSZ2 ((D_NDE>>6)%1 ? (D_NDE>>6)+1<<10 : D_NDE<<4)
# define BUFSIZE (2*1024)
```

BUFSIZE wird hier scheinbar erst *nach* einer Verwendung definiert. Tatsächlich werden solche Definitionen erst an den späteren Einsetzstellen bewertet, so daß bei den Definitionen selbst eine Bekanntheit vor *Verwendung* unnötig ist.

Ein Makro als Argument eines anderen Makros wird *nicht* expandiert. Dazu muß eine Makroverschachtelung gebildet werden: `#define M(p)  M_(p)`. Nachfolgend wird das Makro UNE erst *innen* bei M_(UNE) expandiert: `M(UNE);`

```
#if !defined(FREEBSD)
# undef  CURSOR
# define CURSOR(s,e)  printf("\033[=" #s ";" #e "C")
# define CURSOR_0     printf("\033[=%u;%uC", \
                      getErr<0?12:(V6845.cursor_type>>8), \
                      getErr<0?14:(V6845.cursor_type&0xff))
# define CURSOR_OFF   CURSOR(16,15)
#else
# define CURSOR(s,e)  printf("\033[=%uC",(s)>(e)||(s)>15?2:3)
# define CURSOR_0     printf("\033[=3C")
# define CURSOR_OFF   printf("\033[=2C")
#endif
```

Wird `#if` verwendet, spricht man von *Bedingter Kompilierung*. Ein Backslash (\) direkt vor dem Zeilenvorschub verlängert jeweils in die nächste Zeile.

`CURSOR(8,12);` ergibt:

```
printf("\033[=" "8" ";" "12" "C");    // Preprocessor
```

und dann:

```
printf("\033[=8;12C");                // Compiler
```

falls FREEBSD nicht definiert ist.

`#s` ist speziell und bewirkt, daß nach Ersetzung von `s` zu `8` `"8"` entsteht.

`##` ist ebenfalls speziell:

```
#define cat(a,b)  a##b
//...
cat(ooo, 000)
```

ergibt: ooo000

und ## wirken nur im Zusammenhang mit Makro-Argumenten!

Es können auch die Namen von verschachtelten Makros durch Zusammenziehung mehrerer Namenteile mittels ## gebildet werden!

An den späteren Einsetzstellen ersetzt der Preprocessor die ihm per Definition bekannten Namen so oft (rekursiv) durch den jeweiligen Ersatztext, bis er keinen ihm bekannten Makronamen mehr findet.

```
# define GETADR(GGG)  \
  adr[FT_##GGG][0]= GetCfgAdrById(ID_MoId_##GGG##_TYP);  \
  adr[FT_##GGG][1]= GetCfgAdrById(ID_MoId_##GGG##_SNO);
```

```
#if defined(HPUX) && ( NDK > 4 || SDK == 11+KT )
# define DKVAL  2
# ifdef V12
#  undef VL_A
    static  int Ask[10];
# else
    static long Ask[10];
# endif
#endif
```

Es ist erkennbar, daß der Preprocessor ein enormes Hilfsmittel ist, denn er beherrscht Steuerungssyntax und Integer-Berechnungen. (Nicht jedoch eine Berechnung von `sizeof(xyz)`.)

Man beachte, daß *korrekter* C-Kode im Sinne der erlaubten Zeichenmenge in Abhängigkeit gesetzt wird, denn `#if-#else-#endif` ist kein Kommentarmechanismus, wie `/*...*/`!

Es ist möglich, daß ein Compiler "äöü" akzeptiert, nicht aber sein Preprocessor innerhalb seines Einsetztextes!: `#define STRING  "äöü"`

5.2 Auflistung von Syntaxelementen

```
#if  defined(NAME)
#if !defined(NAME)
#ifdef  NAME
#ifndef NAME
```

Die Form mit `defined()` hat den Vorteil, daß sie in Bedingungen beliebig und mehrfach kombinierbar ist.

```
#if        /* Bedingte Kompilierung, verschachtelbar: */
#elif
#else
#endif

#line
#error "BUFSIZE scBuf zu klein!"
#pragma xyz
#pragma pack()     /* Alignment in Strukturen: */
#pragma pack(1)    /* Nicht ANSI */
#pragma pack(2)
#pragma pack(4)
```

Bei Erreichen von `#error` bricht die Kompilierung mit Fehlermeldung ab und zeigt dabei den `error`-Text.

5.3 Vordefinierte Namen

▶ 110.

Die letzten vier Namen repräsentieren eine Zeichenkette:

```
__LINE__
__STDC__
__FILE__
__DATE__
__TIME__
__func__    // C99


#define BUILDTIME  __DATE__ "  " __TIME__


printf("%s  %s\n", __DATE__, __TIME__);

printf("%s\n", BUILDTIME);

printf(BUILDTIME "\n");        //Potentiell fehlerhaft!
```

Bei C-Projekten sollte darauf geachtet werden, daß diejenigen C-Module, die Zeit-stempel-Makros direkt oder indirekt durch Makroexpansion enthalten, auch kompiliert werden, denn andernfalls wird die Zeit nicht aktualisiert!

Die letzte Zeile oben enthält prinzipiell eine Fehlermöglichkeit, da die Funktionen aus der printf-Familie das Prozentzeichen % als Formatstartzeichen verwenden. Eine unbekannte Zeichenkette könnte nämlich unvermutete Prozentzeichen enthalten, woraufhin die Funktion entsprechende Argumente erwartete ...

BUILDTIME wird zwar hochwahrscheinlich kein Prozentzeichen enthalten, trotzdem sollte stets so kodiert werden wie oben beim vorletzten Aufruf von printf.

Die Funktion DelSlash auf ▶ 44 löscht redundante Trennzeichen in Pfadnamen *in place*.

```
#if defined(DOS32) || defined(DOS)
# define PNT  '\\'
#else
# define PNT  '/'
#endif
```

PNT = PfadNamenTrennzeichen

```c
#if defined(F_ultoa_F)
#if defined(SLOW_FUNCTIONS)

int ultoa_F(byte *puf, ulong u)
{
   byte buf[(sizeof(u)*CHAR_BIT)/3+2];
   register byte *bp= buf;
   do
      *bp++= (byte)(u%10U + '0');
   while ( u/=10U );
   { register int l=0;
     while (bp>buf)  puf[l++]= *--bp;
     puf[l]= 0;
     return l;
   }
}
#else

int ultoa_F(byte *a, ulong u)
{
   if (u>0xFFFFul)
      return ( ultoa_H(a,        u) - a );
   return   (  utoa_H(a, (unsigned)u) - a );
}
#endif
#endif
```

▶ 235, 38, 37, 106.

```c
#if defined(F_DelSlash) && !defined(DF_DelSlash)
# define DF_DelSlash

int DelSlash(register byte *a)
{
   register byte *b;
   byte *A=b=a;
   do {
      if (*b==PNT)  for (++a;  *++b==PNT;  );
      if (b!=a)  *a=*b;
   }
   while (*b && (++b,++a, 1));
   if (a>A+1 && a[-1]==PNT)  *--a=0;
   return (a-A);
}
#endif
```

Ein schematisches C-Programm

6.1 Minimale C-Quelltexte

Die folgende einzelne Zeile ist bereits eine gültige, komplette C-Quelle, die durch Kompilieren ein ausführbares Programm ergibt!:

```c
int main(void) { return 0; }
```

Hier wird nach Aufruf der Startkode ausgeführt, der nach erfolgreicher Kompilierung stets automatisch vorhanden ist. Dieser ruft gegen Ende die Hauptfunktion main auf. Und main gibt 0 zurück, wodurch das aufgerufene Programm (z.B. xyz.exe) den Programm-Exit-Wert 0 an das Betriebssystem zurückgibt. (main ist die Start-Funktion des Anwenders, des C-Programmierers.)

```c
int __iob[ _NFILE_ * sizeof(__szFILE)/sizeof(int) ];
```

Auch dieses ist eine komplette C-Quelle, die allerdings kein ausführbares Programm ergeben kann, sondern mit der Compiler-Option -c zu einer Objektdatei *.o oder mit der Option -S zu einer Assemblerdatei *.s kompiliert werden kann. ▶ 8.

Hier wird kein CODE definiert, sondern nur DATA. Mindestens die ersten 3 Elemente von __iob müssen vor dem Aufruf von main (durch Zuweisung) initialisiert werden. Der Typ von __iob spielt hier, an dieser isolierten Stelle keine Rolle; Hauptsache, Alignment und Größe passen für die spätere (implementations-spezifische) Benutzung.

6.2 Programmschema

C-Programme sehen im Prinzip immer so aus wie das nachfolgende Programm:

```
/*                  xyz.c                    sc/14.12.99 */


#                  include <stdlib.h>
#                  include <stdio.h>
#                  include <sys/types.h>
#if defined(UNIX)
#                  include <unistd.h>
#endif
#if defined(DOS)
#                  include <io.h>
#                  include <dos.h>
#                  include <conio.h>
#endif
#                  include <fcntl.h>

/*#                 include "xyz.h"*/



                   int  main(int, char *[]);
static             int  xyz(int, char **);
static             void Funktion1(void);
static             int *Funktion2(char *);


static int Err;


int main(int count, char *argv[])
{
    register int r=1;
    if (count>=2)  Funktion1(),
                   r= xyz(count-1, argv+1);
    return (r|Err);
}
```

```c
static int xyz(int C, char **A)
{
    int *ip;
    ip= Funktion2(A[0]);
    return ip?*ip:2;
}


static int *Funktion2(char *name)
{
    static int ia[8];
    if (!name[0]||name[1]!=0)  return 0;
    ia[2]= (unsigned char)name[0] + 1;
    return ia+2;
}


static void Funktion1(void)
{
    /* Kommentar */
    // Zeilenkommentar, neu ab C99-ANSI/ISO
    if (!isatty(0))  ++Err;
    return;
}
```

Das obenstehende C-Programm funktioniert zwar, hat aber keine sinnvolle Funktion.

6.3 Erklärungen zum Programmschema

C-Programme bestehen also im Wesentlichen (fast) immer aus beliebig vielen Funktionen, die einfach hintereinander in eine Text-Datei geschrieben werden. Eine Funktion namens `main` muß unbedingt vorhanden sein, wenn die Kompilierung eine aufrufbare Datei ergeben soll. Weiterhin muß `main` extern sichtbar (public) sein; das Schlüsselwort `static` darf also nicht davor stehen, damit der Linker das Symbol `main` finden und mit dem Startkode verknüpfen kann.

Außerhalb von Funktionen dürfen keine Algorithmen programmiert werden, mit if-else, Schleifen, etc. Die Steuerung des Programmablaufes wird innerhalb von Funktionskörpern vorgenommen.

Vor der ersten Funktion im Quellkode sollte stets eine Liste aus Funktions-Prototypen stehen, damit der Compiler vor dem ersten Aufruf einer Funktion deren Aufrufargumente und den Rückgabetyp kennt! Mit einer Prototypen-Liste darf die Reihenfolge aller Funktionen beliebig sein. Ohne Liste müßte jeder Funktionskörper vor dem jeweils ersten Aufruf stehen. ▶ 244.

Ein Prototyp auch für `main` ist durchaus nicht unsinnig, denn `main` darf auch im sichtbaren C-Quellkode (rekursiv) aufgerufen werden – also nicht nur vom hinzugelinkten Startkode aus.

Die Header-Dateien `<header.h>` sind nicht zwingend notwendig. Falls man aber Bibliotheks-Funktionen (Library) verwenden will, müssen zugehörige Header angegeben werden, da darin die notwendigen Deklarationen und Prototypen angegeben sind.

Header-Dateien sollen *nur Deklarationen* enthalten! Werden darin Objekte angelegt, sind konzeptionelle Probleme nicht weit.

```
int main(int argc, char **argv, char **envp);
```

`argc` enthält in aller Regel die Anzahl aller in der Kommandozeile angegebenen Argumente. `argc` ist in der Regel mindestens 1, da der Kommando-/Programm-Name selbst das erste Argument ist. `argv[argc]` enthält die abschließende NULL-Adresse.

```
for (; argc>0; --argc,++argv)
    printf("%s\n", argv[0]);
```

Der Parameter `envp` ist nicht STANDARD-konform, wird aber im Standard erwähnt und ist fast überall anzutreffen. Er enthält das Environment, die Umgebungsvariablen (▶ 101, 147). Gemäß STANDARD gibt es nur die beiden folgenden `main`-Typen:

```
int main(void);
int main(int, char *[]);
```

Die Schreibweisen `*argv[]` und `**argv` sind in der Parameterliste beide korrekt, jedoch

```
char *av[]= argv;
```

(an anderer Stelle) wäre falsch;
richtig ist:

```
char **av= argv;
```

Die Namen sind selbstverständlich frei wählbar:

```
int main(int C, unsigned char **A, char **E);
```

`argv` und `envp` sind Arrays aus Adressen auf Zeichenketten.

6.4 Startkode

Beispielhafte Startkode-Objektdatei des Compilers gcc:

```
-r--r--r--  1 root  wheel  1413 May 25 2004 /usr/lib/crt1.o
```

Der Dateiname ist eine Abkürzung von: **c-runt**ime.
Diese kleine Datei enthält die bekannten Symbole:

```
main
atexit
environ
exit
```

und wird vom Linker stets hinzugebunden, wenn eine ausführbare Datei generiert werden soll. Der Startkode ruft nach Rückkehr von `main` diejenigen Funktionen auf, die zuvor während der Laufzeit von `main` mittels `atexit()` vereinbart wurden.

Obwohl der Rückgabewert der ersten Aufrufinstanz von `main` (Aufruf im Startkode) vom Typ `int` ist, sollte in diesem Fall nicht dessen Wertebereich ausgenutzt werden, da dieser Wert der Exit-Wert des Programmes ist und vom Betriebssystem entgegengenommen wird.

Streng standard-konform muß `0` oder `EXIT_SUCCESS` oder aber `EXIT_FAILURE` verwendet werden (`<stdlib.h>`). Auf jeden Fall sollte dieser Rückgabewert innerhalb von `0..127` liegen. Die anderen Bits werden nämlich oft von Betriebssystemen als interne Status-Bits verwendet. Sehr oft wird der Fehler gemacht, hier `-1` zu retournieren.

Ein Aufruf `exit(EXIT_SUCCESS);` entspricht einem `return 0;` in der ersten `main`-Instanz.

Vor dem Aufruf von `main` werden alle *nicht*-initialisierten Datenobjekte mit Programmlaufzeitlebensdauer (statisch)[1] typgerecht mit `0` oder `0.0` initialisiert.

```
#define SPT  (24UL*3600UL)
static ulong MS[]= { 0UL, SPT*31UL, SPT*28UL, SPT*31UL, SPT*30UL,
                     SPT*31UL, SPT*30UL, SPT*31UL, SPT*31UL,
                     SPT*30UL, SPT*31UL, SPT*30UL, SPT*31UL };
static uint JT[]= { 0,
  0, 31, 31+28, 31+28+31, 31+28+31+30, 31+28+31+30+31,
  31+28+31+30+31+30, 31+28+31+30+31+30+31, 31+28+31+30+31+30+31+31,
  31+28+31+30+31+30+31+31+30, 31+28+31+30+31+30+31+31+30+31,
  31+28+31+30+31+30+31+31+30+31+30
};
```

---

[1] Das hängt nicht unbedingt mit dem Schlüsselwort `static` zusammen.

```c
int Sec2DateTime(int *t, long l)
{
   register ulong sec=(ulong)l;
   { register uint cjsj;
     { register uint j; register ulong corr;
       for (j=1970;  1;  sec-=corr,++j)  {
          if (corr= SPT*365UL
              +((cjsj=!(j%4)&&j%100|||!(j%400))!=0?SPT:0UL),
              sec<corr )  break;
       }
       t[0]=j/100, t[1]=j%100;
     }
     { register uint m; register ulong corr;
       for (m=1;  1;  sec-=corr,++m)  {
          if (corr= MS[m] + (m==2&&cjsj ? SPT : 0UL),
              sec<corr)  break;
       }
       t[2]=m;
     }
   }
   { register int s;
     t[3]=(int)(sec/SPT)+1, sec%=SPT;
     t[4]=(int)(sec/3600UL), sec%=3600UL;
     s  =(int) sec;
     t[5]=s/60, s%=60;
     t[6]=s;
   }
   return 0;
}


long DateTime2Sec(int *t)
{
   register uint j, cjsj, nsj;  ulong  sec;
   uint J, M=t[2], T=t[3], h=t[4], m=t[5], s=t[6];
   j=t[0]*100+t[1];
   if (              j<  70) j+=2000;
   else  if       (j< 100) j+=1900;
        else  if (j<1970)  j= 1970;
   for (J=j,nsj=0,j=1970;  j<=J;  ++j)  {
      nsj+= cjsj= !(j%4)&&j%100|||!(j%400);
   }
   sec= SPT*(365UL*(J-1970)+nsj-cjsj)
      + SPT*(ulong)(JT[M]+T-1)+(ulong)(h*3600UL+m*60UL+s);
   if (cjsj && M>=3)  sec+=SPT;
   return (long)sec;
}
```

Umwandlungen:
[CC YY MM DD hh mm ss] ⟺ [Sekunden seit 1.1.1970 00:00:00]

7

C-Quelltexte, C-Compiler, Programm

Ein C-Programm oder C-Projekt besteht aus einer oder mehreren Datei(en) mit der Endung **.c**, aus der/denen ein C-Compiler eine ausführbare Datei (Executable; oftmals mit der Endung .exe) erzeugt.

Eine C-Datei (manchmal auch C-Modul genannt) wird mit einem beliebigen Text-Editor erstellt und muß gültigen C-Quellkode enthalten.

Als C-Modul kann eine C-Datei oder eine durch Inkludierung(en) entstandene Datei-Gruppe bezeichnet werden, die als Resultat eine Objekt-Datei ergibt.

Der Aufrufname eines C-Compilers lautet vom UNIX-Ursprung her: **cc**
cc ist aber nicht der eigentliche Compiler, sondern nur ein Frontprogramm, das die angegebenen Argumente prüft und die diversen Programme des Entwicklungssystems (oft mit vielen zusätzlichen Argumenten) jeweils in der richtigen Reihenfolge korrekt aufruft.

Auswahl verschiedener Aufrufnamen:

cc	Standard unter UNIX
gcc	Gnu/UNIX
clang	LLVM/UNIX (beherrscht weitgehend C11)
icc	Intel/UNIX
CC	C++/UNIX
bcc	Borland/DOS
bcc32	Borland/Win32
cl	Microsoft/DOS

Der eigentliche Name eines Compilers kann beispielsweise `acomp` lauten, der zugehörige Optimierer `optim`, der Preprocessor `cpp`, etc.

Ein beispielhafter Aufruf eines Borland-Compilers:

```
bcc datei.c
```

erzeugt eine ausführbare Datei: `datei.exe`
Mittels Option `-e` kann der Name abweichend von `*.exe` bestimmt werden.

Unter UNIX:

```
cc -odatei datei.c
```

erzeugt eine ausführbare Datei: `datei`

Obenstehender Aufruf veranlaßt vier Arbeitsschritte:

Programm	Datei-Endung
1. C-Preprocessor	$\rightarrow$ `.i`
2. C-Compiler(+Optimierer)	$\rightarrow$ `.s`/`.asm`
3. Assembler	$\rightarrow$ `.o`/`.obj`
4. Linker	$\rightarrow$ `.exe`/`.com` (oder ohne .eee)

`cc` kann mittels Optionen so gesteuert werden, daß von hinten gesehen (Linker) ein oder zwei oder drei oder alle vier Arbeitsschritte unterlassen werden. Dadurch kann sehr flexibel mit dem Entwicklungssystem gearbeitet werden. Insbesondere funktioniert auch folgender Aufruf:

```
cc -01 -oabc abc1.o abc2.s abc.c -lm
```

Hier wird `abc.c` kompiliert und optimiert,
eine Exe (abc) erzeugt,
`abc1.o` wird nur vom Linker verarbeitet,
`abc2.s` nur vom Assembler und danach vom Linker,
und nur `abc.c` wird von allen Programmen bearbeitet.
Mit `-lm` wird die Mathe-Library (z. B. `/lib/libm.a`) dazugelinkt (Die daraus benötigten Funktionen).

Die Compiler-Optionen `-P` oder `-E`, `-S`, `-c` bewirken, daß jeweils nur der
Preprocessor $\rightarrow$ `.i`,
Preprocessor + Compiler $\rightarrow$ `.s` oder
Preprocessor + Compiler + Assembler $\rightarrow$ `.o` arbeiten.
Eine Option `-syntax` (oder ähnlich) ermöglicht bei manchen Compilern, daß *nur* eine Syntax-Prüfung der C-Quelle (`datei.c`) vorgenommen wird.

Verschiedene Kodierung + Compiler-Vergleich:

Der nachfolgende Kode zeigt zwei verschiedene Lösungsvarianten einer Funktion mit vollkommen identischem Algorithmus. Dadurch soll aufgezeigt werden, wie verschieden ein und dasselbe Problem gelöst werden kann, und wie verschiedene Compiler darauf reagieren.

```c
int Input(int ityp)
{
    register int c;
    while ( PSnu=0, c= List(ityp), ityp&ITYP_I?++KDOnu:0,
            !O['t'] &&
            (c<EoF||(ityp&ITYP_I)&&
            (c>ADD+8&&(!(G.ityp&ITYP_P)||c!=rETURN)
                ||c==EoF&&(O['I']|O['P'])
                &&(write(2,"Benutze  exit" NL,13+NLSZ),
                    --KDOnu, 1))
            ) );
    return c;
}



int Input(int ityp)
{
    register int c;
    while ( PSnu=0, c=List(ityp),  1 ) {
        if (ityp&ITYP_I)   ++KDOnu;
        if (      O['t']) break;
        if (      c>=EoF) {
          if ( !(ityp&ITYP_I) ) break;
          if ( c<=ADD+8 || (G.ityp&ITYP_P) && c==rETURN ) {
            if ( c!=EoF || !(O['I']|O['P']) ) break;
            write(2, "Benutze  exit" NL, 13+NLSZ);
            --KDOnu;
          }
        }
    }
    return c;
}
```

Der Compiler icc von Intel hat als einziger diese beiden Varianten zu vollkommen identischem Kode kompiliert. Das heißt, die beiden Objektdateien waren gleich groß und ein byte-weiser Vergleich ergab, daß die Inhalte der beiden Resultatdateien vollkommen identisch waren. Das beweist, daß der Intel-Compiler konzeptionell vorzüglich entwickelt wurde.

Andere Compiler hatten um bis zu 60 % unterschiedlich große Dateien produziert.

Test-Schleife: ▶ 229, 70.

```
while (--sz >= 0)  e[sz]= vla[sz];
```

Compiler gcc 3.4.3:

```
        dec     edx                             ; sz
        js      .L6
        .p2align 2
.L4:
        movzx   eax, BYTE PTR [esp+edx]  ; vla
        mov     BYTE PTR e[edx], al      ; e
        dec     edx                      ; sz
        jns     .L4
.L6:
```

Compiler icc 8.1:

```
        lea     -1(edx), eax
        testl   eax, eax
        jl      ..B1.9
..B1.2:
        lea     -1(edx), edx
        cmpl    $6, edx
        jl      ..B1.7
..B1.4:
        movzbl  (esp,eax), edx
        movzbl  -1(esp,eax), ecx
        movb    dl, e(eax)
        movzbl  -2(esp,eax), edx
        movb    cl, e-1(eax)
        movb    dl, e-2(eax)
        movzbl  -3(esp,eax), edx
        movb    dl, e-3(eax)
        movzbl  -4(esp,eax), edx
        movb    dl, e-4(eax)
        addl    $-5, eax
        cmpl    $6, eax
        jge     ..B1.4
..B1.7:
        movzbl  (esp,eax), edx
        movb    dl, e(eax)
        decl    eax
        testl   eax, eax
        jge     ..B1.7
..B1.9:
```

Der icc von INTEL teilt die Schleife in einen 5er-Pulk und Einzel-Kopie auf. Der gcc (GNU) wertet das Sign-Flag durch dec aus und aligned die Schleife. Der icc verarbeitet u. a. das Pragma #pragma loop count (#), damit er zur Kompilierzeit die realen Verhältnisse berücksichtigen kann.

8

Der C-Standard C99

8.1 Vorwort

Am 1.Dez.1999 wurde der C-Standard C99 Ansi/Iso/Iec 9899:1999 veröffentlicht. Der Abstand von 10 Jahren zum Vorgänger Ansi-C89 wurde absichtlich so gewählt/eingehalten.

Der alte Standard von 1989/90 ist laut C99 offiziell ungültig.

Verschiedene neue Merkmale des C99 wurden an einigen anderen Stellen dieses C-Buches mit Hilfe des Begriffes **C99** markiert.

Dieser neue Standard wurde bei weitem nicht so begeistert aufgenommen von der C-Gemeinde wie C89/C90, aber dennoch bietet er einige erfreuliche Neuerungen, die stellenweise sogar ein neues Konzeptdenken möglich machen.

Die tollsten Neuheiten sind VL-Arrays (VLAs) und `long long` als 64 Bit-Ganzzahltyp. Diese Merkmale eröffnen wirklich neue Perspektiven und Konzepte bei der Programmierung und Problemlösung.

Compiler wie der `gcc` beherrschten schon lange zuvor solche Merkmale, allerdings gcc-spezifisch, nicht (vollständig) konform mit C99.

Die anderen Neuerungen sind *nur* weitere Optimierungshilfen, Vervollständigungen, Präzisierungen und kleinere bis mittlere Annehmlichkeiten.

8.2 Neue Merkmale

8.2.1 Auflistung

- Beschränkter Zeichensatz per Digraphs und `<iso646.h>` (original spezifiziert in AMD1)
- `wide character` Library-Unterstützung in `<wchar.h>` und `<wctype.h>` (original spezifiziert in AMD1) ▶ 36.
- Präzisere Aliasing-Regel durch Effektiven Typ
- Beschränkte Zeiger (restricted pointer)
- VariableLängeArrays (VLA)
- Flexible Array-Mitglieder in Strukturen
- `static` und Typqualifizierer in Parameter-Array-Deklaratoren
- Komplex (und Imaginär) Unterstützung in `<complex.h>`
- Typ-generische Math-Makros in `<tgmath.h>`
- Typ `long long int` und Library-Funktionen
- Gesteigerte minimale Übersetzungslimits
- Zusätzliche Gleitkomma-Charakteristiken in `<float.h>`
- Entfernung des impliziten `int`
- Verläßliche Ganzzahldivision
- Universal Zeichennamen (\u und \U) ▶ 35.
- Erweiterte Identifizierer
- Hexadezimal Gleitkommakonstanten und %a %A `printf/scanf` Konversionsspezifizierer
- Zusammengesetzte Literale (compound literals)
- Zielbestimmende Initialisierer
- Zeilenkommentar //
- Erweiterte Ganzzahltypen und Library-Funktionen in `<inttypes.h>` und `<stdint.h>`
- Entfernung der impliziten Funktionsdeklaration
- Preprocessor-Arithmetik möglich in `intmax_t/uintmax_t`
- Vermischte Deklarationen und Kode
- Neue Blockbereiche für Selektion- und Iteration-Anweisungen
- Typregeln für Ganzzahlkonstanten
- Ganzzahlpromotion-Regeln
- Makros mit einer variablen Anzahl von Argumenten

- Die `vscanf`-Funktionsfamilie in `<stdio.h>` und `<wchar.h>`

- Zusätzliche Math-Library-Funktionen in `<math.h>`

- Handhabung von Fehlerzuständen durch Math-Library-Funktionen (math_errhandling)

- Zugriff auf Gleitkommaumgebung in `<fenv.h>`

- Unterstützung IEC 60559 (auch bekannt als IEC 559 oder IEEE Arithmetik)

- Anhängendes Komma erlaubt in `enum`-Deklaration

- Konversionsspezifizierer `%lf` erlaubt in `printf`

- `inline`-Funktionen

- Die `snprintf`-Funktionsfamilie in `<stdio.h>`

- Boolescher Typ in `<stdbool.h>`

- Idempotente Typqualifizierer

- Leere Makroargumente

- Neue Strukturtyp-Kompatibilitätsregeln (Tag-Kompatibilität) (`struct x;`)

- Zusätzliche vordefinierte Makronamen

- Preprocessor-Operator `_Pragma`

- Standard-Pragmas

- `__func__` vordefinierter Bezeichner

- Makro `va_copy` ▶ 125.

- Zusätzliche Konversionsspezifizierer für `strftime`

- LIA Kompatibilitäts-Annex

- Mißbilligung von `ungetc` zu Beginn einer binären Datei

- Entfernung der Mißbilligung von parallelbezeichneten (aliased) Array-Parametern

- Konversion von Array zu Pointer nicht auf Lvalues limitiert

- Gelockerte Beschränkung bei Aggregat- und `union`-Initialisierung

- Gelockerte Restriktionen bei portablen Header-Namen

- `return` ohne Ausdruck nicht erlaubt in einer Funktion, die einen Wert retourniert, und umgekehrt.

Es werden nicht alle Einträge der vorstehenden Liste in diesem Buch berücksichtigt. Viele Themen sind eher für Compiler-Entwickler relevant, und ähnlich. Diese Liste ist eine direkte, nicht interpretierte Übersetzung aus dem Standard.

8.2.2 C-Header

Standard-Header werden mittels `#include <xyz.h>` eingebunden.[3]

`<assert.h>`	`<inttypes.h>`	`<signal.h>`	`<stdlib.h>`
`<complex.h>`	`<iso646.h>`	`<stdarg.h>`	`<string.h>`
`<ctype.h>`	`<limits.h>`	`<stdbool.h>`	`<tgmath.h>`
`<errno.h>`	`<locale.h>`	`<stddef.h>`	`<time.h>`
`<fenv.h>`	`<math.h>`	`<stdint.h>`	`<wchar.h>`
`<float.h>`	`<setjmp.h>`	`<stdio.h>`	`<wctype.h>`

Unter UNIX sind solche Dateien traditionell im Verzeichnis `/usr/include` enthalten. Achtung, die C-Header müssen aber gar keine auffindbaren Dateien in irgendeinem Verzeichnis sein! Sie können auch als Daten in beliebiger Form *im Bauch* des Compiler-Programms oder sonstwo enthalten sein. Das ist ganz der jeweiligen Implementation überlassen.

8.2.3 Kurzbeschreibungen

//
Zeilenkommentar. Viele C-Compiler akzeptieren dies schon länger.

inline
Funktions-Kode wird überall direkt eingesetzt, wie Makroersetzungen. Jetzt auch in C; C++ hat dies Schlüsselwort von Anfang an.

_Bool
Ganzzahltyp mit einem Wertbereich {0,1}, also ein Bit-Flag-Typ.
Bei Zuweisungen wird 1 darin gespeichert, wenn der Zuweisungswert ungleich 0 ist, andernfalls wird 0 zugewiesen.

```
_Bool flg; long v=567;
flg =   v ? 1 : 0;
flg = !!v;
flg =   v;
```

Die letzten drei Zeilen sind folglich gleichbedeutend.
Hinweis: `(_Bool)0.5` ergibt 1, `(int)0.5` ergibt 0.

_Complex _Imaginary

Komplexe Zahlen: real+imaginär
Nur in Verbindung mit: `float`,`double`,`long double`.

```
double _Complex dcx;
```

Die Namen `bool`,`complex`,`imaginary` sind *keine* Schlüsselwörter, sondern Makros, die entdefiniert werden können.

[unsigned] long long int

Ganzzahltyp mit mindestens 64 Wert-Bits.

```
Kpz.K[k].kapaz_p=                    // [1/100 %]
   ((INT8)Kpz.A.ask[k]*1000)/(SPHT*Batt.K[k].kammkapaz);
```

Die Einheit oben ist $\frac{1}{10}As$. Da wird ein temporärer Zwischenwert ($as \cdot 1000$) oberhalb von $2^{31}-1$ schnell erreicht! Ein Millisekunden-Zähler mittels 32 Bit geht nach etwa 50 Tagen in den Überlauf. Mit 64 Bit passiert dies erst nach etwa 585 Millionen Jahren. In der Industrie sollte dieser Zeitraum mindestens 4 Jahre betragen. Gut, daß es nun `long long` (INT8) gibt. ▶ 61.

for (int i;

Definitionen und Deklarationen können auch an anderen Stellen vorgenommen werden als nur am Anfang von Blöcken ({) – *on the fly*.   ▶ 65.

restrict

Typ-Qualifizierer, wie `const` und `volatile`.
Optimierungsmöglichkeit: Privater Speicherbereich für eine Adressenvariable. Der Programmierer garantiert dem Compiler, daß zwei oder mehr Adressenbereiche nicht überlappen, auf die mittels jeweils zugeordneter Adressen-Variable zugegriffen wird. Wenn eine Adressen-Variable solchermaßen:

```
int * restrict p;
```

qualifiziert ist, dann soll jeder Zugriff auf ein Objekt mittels der in `p` enthaltenen jeweiligen Adresse im jeweiligen Gültigkeitsbereich eben *nur* mittels `p` erfolgen, niemals *auch* mit anderen (Adressen-)Variablen. Zwei Pointer können sich beispielsweise ein und dasselbe Array teilen, sollen sich dann aber bei ihren Zugriffen nicht *ins Gehege* kommen. Man kann sagen, `p` hat *exklusive* Rechte, und der `p` zugeordnete Speicher ist ein *restriktiver* Bereich.

```
int ** restrict p;
```

Nur Zugriff mit `p[1]` ist restricted, nicht aber mittels `**p`.

Nachfolgend wird deutlich, daß es sich um eine Garantie des Programmierers handelt. Der Compiler kann nicht wissen, wie zusammenarbeitender Kode auf verschiedene Übersetzungseinheiten verteilt ist. Er darf garnicht mehrere Quelldateien gemeinsam betrachten.

```c
float * restrict a, * restrict b;

void init(int n)
{
    float *p= malloc(2*n*sizeof(float));
    a= p;                    // a erste hälfte
    b= p+n;                  // b zweite hälfte
}


{
    for (int i=0;  i<n;  ++i)  a[i]+= b[i];
}
```

Der Compiler kann hier die for-Schleife aggressiv optimieren, ohne daß undefiniertes Verhalten entsteht.

```c
void *memcpy(void *, const void *, size_t);
unsigned char buf[250];
//...
memcpy(buf, buf+20, 30);

//xxxxxxxxxxxxxxxxxxxxxxxxxxxxxx
//                    bbbbbbbbbbbbbbbbbbbbbbbbbbbbbb
//bbbbbbbbbbbbbbbbbbbbbbbbbbbbbb
```

Die Funktion memcpy arbeitet wie erwartet, trotz vorliegender Überlappung. Allerdings darf hier restrict nicht angewandt werden.

```c
int memcpy_up(void *d0, const void *s0, int n0)
{
    //...
    while (--n>=0)  *--d = *--s;
    return n0;
}

memcpy_up(buf+50, buf+30, 30);
//                   xxxxxxxxxxxxxxxxxxxxxxxxxxxxxx
//bbbbbbbbbbbbbbbbbbbbbbbbbbbbbb
//                   bbbbbbbbbbbbbbbbbbbbbbbbbbbbbb
```

Sollen Pufferabschnitte nach oben bewegt werden, muß an den Abschnittsenden begonnen und dekrementiert werden. Ein (temporärer,) zusätzlicher Zwischenpuffer wird so vermieden.

switch (expr_t)

Als Typ des kontrollierenden Ausdrucks des switch darf jeder ganzzahlige Typ gewählt werden, insbesondere auch unsigned long long. Mit Hilfe von Makros
können immerhin Zeichenfolgen mit einer Länge von bis zu 8 Zeichen verarbeitet
werden:

```
# define c_(a)  ( \
          (unsigned long long)a[0]<< 0| \
          (unsigned long long)a[1]<< 8| \
          (unsigned long long)a[2]<<16| \
          (unsigned long long)a[3]<<24| \
          (unsigned long long)a[4]<<32| \
          (unsigned long long)a[5]<<40| \
          (unsigned long long)a[6]<<48| \
          (unsigned long long)a[7]<<56 )
# define CASE(a)  case c_(#a)

CASE(endgame\0):  eg=17; break;
```

Es müssen mindestens 8 Zeichen angegeben werden. Das läßt sich aber mittels
sizeof(a) automatisieren.

Makros mit variabler Argumentanzahl [6]

```
#define debug(...) fprintf(stderr, __VA_ARGS__)
#define showlist(...) puts(#__VA_ARGS__)
#define report(test, ...) ((test)?puts(#test):\
        printf(__VA_ARGS__))
debug("Flag");
debug("X = %d\n", x);
showlist(The first, second, and third items.);
report(x>y, "x is %d but y is %d", x, y);

//ergibt:
fprintf(stderr, "Flag" );
fprintf(stderr, "X = %d\n", x );
puts( "The first, second, and third items." );
((x>y)?puts("x>y"):
        printf("x is %d but y is %d", x, y));
```

Der Bezeichner __VA_ARGS__ wird hier in Verbindung mit ...) angewandt.
▶ 14, 260.

8.2.4 Zielgerichtete Initialisierungen

{ [1]=123, [5]=45,

Die Initialisierungsmöglichkeiten von Arrays, Strukturen und Struktur-Arrays wurden stark erweitert:

Innerhalb einer Initialisierungsliste können zu initialisierende Elemente mittels einer zusätzlichen Syntax und Zuweisungsoperator = explizit angegeben/adressiert werden. Die Reihenfolge dieser Initialisierer ist egal. Diese Initialisierer können mit den herkömmlichen Initialisiererlisten beliebig kombiniert werden. Die explizit angegebenen Positionen haben Vorrang. Bei jedem expliziten Initialisierer wird quasi ein Elementnummer-Zeiger neu gesetzt, so ähnlich wie bei expliziten Zuweisungen in enum { ... }.

```c
char *A[]= { "abc", "def" };          // bisher
char *A[]= { [1]="def", [0]="abc" };   // neu

typedef struct { int quot, rem; } div_t;
div_t S= { .quot=4, .rem=-1 };

struct { int a[3], b; } AS[]= { [0].a={1}, [1].a[0]=2 };
    /* AS ist ein Array aus 2 Strukturen */

int A[15]= { 1,3,5,7,9,[10]=8,6,4,2,0 };
    // 1 3 5 7 9 0 0 0 0 0 8 6 4 2 0

int A[15]= { 1,3,5,7,9,[3]=8,6,4,2,0 };
    // 1 3 5 8 6 4 2 0 0 0 0 0 0 0 0

union { /*...*/ } U= { .any=8 };
```

Aus den obenstehenden Möglichkeiten resultiert, daß auch *normale* Initialisierungen flexibler vorgenommen werden können:

```c
struct { int a[3], b; } AS[]= { {1}, 2 };

struct { int a[3], b; } AS[]= { {{1,0,0}, 0}, {{2,0,0}, 0} };
```

AS enthält zwei Strukturen.
Die zweite Zeile zeigt die vollgeklammerte Form.
In beiden Fällen wird mit gleichen Werten initialisiert.

```c
char A[2][3][4]= { 0,1,2,3,4,5,6,7,8,9,10,11, 12,13 };
```

Hier wird so initialisiert als ob A[2*3*4] vorläge.
A[0] und die ersten zwei Elemente von Abteilung A[1] werden gesetzt, Rest=0.

8.2.5 Flexibles Array als letztes Mitglied in Strukturen

Ein solches flexibles Mitglied muß mindestens ein anderes vorhergehendes Mitglied haben. Zugriff sollte mittels eines Zeigers des entsprechenden Strukturtyps erfolgen.

```
struct sfa { int i; char fca[]; } *sp;
int buf[104/sizeof(int)];

sp= (struct sfa*)buf;
sp->fca[95]= 8;

//sizeof(struct sfa) == sizeof(sp->i)
```

Es ergibt sich ein Verhalten als hätte man definiert:

```
struct sfa { int i; char fca[96]; };
```

Der Puffer `buf` hat den Typ `int`, damit ein korrektes Alignment für `int i` in der Struktur eingestellt wird. Unter C11 kann der Typ `char` gewählt und `_Alignas` verwendet werden.

Bei Verwendung dieses Merkmals wird Speicher eher per VLA (▶ 67) oder Speicher-Management-Funktionen, wie beispielsweise `malloc()` (▶ 220), besorgt.

Nach der Deklaration:

```
struct s { int n; double d[]; };
```

hat die Struktur `struct s` ein flexibles Array-Mitglied d. Typische Nutzung:

```
int       m = /* irgendein gültiger wert */;
struct s *p = malloc(sizeof(struct s)+sizeof(double[m]));
```

und falls der Aufruf von `malloc()` erfolgreich war, verhält sich das Objekt, auf das p zeigt, als ob folgendermaßen deklariert worden wäre:

```
struct { int n; double d[m]; } *p;
```

Diese Äquivalenz ist unzutreffend, falls der Offset von d nicht der gleiche ist.

```
struct s { int n; char f[4]; double d[]; };
// f[ N*sizeof(double)-sizeof(int) ] ; N>0
```

Vorsichtshalber sollte wie vorstehend deklariert werden, also vor d sollten sich `N*sizeof(double)` (Füll-)Bytes befinden. `f[<=0]` darf nicht vorkommen!

▶ 86, 296, 81, 174, 23, 116.

8.2.6 Zusammengesetzte Literale

Es werden *namenlose* Objekte erzeugt, die – logischerweise – sofort zugewiesen werden müssen (▶ 17, 65) [3] :

```
int *p= (int []){2, 4};   // global; statisch

int *p;          /*...*/  // innerhalb Funktion
p= (int [2]){*p};         // [0]=*p, [1]=0
```

p zeigt jetzt auf das erste Element eines Arrays: `int[2]`

```
drawline( (struct point){.x=1, .y=1},
          (struct point){.x=3, .y=4}  );
drawline(&(struct point){.x=1, .y=1},
         &(struct point){.x=3, .y=4}  );
```

Je nach dem, ob die Funktion die Struktur als Ganzes oder einen Zeiger auf die Struktur entgegennimmt.

```
(const float []){1e0, 1e1, 1e2, 1e3, 1e4, 1e5, 1e6}
```

Vorstehend ein konstantes Array: `const float [7]`.

```
                    "/tmp/fileXXXXXX"
(char      []){"/tmp/fileXXXXXX"}
(const char []){"/tmp/fileXXXXXX"}
```

Diese drei Objekte sind unterschiedlich. Das erste ist statisch, mit dem Typ `char` und könnte konstant sein. Die beiden folgenden sind `auto`, falls sie im Körper einer Funktion angelegt wurden. Das letzte Objekt ist eine Konstante.

```
printf("aaa%s\n", (char[]){"idffwkldsouf"});

movabsq $28839569162267755, %rax ; imm=0x66756F73646C6B
movq    %rax, -11(%rbp)
movabsq $7236276861840811113, %rax ; imm=0x646C6B7766666469
movq    %rax, -16(%rbp)
leaq    -16(%rbp), %rsi
```

Der Compiler kopiert die temporäre Zeichenkette auf den Stack. Zuvor hat er entsprechend viel vom Stackpointer subtrahiert – wie beim Anlegen eines VLA. Die Adresse der Zeichenkette gelangt in das Register `rsi`, als Argument für `printf()`. Die Zeichen `kld` werden doppelt auf den Stack kopiert, da in 8 Byte-Einheiten geschrieben werden muß (`rax`) und die Zeichenkette 13 Zeichen hat, inklusive `'\0'`.

Zusammengesetzte Literale können die Übersichtlichkeit und ein wenig die Sicherheit verbessern, da ein Name fehlt. Es gibt eine gewisse Ähnlichkeit zu den Anonymen Strukturen und Unionen des C11 (▶ 86).

8.2.7 Implizite { Blöcke }

Die Bedeutung eines Blockes wurde erweitert: Die folgenden Anweisungen, jeweils insgesamt betrachtet:

```
if .. else ..  |  switch { case: .. }
while (..) ..   |  do .. while (..)  |  for (..)  ..
```

bilden je einen Block. Deren Unteranweisungen bilden ebenfalls jeweils einen Block. Und zwar auch ohne Blockklammern { }:

```c
extern void fn(int*, int*);
int examp(int i, int j)
{
    int *p, *q;
    if (*(q = (int[2]){i, j}))
            fn(p = (int[5]){9, 8, 7, 6, 5}, q);
    else fn(p = (int[5]){4, 3, 2, 1, 0}, q + 1);
    return *p;
}
```

Temporäre, namenlose Objekte, die durch die Syntax von *Zusammengesetzten Literalen* erzeugt werden, haben einen beschränkten Gültigkeitsbereich, wie nachstehend gezeigt [5]:

```c
int examp(int i, int j)
{
    int *p, *q;
    {
      if (*(q = (int[2]){i, j})) {  // *q zeigt
        fn(p = (int[5]){9, 8, 7, 6, 5}, q);
      } else {                       // *q zeigt
        fn(p = (int[5]){4, 3, 2, 1, 0}, q + 1);
      }
    }  // *q zeigt nicht
    return *p;  // *p zeigt nicht
}
```

Vorstehend, im zweiten **examp**-Beispiel, sind die impliziten Blöcke des ersten **examp**-Beispiels durch explizite Blockklammern { } kenntlich gemacht. Die Zeilenkommentare informieren, ob der jeweilige Zeiger garantiert oder nicht garantiert auf ein Objekt zeigt. Ein impliziter Block, z. B. nach **if** (), erfaßt natürlich nicht die zweite von zwei Anweisungen: ..; ..; usw.

Implizite Blöcke haben natürlich nicht nur eine Wirkung auf temporäre, namenlose Objekte, die in ihnen erzeugt wurden, sondern alle in ihnen definierten Bezeichner haben ihren Gültigkeitsbereich. ▶ 137, 59, 64, 17.

8.2.8 Array-Deklaration

Der nachfolgend angegebene Typ `int` ist beispielhaft:

```
int array[]
int array[10]
int array[n]
int array[const volatile restrict]
int array[const volatile restrict 10]
int array[const volatile restrict n]
int array[static 10]
int array[static const volatile restrict 10]
int array[const volatile restrict static 10]
int array[*]
int array[const volatile restrict *]
int array[static 10][4]
int array[static n][m]
```

Der Ausdruck, der die Größe des Arrays angibt, muß einen Ganzzahltyp haben. Falls es ein konstanter Ausdruck ist, muß der Wert mindestens 1 sein. Die optionalen Typqualifizierer und `static` dürfen nur bei der Deklaration eines Funktionsparameters mit Array-Typ erscheinen, und dann nur innerhalb der Klammern direkt am Array-Bezeichner. Der Ausdruck `[*]` darf nur in Prototypen erscheinen.

```
void f(int a[const], const int b[const]);
void f(int * const a, const int * const b);
```

Die beiden Funktionsprototypen haben den genau gleichen Effekt, sie sind semantisch identisch.

```
void f(double (* restrict a)[5]);
void f(double a[restrict][5]);
void f(double a[restrict 3][5]);
void f(double a[restrict static 3][5]);
```

Die vorstehenden vier Prototypen sind untereinander kompatibel [6].

```
void fadd(double a[static restrict 10],
          const double b[static restrict 10])
```

Schlüsselwort `static` garantiert hier, daß jeweils für den Zugriff mindestens 10 Elemente bereitgestellt sind, die Zeiger a und b nicht NULL sind, und daß der Zugriff auf geeigneten effektiven Typ erfolgt.

► 67.

8.2.9 Variable-Länge-Array · Variabel Modifizierter Typ

VLAs sind Arrays, deren Elementeanzahl zur Laufzeit beliebig oft dynamisch festgelegt wird. Deshalb können VLAs nicht statisch sein (global; `static`), sondern nur nach Blockeintritten { erzeugt werden; beim Funktionsverlassen werden sie zerstört. Auch können VLAs nicht in Strukturen enthalten sein – man denke an die Konsequenzen!: `sizeof(struct mit_vla)`, Arrays aus solchen Strukturen, etc. Ein VM-Typ ist ein Zeiger auf ein VLA.

VLAs sind ein wesentlich verbesserter Ersatz der `alloca()`-Funktion, die doch sehr oft problematisch ist und nur als compiler-interne Funktion recht sicher anwendbar ist.

In aller Regel werden VLAs im Stack-Speicher angelegt, was jeweils nur einige wenige Prozessortakte an Zeit beansprucht. Dies ist also eine ultraschnelle Zuteilung von Speicherplatz, x1000-fach schneller als per `malloc()`.

Deklaration bei Prototypen [3]:

```
long Fu(int n, int m, long a[n][m]);
long Fu(int n, int m, long a[*][*]);
long Fu(int n, int m, long a[ ][*]);
long Fu(int n, int m, long a[ ][m]);
```

Die vorstehenden Prototypen sind untereinander kompatibel.

Beispiele aus [3]:

```
extern int n;
extern int m;
void fcompat(void)
{
    int a[n][6][m];
    int (*p)[4][n+1];
    int c[n][n][6][m];
    int (*r)[n][n][n+1];
    p = a;        // Fehler - nicht kompatibel, da 4 != 6.
    r = c;        // Kompatibel, aber definiertes Verhalten
                  // nur falls n == 6 und m == n+1.
}
```

Nicht von außen in den Gültigkeitsbereich eines VLA hineinspringen!

Möglich ist: `sizeof(VLA)`.

Beispiele aus [3]:

```
extern int n;
int A[n];                          // Error - file scope VLA
extern int (*p2)[n];               // Error - file scope VM
int B[100];                        // OK - file scope, not VM

void fvla(int m, int C[m][m]);  // OK - prototype scope

{
   typedef int VLA[m][m];    // OK - block scope typedef VLA

   struct tag {
      int (*y)[n];         // Error - y not ordinary identifier
      int z[n];            // Error - z not ordinary identifier
   };
   int D[m];             // OK - auto VLA.
   static int E[m];      // Error - static block scope VLA
   extern int F[m];      // Error - F has linkage and is VLA
   int (*s)[m];             // OK - auto pointer to VLA.
   extern int (*r)[m];      // Error - r had linkage and is
                            // a pointer to VLA.
   static int (*q)[m] = &B; // OK - q is a static block
                            // pointer to VLA.
}


void copyt(int n)
{
   typedef int B[n];    // B hat n int, n jetzt bewertet.
   n += 1;              // Nanu, vor Objektanlegen!?
   B a;                 // a hat n int, n ohne += 1.
   int b[n];            // a und b sind unterschiedlich groß
   for (int i = 1; i < n; i++)
      a[i-1] = b[i];
}


{
   int n = 4, m = 3;
   int a[n][m];
   int (*p)[m] = a;         // p == &a[0]
   p += 1;                  // p == &a[1]
   (*p)[2] = 99;            // a[1][2] == 99
   n = p - a;               // n == 1
}
```

Konkretes Anwendungsbeispiel [3]

Der nachfolgende Prototyp hat einen variabel modifizierten Parameter:

```c
void Add(int n, int m, double a[n][n*m+300], double x);

int main()
{
    double b[4][308];
    Add(4, 2, b, 2.17);
    return 0;
}

void Add(int n, int m, double a[n][n*m+300], double x)
{
    for (int i=0;  i < n;  i++)
        for (int j=0, k=n*m+300;  j < k;  j++)
            a[i][j] += x;       // a ist ein Zeiger auf ein VLA
                                // mit n*m+300 Elementen
}
```

Es ist zu beachten, daß in C Arrays niemals als Ganzes an Funktionen übergeben werden können, sondern stets nur Adressen darauf! Deshalb hat oben a den Typ: double(*a)[n*m+300].

```c
void Add(int n, int m, double a[n][m], double x);

int main()
{
    double b[4][308];
    Add(4, 308, b, 2.17);
    return 0;
}
```

Werte wie vorstehend wären auch möglich gewesen. Ein VLA ist b zwar nicht, aber wer weiß das denn? Ob 4 und 308 Konstanten oder Variableninhalte sind, ist für die Funktion Add() egal.

Ein VLA

```c
unsigned Funktion(register int sz)
{
    extern signed char e[];
    signed char vla[sz];
    while (--sz >= 0)  e[sz]= vla[sz];
    return e[5];
}
```

sieht in Assembler (gcc 3.4.3 - i686) so aus:

```asm
Funktion:
        push    ebp
        mov     ebp, esp
        push    ebx
        sub     esp, 4
        mov     edx, DWORD PTR [ebp+8]    ; sz, sz
        mov     ebx, esp
        lea     eax, [edx+30]
        and     eax, -16
        sub     esp, eax
        lea     ecx, [esp+15]
        and     ecx, -16
        dec     edx                       ; sz
        js      .L6
        .p2align 2
.L4:
        movzx   eax, BYTE PTR [ecx+edx]   ; vla
        mov     BYTE PTR e[edx], al       ; e
        dec     edx                       ; sz
        jns     .L4
.L6:
        movsx   eax, BYTE PTR e+5         ; e, e
        mov     esp, ebx
        mov     ebx, DWORD PTR [ebp-4]
        leave
        ret
```

Es werden $(n + 1) \times 16$ Byte Stack zugeteilt. Ein Alignment 16 wird eingestellt durch Undierung mit -16. (Auf *diesem* Prozessor entspricht -16 ~15.)

Es ist zu beachten, daß der vorzeichenlose Rückgabewert korrekt durch eine vorzeichen*erhaltende* Erweiterung (movsx) hergestellt wird.

▶ 229, 54.

8.2.10 Padding-Bits und Trap-Repräsentationen

Laut Standard *können* alle Ganzzahltypen – nur mit Ausnahme von `unsigned char`, `signed char` und somit auch `char` – jeweils unterschiedliche Padding-Bits enthalten:

pppppppsvvvvvvvvvvvvvvvvvvvvvvvv

Position, Anzahl und Bedeutung sind nicht festgelegt; Inmitten der Wert-Bits (v) dürfen sie aber nicht vorkommen, denn hierfür gilt eine »Pure binary representation«. Ein Padding-Bit könnte beispielsweise ein Paritäts-Bit sein.

Irgendwelche unerlaubten Wertekombinationen dieser Padding-Bits nennt man Trap-Repräsentationen. Das heißt, der Prozessor kann eine Exception auslösen, das Programm bricht ab, usw. Es gibt hier eine Ähnlichkeit mit Gleitkomma-Variablen, die ja ebenfalls nicht jede beliebige Bit-Kombination enthalten dürfen (NaN: Not a Number).

Das bedeutet weiterhin, daß beispielsweise Unionen bei weitem nicht mehr so vielfältig eingesetzt werden können wie bisher, sofern vollkommen portabel programmiert werden soll. Daraus folgt, daß *alle* mittels typumgewandelter Adressen vorgenommenen (*gelogenen*) Objektzugriffe (potentiell) unportabel sind. ▶ 117, 118.

Ein Prozessor benutzt ein Paar 16 Bit-shorts (jedes mit seinem eigenen Vorzeichen-Bit), um ein 32 Bit-int zu bilden. Und das Vorzeichen-Bit des niederwertigen short wird ignoriert in dem 32 Bit-int. Dieses 32 Bit-signed-int hat also ein Padding-Bit inmitten seiner 32 Bit. Jedoch, falls diese 32 Bit-Einheit als vorzeichenlos angesehen wird, ist dieses Padding-Bit zugreifbar für den Anwender.

Dieser Sachverhalt wurde dem Standard-Komitee mitgeteilt, wodurch es einen (weiteren) Grund gab, daß Padding-Bits in C99 aufgenommen wurden. Dem Komitee ist allerdings kein Fall bekannt, wo Paritäts-Bits (als Padding-Bits) für den Anwender zugreifbar wären.

Diese Geschichte aus der C99-Rationale [5], die reichlich fehlerhaft zu sein scheint und so garnicht mit den Festlegungen des C99 zu Padding-Bits übereinstimmt, wirkt wie ein Märchen:

- Ein Vorzeichen-Bit (`s`) ist eben kein Padding-Bit laut C99.

- Padding-Bits gibt es nicht inmitten von Wert-Bits, gemäß C99 (s. o.).

- Wenn eines der Vorzeichen-Bits bei der Wertbildung ignoriert wird, handelt es sich um nur 30 Wert-Bits, Wertbereich ±1073741824.

- Und bei Vorzeichenlosigkeit ist das Vorzeichen-Bit offenbar zu einem zugreifbaren Wert-Bit geworden...

- Das verstößt wiederum gegen die Regel des mit ihren Wert-Bits korrespondierenden vorzeichenbehafteten und vorzeichenlosen Typs.

Es ist sehr wahrscheinlich so, daß man Padding-Bits getrost *vergessen* kann!
Es werden heutzutage bereits massiv Fehlerkorrekturverfahren eingesetzt, innerhalb
und außerhalb von Prozessoren[1], die erfreulicherweise vollkommen transparent ne-
benher geführt werden. Genau so muß das auch sein. Padding-Bits in der Realität,
so wie sie im Standard beschrieben sind, wären schlicht inakzeptabel. Das wäre ja
ein Rückschritt sondergleichen!

INTEL-Prozessoren haben seit etwa 1978 ein Teilregisterkonzept:

```
al ah ax
al ah ax eax rax          (aktuell)
 8  8 16  32  64
```

In `rax` (64 Bit) sind 4 Teilregister enthalten mit ihren jeweiligen Vorzeichen-Bits,
die jedoch nur in den Teilregistern als solche fungieren und ansonsten als Wert-Bits
angesehen werden. Alle 64 Bits in `rax` sind ganz normale Wert-Bits. Je nach Zugriff
wird eines der Bits 7, 15, 31 oder 63 als Vorzeichen-Bit angesehen und dessen Wert
in das Sign-Flag des Flag-Registers kopiert. So einfach und vollkommen unproblematisch kann und sollte das sein. INTEL-Prozessoren haben keine Padding-Bits in
ihren Registern. ▶ 297.

Es ist erstaunlich, daß immer wieder unvernünftige Hardware entwickelt wird, die
einfach nur Probleme verursacht, durch absonderliche, nicht durchdachte Konzepte[2].
INTEL und viele andere haben es schon vor Jahrzehnten besser gemacht.

Die Schilderung auf der vorhergehenden Seite über den Prozessor mit zwei kaska-
dierten 16 Bit-Registern ist hinsichtlich irgendwelcher Probleme dadurch und unter
Berücksichtigung der Informationen auf dieser Seite garnicht nachvollziehbar.

Wie könnten sich denn Padding-Bits ganz konkret in der Praxis darstellen?
Angenommen, es werden 4 Padding-Bits konzeptionell benötigt. Hat dann ein
`unsigned long long` statt 64 Bits nun 68 Bits?

8½ Byte, das geht nicht; Es müßte schon aufgerundet werden auf 9 Byte für ein
Objekt dieses Typs. Das erscheint abwegig, denn der Standard fordert eine Potenz
von 2 für gültige Alignment-Werte[3]. Außerdem erfolgt jeweiliger Zugriff auf eine
Dateneinheit mit 64 Bit[4]. Für 9 Byte müßten folglich jedes Mal 7 Füll-Bytes zusätzlich transportiert und gespeichert werden. Also wird aufgerundet auf 128 Bit
== 16 Byte. Ist das vernünftig? Nein! Lösung: Objektbreite nach wie vor 8 Byte,
und der Wertbereich wird auf ein 16-tel (4 Padding-Bits) reduziert. Ja aber, das ist
wiederum nicht möglich, da der Standard mindestens 64 Wert-Bits fordert für ein
`unsigned long long`.

---

[1] Beispielsweise bei INTEL Paritäts- und FRC-Verfahren
[2] Wurden z. B. schon einmal Compiler-Entwickler einbezogen?
[3] 6.2.8§4
[4] Entweder Byte-Zugriff oder Zugriff mit Standard-Registerbreite

Letztlich bleibt nur eine Breite von 128 Bit. Darin sollten soviel Wert-Bits enthalten sein wie es vernünftig möglich ist:

```
pppppppppppppppppp
vvvvvvvvvvvvvvvvvvvvvvvvvvvvvvvvvvvvvvvvvvvvvvvvvvvvvvv
vvvvvvvvvvvvvvvvvvvvvvvvvvvvvvvvvvvvvvvvvvvvvvvvvvvvvvv
```

Also 112 Wert-Bits und 16 Padding-Bits, die nicht alle definiert sein müssen. Daraus folgt, daß eine Hinzunahme von Padding-Bits sofort eine Verdoppelung der Größe der meisten elementaren Datenobjekte erforderlich macht! Deshalb wurde vorstehend die Anzahl der Padding-Bits auf 16 erhöht.

Es wird erkennbar, daß Register mit zugreifbaren Padding-Bits darin in eine andere Programmierwelt führen würden. Unter anderem 2^N in bisher bekannten Zusammenhängen gäbe es nicht mehr!

Padding-Bits müssen natürlich keine Paritäts-Bits sein, allerdings liegt eine Paritätsfunktion nahe. Auch eine Typinformation ist denkbar. Das Paritäts-Verfahren ist hinsichtlich Datensicherheit jedoch sehr leistungsschwach und dürfte nur häufig in Hardware vorhanden sein, weil es aufwandsarm ist und keinen zusätzlichen Zeitbedarf erfordert. Aber es ist besser als nichts.

Reale Padding-Bits wären in jeder einzelnen gespeicherten Dateneinheit vorhanden. Ist dies Konzept wirklich sinnvoll, angesichts der Probleme, die durch solche Bits im Benutzerbereich entstehen? Ist der Nutzen entsprechend hoch? Dies ist sehr zu bezweifeln. In der Endsumme wären Padding-Bits wahrscheinlich schädlich, so ähnlich wie das Verbrennen von Geldscheinen.

In den 14 Jahren seit C99 sind offensichtlich keine Padding-Bits in beachteter und nennenswerter Weise aufgetaucht! Na also.

Das mittlerweile über 10-jährige Trauerspiel des ITANIUM-Prozessors zeigt auf, daß es mit einem Prozessor, der Padding-Bits in seinen Registern hat, wohl ein noch deutlich schlimmeres Trauerspiel geben würde. Der INTEL ITANIUM verwendet sogenannte VLIW-Instruktionen und verlagert fehlende Hardware-Intelligenz in den Compiler. Die Folge davon ist, daß der ITANIUM X86-Instruktionen (IA-32) sehr langsam emulieren muß, da es keinen hochoptimierenden Compiler für den (jeweils aktuellen) nativen IA-64-Instruktionssatz gibt. Ein solcher Compiler müßte auch ständig aktualisiert werden, jedesmal, wenn es Änderungen an der Hardware gab. Man bedenke z. B.: X86 arbeitet mit 8 Registern, während ITANIUM 128 Register mit 64 Bit Breite zur Verfügung stellt.

Ein Prozessor sollte grundsätzlich Compiler-Entwicklern als auch C-Programmierern entgegenkommen, ihnen jedoch nicht die Arbeit massiv erschweren!

8.2.11 Automatische Umwandlungen

Integer-Promotion

Falls ein `int` alle Werte des Originaltyps (auch Bitfelder) repräsentieren kann, wird der Wert zu `int` konvertiert; andernfalls wird der Wert zu `unsigned int` konvertiert. Alle anderen Typen werden nicht geändert durch die Integer-Promotion. Die Promotion (Erweiterung) erhält den Wert inklusive Vorzeichen. ▶ 95.

Bei zwei Operanden

Die folgenden Regeln werden auf die promovierten Operanden angewandt:

- Falls beide Operanden den gleichen Typ haben, ist keine weitere Konvertierung nötig.

- Andernfalls, falls beide Operanden vorzeichenbehaftete oder vorzeichenlose Integer-Typen sind, wird der Operand mit dem kleineren Konvertierungsrang zu dem Typ des Operanden mit größerem Rang konvertiert.

- Andernfalls, falls der Operand mit vorzeichenlosem Integer-Typ einen Rang hat, der größer als oder gleich dem Rang des Typs des anderen Operanden ist, wird der Operand mit vorzeichenbehaftetem Integer-Typ zum Typ des Operanden mit vorzeichenlosem Integer-Typ konvertiert.

- Andernfalls, falls der Typ des Operanden mit vorzeichenbehaftetem Integer-Typ alle Werte des Typs des Operanden mit vorzeichenlosem Integer-Typ repräsentieren kann, wird der Operand mit vorzeichenlosem Integer-Typ zum Typ des Operanden mit vorzeichenbehaftetem Integer-Typ konvertiert.

- Andernfalls werden beide Operanden zu dem vorzeichenlosen Integer-Typ konvertiert, der mit dem Typ des Operanden mit vorzeichenbehaftetem Integer-Typ korrespondiert.

Beispielsweise `int` ⇔ `unsigned int` und `long` ⇔ `unsigned long` korrespondieren miteinander.

Bei kleinster Unsicherheit ist ein Typ-Cast zu empfehlen, denn durch unerwartete automatische Umwandlungen kann ein wahrhaft *ekelhaftes* unerwartetes Verhalten eines Programms entstehen.

Besondere Aufmerksamkeit im Zusammenhang mit den folgenden Operatoren ist geboten: `<<  >>  /  %  <  >  <=  >=`.

8.2.12 Automatische Umwandlungen C89

Bei zwei Operanden

Die Gewöhnlichen automatischen Umwandlungen wurden durch C99 geändert (▶ 74). Deshalb sind nachfolgend die Regeln des C89 für Vergleichszwecke angegeben.

Die folgenden Regeln werden auf die promovierten Operanden angewandt:

- Falls einer der Operanden `unsigned long` ist, wird der andere in `unsigned long` konvertiert.

- Andernfalls, falls ein Operand `long` und der andere `unsigned` ist und `long` alle Werte von `unsigned` repräsentieren kann, wird der eine Operand von `unsigned` in `long` konvertiert. Kann `long` nicht alle Werte repräsentieren, werden beide Operanden in `unsigned long` konvertiert.

- Andernfalls, falls ein Operand `long` ist, wird der andere in `long` konvertiert.

- Andernfalls, falls ein Operand `unsigned` ist, wird der andere in `unsigned` konvertiert.

- Andernfalls haben beide Operanden den Typ `int`.

Auf den Zusatz `int` wurde vorstehend verzichtet.

8.2.13 Alternative Schreibweisen

Die nachfolgend gezeigten Makros erlauben eine andere Schreibweise von Operatoren. Sie werden definiert im angegebenen Header:

```
#include <iso646.h>
```

```
and         &&
or          ||
not         !
not_eq      !=
bitand      &
bitor       |
xor         ^
compl       ~
and_eq      &=
or_eq       |=
xor_eq      ^=
```

In C++ sind das mittlerweile sogar Schlüsselwörter.

Besonders gelungen sind die Namensgebungen nicht, und vollständig ist die Liste auch nicht. Zumindest die Varianten mit _eq sind sehr *unschön*.

```
#include <opwords.h>
```

```
eq          ==
ne          !=
lt          <
le          <=
gt          >
ge          >=
and         &
or          |
xor         ^
not         ~
AND         &&
OR          ||
NOT         !
```

wären wohl besser ...

Der neue C-Standard C11

9.1 Vorwort

Am 8.Dez.2011 wurde der zur Zeit (2013) aktuelle C-Standard Iso/Iec 9899:2011 (C11) veröffentlicht. Der Abstand von 12 Jahren zum Vorgänger C99 ist um 2 Jahre länger als der Abstand zuvor.

Der vorhergehende Standard von 1999 ist laut C11 offiziell ungültig. Der Standard C11 bezeichnet sich selbst als Dritte Ausgabe. Folglich zählen bisher nur C89, C99 und C11 als offizielle C-Standards. Die Erweiterung C95, die manchmal genannt wird, gehört offensichtlich nicht dazu.

Verschiedene neue Merkmale des C11 wurden an einigen anderen Stellen dieses C-Buches mit Hilfe des Begriffes **C11** markiert.

Die Liste der Neuheiten ist wesentlich kürzer gegenüber C99. Allerdings muß auch das Gewicht der jeweiligen neuen Merkmale betrachtet werden. Thread-Unterstützung ist beispielsweise *ein großer Brocken*. Die Unterstützung für komplexe Zahlen, die in C99 noch bindend vorhanden sein mußte, ist nun durch C11 optional geworden. Die C11-Neuheiten *Threads* und *Atomic* sind von vornherein optional.

Compiler wie der `gcc` unterstützen schon lange beispielsweise Alignment-Operationen (`__attribute__((aligned(4)))`). Allerdings gcc-spezifisch, nicht konform mit C11.

In den letzten Jahren ist ein neuer Compiler zu größerer Bekanntheit aufgestiegen: `clang` (LLVM). Besonderheiten sind: Lizenz freizügiger als die GPL (`gcc`) (sehr ähnlich der Lizenz von FreeBSD), weitgehende Beherrschung von C11, hervorragend gute Diagnose, und ab etwa Ende 2013 wird `clang` der Standard-C-Compiler unter FreeBSD sein und somit durch Eingabe von `cc` gestartet werden können.

9.2 Neue Merkmale

9.2.1 Auflistung

- Bedingte (optionale) Merkmale
  (einige betreffend, die zuvor unbedingt waren)

- Unterstützung für Threads, beinhaltend
  ein verbessertes Speicher-Sequenzmodell, atomische Objekte,
  und thread-lokales Speichern (`<stdatomic.h>` und `<threads.h>`)

- Zusätzliche Gleitkommacharakteristik-Makros (`<float.h>`)

- Feststellen und spezifizieren des Alignments von Objekten
  (`<stdalign.h>`, `<stdlib.h>`)

- Unicode-Zeichen und -Zeichenketten (`<uchar.h>`)
  (original spezifiziert in ISO/IEC TR 19769:2004)

- Typ-generische Ausdrücke

- Statische Diagnose (assertion)

- Anonyme Strukturen und Unionen

- Funktionen ohne Rückkehr

- Makros, um komplexe Zahlen zu erzeugen (`<complex.h>`)

- Unterstützung zum Öffnen von Dateien für exklusiven Zugriff

- Entfernung der Funktion `gets()` (`<stdio.h>`)

- Funktionen `aligned_alloc()`, `at_quick_exit()`,
  und `quick_exit()` (`<stdlib.h>`)

- (Bedingte) Unterstützung für begrenzungs-testende Schnittstellen
  (original spezifiziert in ISO/IEC TR 24731-1:2007)

- (Bedingte) Unterstützung für Analysierbarkeit

Die vorstehende Liste ist eine direkte, nicht interpretierte Übersetzung aus dem Standard.

9.2.2 C-Header

Standard-Header werden mittels `#include <xyz.h>` eingebunden [6].

`<assert.h>`	`<limits.h>`	`<stdbool.h>`	`[<threads.h>]`
`[<complex.h>]`	`<locale.h>`	`<stddef.h>`	`<time.h>`
`<ctype.h>`	`<math.h>`	`<stdint.h>`	`<uchar.h>`
`<errno.h>`	`<setjmp.h>`	`<stdio.h>`	`<wchar.h>`
`<fenv.h>`	`<signal.h>`	`<stdlib.h>`	`<wctype.h>`
`<float.h>`	`<stdalign.h>`	`<stdnoreturn.h>`	
`<inttypes.h>`	`<stdarg.h>`	`<string.h>`	
`<iso646.h>`	`[<stdatomic.h>]`	`<tgmath.h>`	

Header in eckigen [Klammern] sind optional.

Unter UNIX sind solche Dateien traditionell im Verzeichnis `/usr/include` enthalten. Achtung, die C-Header müssen aber gar keine auffindbaren Dateien in irgendeinem Verzeichnis sein! Sie können auch als Daten in beliebiger Form *im Bauch* des Compiler-Programms oder sonstwo enthalten sein. Das ist ganz der jeweiligen Implementation überlassen.

9.2.3 Optionale Merkmale

`__STDC_ANALYZABLE__`	Analyzability (annex L)
`__STDC_IEC_559__`	IEC 60559 floating-point arithmetic (annex F)
`__STDC_IEC_559_COMPLEX__`	IEC 60559 complex arithmetic (annex G)
`__STDC_LIB_EXT1__`	Bounds-checking interfaces (annex K) 201ymmL
`__STDC_NO_ATOMICS__`	_Atomic type qualifier, <stdatomic.h>
`__STDC_NO_COMPLEX__`	complex types <complex.h>
`__STDC_NO_THREADS__`	<threads.h>
`__STDC_NO_VLA__`	variable length arrays, variably modified types

Der Standard hat die vorstehenden Makros definiert, um die Optionalität im Quelltext automatisch berücksichtigen zu können. Diese Makros haben als Wert eine zutreffende 1, bis auf 201ymmL (s. o.). Achtung, die letzten vier Makros haben einen verneinenden Namen.

Die neue Optionalität stößt auch auf Kritik: »Etwa 50 Jahre nach FORTRAN führt C99 VLAs ein, und C11 macht dies wieder optional!?« »Wenn C in diesem Tempo weitermacht, ist C in hundert Jahren soweit wie es ADA 1983 war.«

Der Verfasser würde die Merkmale `Atomic`, `Threads` und VLA als _nicht_ optional begrüßen. Falls Standard-Threads nicht vorhanden sind, nimmt man eben POSIX-Threads (`pthread`), die eigentlich immer da sind – tja...

9.2.4 Kurzbeschreibungen

_Atomic

Bewirkt atomische Zugriffe auf Datenobjekte. Dies Schlüsselwort kann als Typspe-
zifizierer und als Typqualifizierer verwendet werden:

```
_Atomic(int) i;              //spez
_Atomic int  i;              //qual
volatile _Atomic int i;      //qual
_Atomic int  i[15];          //array-typ nicht möglich
```

Ein atomischer Zugriff ist ein bis zum vollständigen Abschluß ununterbrochener Zugriff. Beispielsweise eine Inkrementoperation liest (1), inkrementiert (2) und schreibt
(3). Im Zusammenhang mit *Threads* sind atomische Zugriffe wichtig.

Assembler für INTEL-Prozessor:

```
movl    $255, (%rip)         ;ohne _Atomic

movl    $255, %eax           ; mit _Atomic
xchgl   %eax, (%rip)         ; mit _Atomic
```

Die Instruktion xchg tauscht die Werte untereinander aus (exchange) und ist mit
einem memory-Operanden (%rip) ununterbrechbar (implizit lock).

_Alignof

Dieser Operator liefert (wie sizeof) einen vorzeichenlosen Ganzzahlwert vom Typ
size_t, der die Alignment-Anforderung des angegebenen Typs repräsentiert:

```
if (_Alignof(int) == 4)  { a='s'; break; }

printf("MaxAlign=%d\n", (int)_Alignof(max_align_t));
```

Ein Objektname kann nicht angegeben werden, nur Typnamen. Der gelieferte Wert
wird stets eine Potenz von 2 sein müssen (s. u.).

_Alignas

Dieser Alignment-Spezifizierer bewirkt das angegebene Alignment für nachfolgend aufgeführte Datenobjekte.

```
unsigned char _Alignas(16) buf[10*16];
((double*)buf)[3]= 23.00059237464;      //kein Misalignment
unsigned _Alignas(long double) a[15];


_Alignas(typ) /*entspricht*/ _Alignas( _Alignof(typ) )
```

Argument ist ein konstanter Ausdruck oder ein Typname. Bei einem Wert von 0 hat der Spezifizierer keinen Effekt. Als Wert muß eine nichtnegative Potenz von 2 mit ganzzahligem Exponenten angegeben werden, oder 0. Es darf kein geringeres Alignment angegeben werden, als für ein Objekt mindestens erforderlich ist. Ein stets ausreichend großes Alignment ist: _Alignof(objtyp).
Eine union zur Herstellung eines größeren Alignment ist nun nicht mehr das einzige Hilfsmittel. ▶ 24.

```
struct { int i; char                buf[100];   } volatile s;
struct { int i; char _Alignas(16) buf[100];   } volatile s;
struct { int i; char f1[12], buf[100], f2[12]; } volatile s;

struct { char _Alignas(16) buf[100]; int i;   } volatile s;
struct { char buf[100]; int i; char f3[8];   } volatile s;
```

Die Struktur s ist zuerst 104 Byte groß, mit angegebenem 16er-Alignment 128 Byte groß. f1 und f2 zeigen das vom Compiler vorgenommene Byte-Padding. Die Struktur als Ganzes hat ein 16er-Alignment. Das erste Byte von buf ist 16 Byte vom Beginn der Struktur entfernt. Und $128 - 16 = 112 = 7 * 16$.

Diejenige Komponente mit dem größten Alignment sollte sich idealerweise vorne befinden[1]. f3 zeigt nur noch 8 statt 24 Padding-Bytes: $100 + 4 + 8 = 112 = 7 * 16$.

```
struct { char _Alignas(16) buf[100]; int i; } s[220];
```

Padding-Bytes am Ende einer Struktur sind oft notwendig, damit die Strukturen in einem Struktur-Array zu ihrem jeweiligen Beginn das notwendige Alignment erhalten. Padding-Bytes bitte nicht mit Padding-Bits verwechseln.

---

[1] Das Schlüsselwort _Alignas wurde aus Platzgründen bei f1 f2 f3 weggelassen.

_Noreturn

Dieser Funktionsspezifizierer zeigt dem Compiler an, daß eine Funktion nicht zurückkehrt (retourniert). Eine solchermaßen spezifizierte Funktion darf auch nicht zurückkehren! Solche Funktionen sollten logischerweise keinen Rückgabewert haben, sondern void. Dieser Funktionsspezifizierer erhöht die Sicherheit. Der Compiler weiß dadurch, daß er schwebende Zustände vor dem (bedingten) Aufruf von solch einer Funktion abschließen muß. ▶ 7.

_Generic

In C++ können mehrere Funktionen mit gleichem Funktionsnamen vereinbart werden, die allerdings unterschiedliche Argumentlisten haben müssen, wodurch der Compiler sie unterscheiden kann. Mittels _Generic ist das nun auch in C ähnlich möglich:

```c
extern void cap(unsigned long long);
extern void capf(float);
static int i, j;
static float f;

_Generic(1  , default:i, float:f)=12;          //i=12;
_Generic(1.0f, default:i, float:f)=1.2f;        //f=1.2f;
_Generic(1.0f, default:cap, float:capf)(1.2f); //capf(1.2f);

j= _Generic(1, default:(i&44), float:f) +42;  //j=(i&44)+42;
```

Es handelt sich um einen typabhängigen Selektor. Der kontrollierende erste Ausdruck in der Kommaliste gibt den Typ an, der entscheidet, welcher der nachfolgenden :Ausdrücke verwendet werden soll, um ihn mit dem vor _Generic befindlichen und/oder dem der schließenden Klammer folgenden Teilausdruck zu kombinieren.

```c
#define cbrt(X) _Generic((X),             \
                    long double: cbrtl, \
                    default: cbrt,      \
                    float: cbrtf        \
                )(X)
```

Vorstehend das einzige Beispiel aus dem Standard [6]. Hier wird in Abhängigkeit vom Argumenttyp entweder die Funktion cbrt oder cbrtl oder cbrtf automatisch mit dem jeweils passenden Argument aufgerufen. Eine Konstruktion mit Makro verstärkt sehr die Nutzbarkeit. ▶ 83.

_Thread_local

Ein mit diesem Speicherklassenspezifizierer spezifiziertes Objekt hat eine Lebenszeit, die sich über die gesamte Ausführungszeit des assoziierten Threads erstreckt. Initialisiert wird beim Start des Threads. Jeder Thread hat eine eigene Instanz des jeweiligen Objekts. Dieser Spezifizierer kann mit static oder extern kombiniert werden[2]. Wird dieser Spezifizierer innerhalb einer Funktion verwendet, muß mit static oder extern kombiniert werden.

_Static_assert

Seit langer Zeit wünschen sich viele C-Programmierer die Möglichkeit einer gültigen nachfolgenden Konstruktion:

```
#if sizeof(ccap) < 24
# error "Struktur cap zu klein!"
#endif
```

Das jedoch war und ist nicht möglich, da der Preprocessor den Operator sizeof nicht verarbeiten kann.

```
#if nREC < 32 || nREC > 96 || nREC % 32 != 0
 _Static_assert(0, "Anzahl Gleichrichter ungeeignet!");
#endif

_Static_assert(nREC%32==0,
               "Anzahl Gleichrichter ungeeignet!");
_Static_assert(sizeof(int)*CHAR_BIT==32,
               "Typ 'int' hat nicht 32 Bit!");
_Static_assert(_Generic((int32_t)0, int:1, default:0),
               "Typ 'int32_t' ist nicht Typ 'int'!");
```

Die Verarbeitung von _Static_assert geschieht *nach* der Phase des Preprocessors. Der kontrollierende Ausdruck muß ein konstanter Ganzzahlausdruck sein. Hat dieser Ausdruck einen Wert ungleich 0, hat der Gesamtausdruck keinen Effekt. Ist der Wert 0, wird der Inhalt der Zeichenkette ausgegeben und die Kompilierung an der Stelle abgebrochen.

Durch _Static_assert kann #error ersetzt werden (siehe vorstehend). Aber vernünftig ist das eigentlich nicht, da #error funktioniert und früher funktioniert. Jedoch _Static_assert kann #if #error #endif nicht nur komplett ersetzen, sondern hat zusätzlich die Vorteile der späteren Bewertung.

---

[2] Die anderen Speicherklassenspezifizierer können nicht miteinander kombiniert werden.

9.2.5 Beschreibung neuer Funktionen

aligned_alloc()

Diese neue Funktion gehört zu den Memory management Funktionen, wie `calloc()`, `malloc()`, `realloc()`, `free()` (▶ 220).

```c
#include <stdlib.h>
void *aligned_alloc(size_t alignment, size_t size);
// size == N * alignment
```

Die Bytes des bereitgestellten Speicherbereichs sind nicht initialisiert. Es muß ein für die Plattform gültiges Alignment angegeben werden. Die Ähnlichkeit ist mit `malloc()` am größten, wobei `malloc()` ein festes Alignment von z. B. 16 herstellt, das auf einer jeweiligen Plattform universell verwendbar ist. Die Größe (`size`) muß ein ganzzahliges Vielfaches des angegebenen Alignments sein.

quick_exit()
at_quick_exit()

Diese neuen Funktionen sind verwandt mit dem altbekannten Funktionspaar `exit()` und `atexit()` und wurden im Rahmen der standardisierten Threads aufgenommen.

```c
#include <stdlib.h>
_Noreturn void quick_exit(int status);
int at_quick_exit( void(*func)(void) );
```

Wie das Wort `quick` verät, werden bei Prozeßbeendigung weniger Operationen vorgenommen als durch `exit()`. Diese Operationen sind plattformspezifisch. Die beiden Funktionspaare sind unabhängig voneinander: Mit `atexit()` registrierte Funktionen werden nicht von `quick_exit()` aufgerufen, und umgekehrt.

9.2.6 Thread-Programmierung

Dieses Thema wurde in diesem Buch nicht behandelt. Es würde mit Beispielen mindestens 40 Seiten benötigen. Für ein Einzelthema würde das den Rahmen dieses Buches sprengen. C-Bücher, die dieses Thema behandeln, haben z. B. 1200 Seiten.

Die Namen von Typen, Konstanten und Funktionen der C11-Threads werden nachfolgend aufgelistet, um einen Eindruck zu verschaffen:

```c
#include <threads.h>
cnd_t                   mtx_plain
thrd_t                  mtx_recursive
tss_t                   mtx_timed
mtx_t                   thrd_timedout
tss_dtor_t              thrd_success
thrd_start_t            thrd_busy
once_flag               thrd_error
                        thrd_nomem
void call_once(once_flag *flag, void (*func)(void));
int cnd_broadcast(cnd_t *cond);
void cnd_destroy(cnd_t *cond);
int cnd_init(cnd_t *cond);
int cnd_signal(cnd_t *cond);
int cnd_timedwait(cnd_t *restrict cond, mtx_t *restrict mtx,
                  const struct timespec *restrict ts);
int cnd_wait(cnd_t *cond, mtx_t *mtx);
void mtx_destroy(mtx_t *mtx);
int mtx_init(mtx_t *mtx, int type);
int mtx_lock(mtx_t *mtx);
int mtx_timedlock(mtx_t *restrict mtx,
                  const struct timespec *restrict ts);
int mtx_trylock(mtx_t *mtx);
int mtx_unlock(mtx_t *mtx);
int thrd_create(thrd_t *thr, thrd_start_t func, void *arg);
thrd_t thrd_current(void);
int thrd_detach(thrd_t thr);
int thrd_equal(thrd_t thr0, thrd_t thr1);
_Noreturn void thrd_exit(int res);
int thrd_join(thrd_t thr, int *res);
int thrd_sleep(const struct timespec *duration,
               struct timespec *remaining);
void thrd_yield(void);
int tss_create(tss_t *key, tss_dtor_t dtor);
void tss_delete(tss_t key);
void *tss_get(tss_t key);
int tss_set(tss_t key, void *val);
```

PEARL: **AT** 14:0:0 **ALL** 3 SEC **UNTIL** 16:30:0 **ACTIVATE** measuring **PRIO** 1;

Präfixe für Konstanten

Präfixe für Zeichenkonstanten und Zeichenkettenkonstanten: ► 36.

9.2.7 Anonyme struct+union

Strukturen und Unionen ohne Namen und ohne Etikett werden *Anonyme Struktur* bzw. *Anonyme Union* genannt.

```
struct v {
   union {                      // anonyme union
      struct { int  i, j; };    // anonyme struktur
      struct { long k, l; } w;
   };
   int m;
} v1;


v1.i   = 2;   // gültig
v1.k   = 3;   // ungultig: innere struktur nicht anonym
v1.w.k = 5;   // gültig
```

Der Zugriff auf Komponenten von anonymen Strukturen und Unionen muß logischerweise direkt mit dem Komponentennamen erfolgen, ohne über einen Namen der Struktur oder Union, die diese Komponente besitzt. Die äußere Struktur oder Union, die nicht anonym ist, besitzt alle Komponenten der anonymen Strukturen und Unionen in ihr. Struktur v1 besitzt m w i j, jedoch nicht k l.

```
struct s {
   struct { int i; };
   int a[];
};
```

Die vorstehende Flexibles-Array-Komponente a ist hier gültig angewandt, da es vor ihr eine weitere benannte Komponente gibt. ► 63.

Ein Vorteil dieser anonymen Konstruktionen ist, daß die spezifischen Vorteile von Strukturen und Unionen genutzt werden können, ohne die Angabe von Namen als Hierarchie-Vehikel.

9.2.8 Exklusiver Dateizugriff

Nachfolgend sind Zeichenfolgen aufgelistet, die jeweils als Dateiöffnungsmodus angegeben werden können:

```
fp= fopen(pfadname, mode);
//mode:
//r w wx a rb wb wbx ab
//r+ w+ w+x a+ rb+ wb+ wb+x ab+


fd= open(pfadname, O_CREAT|O_EXCL|/*...*/, 0600);
```

Neu ist das Zeichen **x**, dessen Wirkung beim Posix-Standard angeblich abgeschaut worden sein soll und dem vorstehenden Openflag O_EXCL entsprechen soll.
Der Standard C11 definiert folgendermaßen:

> Öffnen einer Datei mit Exklusivmodus ('x') schlägt fehl, falls die Datei bereits existiert oder nicht erzeugt werden kann. Andernfalls wird die Datei erzeugt mit exklusivem (auch bekannt als ungeteiltem) Zugriff, sofern das unterliegende System exklusiven Zugriff unterstützt.

Der Standard Posix definiert folgendermaßen:

> Falls O_CREAT|O_EXCL gesetzt sind, muß open() fehlschlagen, falls die Datei existiert.
> Der Test auf Existenz der Datei und die Erzeugung der Datei, falls diese nicht existiert, muß atomisch sein, andere Threads berücksichtigend, die open() aufrufen mit demselben Dateinamen im selben Verzeichnis und mit gesetzten O_CREAT|O_EXCL.

Die Definitionen der beiden Standards sind (sehr) unterschiedlich. C11 schreibt von *exklusivem, ungeteiltem Zugriff*, Posix nicht.

Mit einem Compiler, der C11 beherrscht und auch "wbx" annimmt, konnte keinerlei exklusiver Zugriff erreicht werden. Andere Prozesse konnten eine von einem ersten Prozeß exklusiv erzeugte und geöffnete und geöffnet gehaltene Datei beliebig verändern und sogar löschen. Der Grund dafür ist unbekannt. Ein in der Realität vorliegender Zugriffsschutz wäre ein recht nützliches Merkmal, beispielsweise für leere Flag-Dateien.

Da solch ein Sprachmittel Einfluß auf das ganze Konzept einer Programmquelle haben kann, sollte es nicht verwendet werden, denn die Unterstützung des Sprachmittels ist vollkommen freigestellt, wodurch eine Verwendung eine Quelle wesentlich weniger portabel machen würde.

9.2.9 Begrenzungstestende Funktionen_s

Im Standard C11 können 177 Funktionsnamen gefunden werden, die mit der Zeichenfolge '_s' enden. Diese Funktionen berücksichtigen Größenangaben (soweit vorhanden), wodurch verhindert wird, daß diese Funktionen über Puffergrenzen hinaus schreiben. Diese begrenzungstestenden Funktionen sind optional, wie das nachfolgende Makro zeigt:

```
#if defined(__STDC_LIB_EXT1__)

#define __STDC_WANT_LIB_EXT1__  1
#include <string.h>
errno_t memcpy_s(void * restrict s1, rsize_t s1max,
                 const void * restrict s2, rsize_t n);


int memcpy_s(void *s1, int s1max, const void *s2, int n);
```

Die zu erklärende Funktion wurde vorstehend ein zweites Mal mit abweichenden Typen notiert, um eine bessere Übersicht zu gewährleisten.

Weder s1 noch s2 dürfen Null-Zeiger sein. Weder s1max noch n dürfen größer sein als RSIZE_MAX. n darf nicht größer sein als s1max. Keine Kopierüberlappung. Die Funktion kopiert n Zeichen von dem Objekt, auf das s2 zeigt, in das Objekt, auf das s1 zeigt. Retourniert wird 0, falls keine Laufzeitauflagen verletzt wurden.

Es ist zu bezweifeln, daß die Benutzung dieser Funktionen die *Pufferüberläufe* (ach je) wesentlich reduzieren wird. Wer bisher Überläufe *programmiert* hat, wird dies sehr wahrscheinlich auch weiter tun. Nämlich die (komplexere) Bedienung dieser Funktionen hängt doch nach wie vor vom Wohlverhalten und der Disziplin des Programmierers ab. Zwar kann es eine Reduzierung der bisherigen Überläufe geben, jedoch neue, andersartige Probleme können entstehen (Problemverlagerung). Wird beispielsweise aufgrund und in Abhängigkeit eines Rückgabewertes ungleich 0 stets akribisch mit jeweils geeigneten (Ersatz-)Operationen reagiert werden? Dies ist unwahrscheinlich. Eine Diagnosemeldung abzusetzen und abzubrechen, wäre manchmal ein Versagen, aber doch besser als ein unkontrollierter Absturz des Programms.

```
_Static_assert(sizeof(buf)==sizeof(bs), ESTR "buf[]::bs[]");
memcpy(buf, bs, sizeof(buf));

if (o>sizeof(buf)||n>sizeof(buf)-o||n>lenbp)  {
  Diag(E_SZ|14, ESTR "buf+o, n");      //longjmp()
}
memcpy(buf+o, bp, n);
```

Es muß erstaunlich viel geprüft werden, um undefiniertes Verhalten zu vermeiden! Die vorstehend erste Prüfung wird bereits zur Kompilierzeit vom Compiler vorgenommen. Bei der zweiten Prüfung sei auf lenbp hingewiesen. Das ist die maximale Länge, die von bp gelesen werden darf. Solche Informationen müssen von Funktion zu Funktion weitergegeben werden, um absolut *wasserdicht* zu programmieren.

## Teil II

Eingehende Beschreibung der Merkmale

10

Einleitung

10.1 Vorurteile

Im Zusammenhang mit C werden hin und wieder Vorwürfe erhoben:

- C ist ja nicht mehr als ein komfortabler Assembler.
- C ist unsicher.
- C ist kryptisch und schwierig, besonders die Pointer.

Sicherlich ist C auch ein komfortabler Assembler, jedoch C besitzt bei weitem nicht nur diese Eigenschaft, sondern hat zusätzlich alle Möglichkeiten, die eine höhere, strukturierte, prozedurale Programmiersprache ausmachen.

Eher passend ist die Aussage, daß C eine höhere, strukturierte Sprache ist, die *zusätzlich* die Eigenschaft eines Komfort-Assemblers bietet.

Unsicher ist C nur, falls Warnmeldungen des Compilers abgeschaltet oder ignoriert werden, was oft der Fall ist!, oder falls aus Gründen der Bequemlichkeit auf bestimmte Voreinstellungen (Default-Verhalten) beim Aufbau von C-Quelltexten gesetzt wird, oder falls nachlässig oder ungeübt programmiert wird.

C-Compiler warnen durchaus bei *allen* Konstruktionen, die bedenklich sind, suspekt erscheinen, nicht genau zusammenpassen oder optisch ähnliche Alternativkodierungen zulassen.[1]

Ein C-Compiler kompiliert *alles*, was für ihn kompilierbar ist – und warnt bei allen potentiell unsicheren Konstruktionen. Compiler für andere Sprachen warnen nicht, sondern verweigern die Kompilierung bei der kleinsten Unstimmigkeit, wobei die Wahrscheinlichkeit des Auftretens einer Umstimmigkeit wegen Eingeengtheit sehr hoch ist.

---

[1] Der Compiler `gcc` beispielsweise hat etwa 3000 (!) verschiedene Fehler-, Warn- und sonstige Meldungen.

C-Compiler überlassen in bester UNIX-Tradition die Entscheidungen dem Programmierer. Allerdings nicht ohne ausführlich zu informieren. Compiler für andere Sprachen sind Herr über den Programmierer.

Daraus folgt, daß C selbst eigentlich garnicht unsicher ist, sondern durch unbewußtes und sogar bewußtes Fehlverhalten von Programmierern und dessen Folgen als unsicher hingestellt wird.

Dennoch ist C zweifellos potentiell unsicherer als beispielsweise PASCAL oder ADA. C hat eine andere Intention und ist für fortgeschrittene Programmierer gedacht, die wenig schreiben und alles machen können wollen, um dann als Resultat eine ausführbare Datei zu erhalten, die überlegen ist und manchmal nur mit C überhaupt machbar war.

In C zählen vorrangig die Machbarkeit und das Endresultat in Konjunktion mit dem Prozessor – nicht der pädagogische Weg dorthin.

BJARNE STROUSTRUP, der Erfinder von C++, sagte einmal fast wörtlich:

> daß es in C leicht sei, sich selbst in den Fuß zu schießen. C++ mache das schwerer, wenn es aber doch passiert, haut es gleich das ganze Bein weg.

BJARNE STROUSTRUP ergänzte später sinngemäß:

> daß seine vorhergehenden Aussagen mehr oder weniger für *alle* leistungsfähigen Programmiersprachen gelten.

Das ist insgesamt ein Beleg für die zuvor getätigten Aussagen zur Sicherheit von C.

Keine einzige Programmiersprache ist an sich unsicher!, denn schließlich sind Syntax und Semantik definiert und unterliegen nicht dem Zufallsprinzip.

Die verschiedenen Sprachen enthalten lediglich ein verschieden großes Potential, daß und wie Fehlverhalten von Programmierern sich schädlich auswirkt. Wobei der Grad und die Ausprägung dieses Potentials proportional zur Kraft und Leistungsfähigkeit der entsprechenden Sprache ist.

Beispielsweise PASCAL ist ganz sicher nicht so kraftvoll wie C – dafür aber *sicherer*. Problemlösungskraft kostet Sicherheit – und umgekehrt!

> Die Vorurteile gegenüber C sind sehr wahrscheinlich dadurch entstanden bzw. vernehmbar geworden, weil C eine extrem hohe Verbreitung hat. Es wird allenthalben gesagt: *An C führt kein Weg vorbei!* Würden beispielsweise die Verbreitungen von C und HASKELL untereinander ausgetauscht, wären Vorurteile und Unsicherheit hinsichtlich HASKELL deutlich vernehmbar, und von C würde kaum jemand reden.

C wurde von DENNIS RITCHIE ausdrücklich zur Programmierung von System-Software für UNIX entwickelt. Deshalb ist C so wie C ist ... ▶ 290.

C-Kode kann kryptisch aussehen; C erzwingt das keineswegs, aber es kann getan werden – und es wird auch oft getan. Das ist darin begründet, daß bis auf `sizeof` alle Operatoren und andere Teile durch Symbole statt durch reservierte Worte dargestellt werden, und weil in fast jedem Zusammmmenhang gemischte Verschachtelung möglich ist. Desweiteren ist ein C-Quelltext an kein Format (Zeile/Spalte) gebunden.

Durch gut gesetzte Zwischenräume und Einrückungen, Verwendung von Strukturen, Zeigern, `typedef` und Makros kann kryptischer Kode allerdings leicht vermieden werden.

C ist keineswegs schwierig, sondern erstaunlich wenig komplex und daher schnell erlernbar. Die Syntax ist kompakt, übersichtlich, natürlich und sehr logisch:

```
int a, *p;      // Syntax hier genauso wie später
                // Der * als Pointer-Symbol ist naheliegend
a *= 10;        // mit sich selbst multiplizieren
a += 22;        // etwas aufaddieren, hinzufügen
a++;            // eins dazu, eins weiter
a  = *p;        // sichtbare Dereferenzierung
a  = kp->b;     // mit Zeiger -> zugreifen
```

In keiner anderen Sprache ist das (in diesem Umfang) so!

Der Umgang mit Zeigern (Referenzen) ist in C der Situation im alltäglichen Leben nachgebildet. C ist auch hierbei die einzige Sprache, die dies bietet! [2]

Allein mit Adressen in C kann ein Programm organisiert und strukturiert werden. Die weiteren vorhandenen Strukturierungsmittel unterstützen das noch weitergehend.

Ein Schachbrett hat Bezeichner für Reihe und Spalte. Zusammengesetzt entsteht eine Adresse, die eindeutig auf eines der 64 Felder zeigt. Ein Feld kann leer sein (0) oder mit einer von mehreren verschiedenen Figuren (> 0) besetzt sein. Wird eine Feldadresse auf eine Tafel geschrieben, ist die Tafel als Adressenvariable anzusehen. Bei mehreren Feldadressen stellt die Tafel ein Array aus Adressen dar. Steht noch Anderes auf der Tafel, so bildet sie eine Struktur. Auf den Schachfeldern können auch Zettel liegen, mit jeweils einer Nummer darauf, die auf eine Schachfigur verweist. Und die Schachfiguren sind ja keine realen Bauern oder ein König, sondern repräsentieren diese nur. In einem Quiz könnten die Kandidaten Schachfiguren sammeln, die zum Schluß auf zugeordnete Gewinne verweisen, die nach Adressierung ausgehändigt werden. Hier liegt bereits eine vielfache Dereferenzierung vor, eine mehrfach verschachtelte Adressierung.

---

[2] Da C fast eine Untermenge von C++ ist, gilt das automatisch auch für C++.

Adressen und Telefonnummern stehen in Telefonbüchern, wobei die Telefonnummern ebenfalls Adressen sind. Kontonummern und Banknoten sind Adressen. Bestellkataloge sind riesige Ansammlungen von hierarchisch gegliederten Adressen. Häuser in den Straßen haben Adressen, wobei die Häuser Strukturen sind, mit den Wohnungen und Bewohnern als Mitglieder. Ein Brief mit falscher Adresse kommt als unzustellbar zurück.

Ein Brief mit 120 weiteren Briefumschlägen darin, zugestellt an den Hausmeister eines Hochhauses, ist quasi ein Array aus 120 Adressen. Falls dieser Brief abgeholt wurde, hatte man auf eine Adresse eines Arrays reagiert.

Wenn ein Brief in einem Brief, in einem Brief, in einem Brief sich befindet, liegt eine mehrfache Dereferenzierung vor. Die Reaktion auf den innersten Brief führt zu einem Hausobjekt, zuvor gab es jeweils nur einen weiteren Brief. Eine ähnliche Situation liegt vor bei mehrfacher Weiterleitung.

Eine Struktur hat eine Größe von beispielsweise 56 Byte, die Adresse darauf hat ein `sizeof` von 4 Byte, die Adresse auf diese Adresse hat ebenfalls 4 Byte, und so weiter. Hier gibt es offensichtlich Analogien, die nur in C zur Nutzung bereitgestellt sind.

Angesichts dieser Einfachheit und der Entsprechung in der realen Umwelt ist es erstaunlich, daß es im Zusammenhang mit dem Adressierungssystem in C so viele Probleme in der Praxis gibt.

Sogar in der Tierwelt wird mit Verweisen umgegangen. Eine Geruchsspur ist nichts anderes als eine Adresse – sogar mit Typ!

Sind die Lehrmittel ungeeignet? Wird der Umgang mit Adressen einfach nicht gelernt? Haben die anderen (fast) adressenlosen Programmiersprachen die beim Umgang mit Adressen erforderliche natürliche Denkweise verbaut?

Adressen in PEARL:

```
DECLARE (a, b) FIXED, ap REF FIXED;
a   := 2;
ap  := a;
b   := CONT ap;      /* b := 2; */
b   :=      ap;      /* implizite Deref. */
CONT ap := ap + 4;   /* implizit rechts; a := a + 4; */
```

Die Referenz auf eine Referenz ist hier beispielsweise nicht möglich.

10.2 Automatische Umwandlungen

Sobald irgendwo ein wertbehafteter Ausdruck vorliegt, der im Zusammenhang steht mit einem Operator oder einem Zielobjekt, wird nötigenfalls eine implizite Typumwandlung vorgenommen, hin zu einem größeren oder kleineren Wertebereich oder nur zu einem anderen Typ unter Beibehaltung des Wertebereiches.

Grundsätzlich erfolgt zunächst eine *Integer-Promotion*: Falls der Wertebereich eines `int` ausreicht für alle Werte eines Ursprungstypen, wird der Ursprungstyp in ein `int` umgewandelt. Andernfalls wird in ein `unsigned int` umgewandelt. Die Absicht dahinter ist, daß Überlauf vermieden wird und möglichst mit der natürlichen Bitbreite der Plattform operiert wird (Maschinenwort). ▶ 74.

Bei Umwandlungen, die den Wertebereich nicht beschneiden, wird wert- und vorzeichenerhaltend gewandelt. Es wird der Ursprungstyp ausgehend von *seinem* Typ in einen anderen Typ umgewandelt: `1111111110011000` ⟵ `10011000` bei `(unsigned)` ⟵ `(signed char)` und 16 ← 8 Bit.

Funktionsparameter sind die Zielobjekte der Funktionsargumente, denn die Argumente werden kopiert: *Call by value*. Dies entspricht Zuweisungen.

Bei Funktionsargumenten gilt zusätzlich eine `double`-Promotion für `float`-Werte, falls die Funktion variabel viele Argumente hat und der Parametertyp folglich nicht sichtbar ist (`printf()`).

Es wird stets auf den Typ eines Nachbaroperanden umgewandelt, falls dieser einen größeren Wertebereich hat oder ein *ranghöherer* Typ ist. Der *rangniedrigste* Typ ist `_Bool`, der *ranghöchste* `long double`. Typumwandlungen wirken natürlich nicht von außen in geklammerte Ausdrücke oder Teilausdrücke hinein!

Ein unsigned Integer Typ gewinnt immer, es sei denn, daß alle seine Werte im signed Integer Nachbarn als positive Werte repräsentiert werden können. Das ist besonders wichtig bei Vergleichsoperationen. Nötigenfalls oder bei Unsicherheit setzt man explizit Typ-Casts ein.[3]

Bei Zuweisungen oder Typ-Casts erfolgt gezwungenermaßen eine Wertebereichbeschneidung und potentielle Wertbeschneidung, falls der Zieltyp einen kleineren Wertebereich hat. Wenn der Zieltyp ein unsigned Integer ist, wird MAXWERT+1 des Zieltyps so oft zum zuzuweisenden Wert addiert oder so oft von ihm subtrahiert, bis der Wert passend für den Zieltyp ist (▶ 294).

Bei Prozessoren mit 2er-Komplement-Konzept entspricht diese Regel genau einem einfachen Abschneiden der höherwertigen Bits herab auf die verlangte Bit-breite, bei positiven als auch bei negativen zuzuweisenden Werten!

Gleitkommawerte werden in Richtung 0 gerundet, falls diese in einen Integer gewandelt werden.

Der Ganzzahlteil der Gleitkommatypen ist zu beachten bei Umwandlungen zwischen Integertypen und Gleitkommatypen.

---

[3] Vor C89: Unsigned Integer gewinnt.

Kode-Beispiel:

```
typedef unsigned char BYTE;
BYTE cksum, buf[256];

if (~cksum != buf[r])  atSEND(ECKSUM);

cksum 1:            00111000   BYTE
cksum 2:   0000000000111000   int
cksum 3:   1111111111000111   ~
                         !=
buf[] 2:   0000000011000111   int
buf[] 1:            11000111   BYTE
```

Es werden hiermit unablässig Checksum-Fehler gemeldet, obwohl die Werte in den Variablen das nicht erwarten lassen!

Lösung:

```
BYTE cksum, buf[256];

if ((BYTE)~cksum != buf[r])  atSEND(ECKSUM);

cksum 1:            00111000   BYTE
cksum 2:   0000000000111000   int
cksum 3:   1111111111000111   ~
cksum 4:            11000111   (BYTE)
cksum 5:   0000000011000111   int
                         !=
buf[] 2:   0000000011000111   int
buf[] 1:            11000111   BYTE
```

Typumwandlungen erfolgen, *bevor* mit Werten operativ umgegangen wird!

Nach dem Cast wird erneut erweitert, wieder auf 16 Bit.

Die wiederholten Erweiterungen und Verkürzungen muß der Compiler in Wirklichkeit garnicht durchführen! Er muß lediglich dafür sorgen, daß der Resultatwert diesem Verhalten *entspricht*.

Ein Compiler kann hier auch einfach eine Vergleichsinstruktion mit BYTE-Breite verwenden. Denn er kennt die Wirkungen aller Operationen und Instruktionen und sieht im Quellkode, daß vor dem Vergleich auf beiden Seiten der Typ BYTE vorliegt.

11

Adressen (Zeiger, Pointer)

11.1 Adressen der Objekte

Objekte sind in C: Sämtliche Variablen und adressenbehaftete Konstanten jeglichen Typs; Arrays, Strukturen, Unionen, Enumerationen, und Funktionen. Funktionen sind Kode-Objekte, die anderen sind Daten-Objekte.

Jedem Objekt wird bei seiner Definition Speicherplatz zugewiesen. Jedes Objekt hat seine eigene **unveränderbare** Adresse im Speicher. Jedes Objekt hat seine eigenen **unveränderbaren** Offset-adressen. Die Adresse eines Objekts ist die Adresse des ersten Bytes, das von dem Objekt im Speicher belegt wird. Jede Objektadresse hat einen bestimmten Typ, der die Art und Weise des Zugriffs angibt und Aufschluß über den Inhalt des adressierten Objekts gibt.

Zwischen Adressenwerten und anderen Integerwerten gibt es prinzipiell gar keinen Unterschied! In beiden Fällen kann ein Zahlenbereich von 0 bis 4294967295 vorliegen.

Zwischen Adressenvariablen und anderen Integervariablen gibt es ebenfalls zunächst gar keinen Unterschied! Beide können Zahlen von 0 bis 4294967295 speichern. Auf beide können in gleicher Weise arithmetische Operationen angewandt werden. Beide Variablen haben als Objekt eine Adresse, die auf gleiche Weise erlangt werden kann.

Ein Unterschied entsteht erst dadurch, daß dem Compiler durch die Adressensyntax mit dem Sternzeichen * mitgeteilt wird, daß die Zahl in dieser Variable eine Adresse sein und später zu Adressierungsoperationen benutzt werden soll.

Ein weiterer Unterschied anderer Art ist dadurch gegeben, daß weder der Compiler noch der Programmierer die absolute Adresse eines Objektes bestimmen können. Es kann lediglich nach dem Anlegen eines Objektes festgestellt werden, auf welcher Adresse es *gelandet* ist.

Daraus folgt, daß Objektadressen als gegeben betrachtet werden müssen und deren absoluter Wert auf C-Ebene irrelevant ist. Nur *ausgehend* davon sind Offset-Adressen in die Objekte *hinein* sinnvoll.

Adressenvariablen können mit Objektadressen gefüllt werden, eventuell gleichzeitig mit zugefügtem Offset-wert. Adressenvariablen können aber auch absolute Adressen zugewiesen werden:

```
int *ip= (int*)102700u;
```

Ob nachfolgend mit diesem Adressenwert eine gültige Adressierung erfolgt, ist eine ganz andere Frage!

Wichtige Sachverhalte: Eine Adressenvariable ist ein Objekt und hat ihre eigene Objektadresse im Speicher. Sie enthält als Variableninhalt die Adresse eines (anderen) Objekts.

Eine Objektadresse benötigt keinen Speicherplatz, denn das Objekt liegt mit seinem Inhalt im Speicher an einer bestimmten Position und *hat* eine seiner Position entsprechende Adresse im Speicher. Der Inhalt eines Objekts benötigt Speicherplatz, nicht jedoch seine Position. Die verschiedenen Positionen der verschiedenen Objekte ergeben sich durch deren Inhalte, die der Reihe nach im Speicher angeordnet sind.

```
int i=2, *ip, **ipp;

ip= &i;
ipp= &ip;
```

Hier wurden angelegt/definiert:
Eine Variable i, die einen `int`-Wert (hier: 2) enthält,
eine Variable ip, die die Adresse einer `int`-Variable enthält,
eine Variable ipp, die die Adresse einer Variable enthält, die die Adresse einer `int`-Variable enthält.

&ipp hat den Typ `int***`; prinzipiell könnte man diese Verschachtelung beliebig weitertreiben. &&ipp ist allerdings falsch, denn es kann nicht die Adresse eines Wertes ermittelt werden, sondern nur die Adresse eines Objektes im Speicher.

i und *ip und **ipp haben den Typ `int` und liefern 2.
ip und *ipp haben den Typ `int*` und liefern &i.
ipp hat den Typ `int**` und liefert &ip.

ip[0] und ipp[0][0] liefern ebenfalls 2.
Andere Indexwerte als 0 wären allerdings falsch.

```
char *cp= (char*)&i;

cp[0] == 2
cp[1] == 0
cp[2] == 0
cp[3] == 0
```

Falls eine `int`-Variable aus `4` `char`-Elementen besteht, also `sizeof(int)==4` ist, kann wie obenstehend verfahren werden. Ein `int`-Objekt hat in diesem Fall `4` Byte-Adressen. Achtung, `sizeof(int)` und die zahlenmäßige Wertigkeit der Bytes des `int`-Objektes sind plattformspezifisch! (Bei Intel-Prozessoren iX86 befindet sich das niederwertigste Byte auf der niedrigsten Adresse, usw.) ▶ 160.

Das obenstehende Beispiel mit (Adressen-casting*) geht auch größenmäßig umgekehrt:

```
char A[5];  int *ip;

  ip= (int*)(A+1);
*ip= 0;            // setzt das 2. bis 5. Byte von A auf 0
```

Hier kann jedoch – je nach Prozessor – ein Misalignment-Fehler passieren! Zugriff auf ein Speicherobjekt soll/muß mit einer Adresse erfolgen, die ohne Rest durch eine typabhängig prozessor-spezifische Zahl teilbar ist. ▶ 159.

Eine falsche Zugriffs-Ausrichtung im Speicher kann vorliegen, wenn auf ein Speicherobjekt durch (Adressen-casting*) mit einem *breiteren* Typ als dem Original-Typ zugegriffen wird.

Wenn die Zugriffsadresse beispielsweise durch 4 glatt teilbar ist, kann in vielen Fällen der Zugriff funktionieren. Es kann dann auch – char-bezogen – in 4er-Schritten neu positioniert werden, solange die Objektgrenzen nicht verletzt werden. ▶ 117.

11.2 Addition, Subtraktion und Differenzbildung

```
neue_Adresse = Adresse + i;
```

im Quelltext bewirkt auf Assemblerebene:

```
neue_Adresse = Adresse + i * sizeof(*Adresse)
```

```
ip += 1;
```

bewirkt:

```
ip += 1 * sizeof(int)
```

```
ip - 1;
```

bewirkt:

```
ip - 1 * sizeof(int)
```

```
i = (int)( ipb - ipa );
```

bewirkt:

```
i = (ipb-ipa) / sizeof(int)
```

Wenn also (auf Quelltextebene) eine Adresse um 1 verändert wird, zeigt der neue Adressenwert stets auf das nächste bzw. vorherige Element (auf das erste Byte des Elements), unabhängig vom Typ der Adresse. Und bei Differenzen wird stets die Elemente-Differenz errechnet, nicht die Byte-Differenz.

Man beachte, daß immer und überall `sizeof(char)==1` gilt. Deshalb kann durch Typ-Casting `(char*)` auch immer die Byte-Differenz festgestellt werden. (Bei bereits vorliegendem `char*` ist das natürlich überflüssig.)

Eine Addition von Adressen ist nicht erlaubt und wäre auch unsinnig. `1200000015+1200000010` ergibt garantiert nichts Sinnvolles. Es gibt auch keinen Typ `ptrsum_t`, sondern nur `ptrdiff_t` (▶ 22). Die zuvor gezeigten Additionen und Subtraktionen von Integerwerten zu/von Adressenwerten sind hingegen sinnvoll. Der Typ eines Ausdrucks `(Adresse+Integer)` ist der Typ der `Adresse`. Nur der Adressen*wert* ist geändert, sofern nicht `0` addiert wurde.

Strikt nach STANDARD*:* Vergleiche, Subtraktionen, Verknüpfungen zwischen zwei Adressen sollen nur erfolgen mit Adressen, die von *ein und demselben* Objekt stammen! Selbstverständlich müssen die Adressen typgleich sein.

Adressen-Variablen sollen nur gültige Adressen enthalten, die auf bestehenden Speicherplatz von Objekten zeigen – auch wenn sie garnicht zum Zugriff benutzt werden! Ausnahme: Hinter das letzte Element eines Arrays darf gezeigt werden, so als ob da noch ein weiteres Element wäre.

Bei Vergleichen einer Adresse mit einer `void*` Adresse wird der linke Typ implizit zum rechten Typ konvertiert.

```
extern char **environ;
extern char* *environ;        /* Alternativ-Darstellung */
```

Dieses externe Objekt gibt es auf den meisten Plattformen tatsächlich. Es ist eine Adressen-Variable, z. B. 4 Byte groß (`sizeof(char**)==4`), die eine Adresse auf ein Objekt enthält, das wiederum eine Adresse auf char enthält; die also eine Adresse auf ein char*-Objekt enthält.

In diesem spezifischen Fall wird nicht nur auf ein einzelnes char*-Objekt gezeigt, sondern auf das erste Element eines *Arrays* aus char*-Objekten.

▶ 147.

```
char  *envarr[]= { "PATH=..............",
                   "CDPATH=.............",
                   "...",
                 };
char **environ= envarr;
char **environ=&envarr[0];      /* Alternative */
```

So könnte das prinzipiell extern programmiert worden sein.

`environ`	zeigt auf die Basisadresse des Arrays: `char**`
`environ[0]`	liefert den Inhalt des ersten Array-Elements: `char*`: `"PATH=..."`
`environ[0][0]`	liefert das erste Element der ersten Zeichenkette: `char`: `'P'`
`++environ[0][0]`	würde verändern zu: `"QATH=..."`
`++environ[0]`	würde den Inhalt des ersten Array-Elements erhöhen: zeigte jetzt auf `"ATH="`.
`++environ[0][0]`	würde verändern zu: `"QBTH=..."`
`++environ`	zeigt jetzt auf das zweite Array-Element, also ein Durchlaufen der Zeichenketten.
`*environ`	liefert jetzt die Adresse von `"CDPATH=..."`
`environ[0]`	liefert jetzt die Adresse von `"CDPATH=..."`
`environ[0][0]`	liefert jetzt: `'C'`: `char`
`environ[-1]`	liefert jetzt die Adresse von `"PATH=..."`

`environ` liefert stets das aktuelle Environment, während `envp` dasjenige vom Zeitpunkt des Programmstarts liefert. ▶ 48 (LIB: `getenv()`, `putenv()`).

11.3 Sammlung von Beispielen

Zusammenhänge werden meist durch viele Beispiele klarer:

```
char *cp;
short *sp;
 long *lp, *lpb;
 void *vp;
                // Assembler-Ebene:
++cp;           // cp += 1 * sizeof(char);    cp += 1
++sp;           // sp += 1 * sizeof(short);   sp += 2
++lp;           // lp += 1 * sizeof(long);    lp += 4
lp+1            // lp +  1 * sizeof(long);    lp+4
lp-2            // lp -  2 * sizeof(long);    lp-8
++vp;           // vp += 1 * sizeof(????);    FEHLER!

((struct abc *)vp)    += 3;
              // vp += 3 * sizeof(struct abc);   (2)
(( long(*)[5][10] )vp) += 3;
              // vp += 3 * sizeof(long [5][10]), (2)
              // vp += 3 * 200;

(uint)(lp-lpb)          // (lp-lpb) / sizeof(long)
(uint)lp - (uint)lpb    //  lp-lpb                 (1)
(char*)lp - (char*)lpb  //  lp-lpb

                        // Event. Misalignment:
  ((long*)cp)++;        // cp+=sizeof(long)            (2)
 *((long*)cp)   = 0;    // DWORD=0  auf das cp zeigt (a)
 *((long*)cp++) = 0;    // cp+=1  nach Zuw.           (a)
 *((long*)cp)++ = 0;    // cp+=4  nach Zuw.    (!ANSI,a)
*++((long*)cp)  = 0;    // cp+=4  vor Zuw.     (!ANSI,a)
++*((long*)cp);         // DWORD+=1 auf das cp zeigt (a)
 (*((long*)cp))++;      // dito

*(cp+256)   =48; ++cp;  // cp[256]=48, cp+=sizeof(char)
*(cp++ +256)=48;        // dito
*(256+cp++) =48;        // dito
 (cp++)[256]=48;        // dito
 cp++[256] =48;         // dito


(a)  event. Misalignment auf Nicht-x86-Prozessoren
(1)  nicht vollkommen portabel: (unsigned)adr
     Besser, bei Differenzen  : i= (char*)lpb - (char*)lpa;
(2)  nicht Strict ANSI, dennoch ziemlich portabel
     cp= (char*)((long*)cp+1);  ist voll portabel
```

Die Beispiele wurden zwar allesamt erfolgreich kompiliert mit den beschriebenen Ergebnissen. Aber die hinsichtlich ihrer eingeschränkten Portabilität entsprechend gekennzeichneten Beispiele werden von neueren Compilern zunehmend nicht mehr akzeptiert.

Beispielsweise werden noch heute bei jeder neuen Version des `gcc` Kodierungsmöglichkeiten zurückgenommen, die zuvor als *erweiterte* Merkmale galten, aber nicht (strikt) konform mit dem C-Standard waren.

Es ist folglich sinnvoll, eine uneingeschränkt portable Programmierung stets anzustreben.

Hinweise: Adressen können breiter als der breiteste Integertyp sein. Beispielsweise 48 Bit für FAR Adressen auf einer 32 Bit Plattform. Der zugehörige Typ hat dann wahrscheinlich `sizeof(typ)==8`. Auch Vorzeichenbehaftung existiert. Solches ist allerdings selten bis exotisch. Trotzdem sollten nicht voll portable Abschnitte im Kode gekennzeichnet sein, beispielsweise so: `///P!` (▶ 129).
Solche Markierungen können nötigenfalls als Suchmuster verwendet werden. Im Editor `gvim` kann auch eine automatische Hintergrundfarbe `gelb` dafür konfiguriert werden.

Prozessoren iX86 haben in ihrem Statusregister ein Bit namens `AC` (Alignment Check), das nach Reset 0 ist und damit automatische Misalignment-Korrektur bewirkt (▶ 22). Jedoch bestimmte Betriebssysteme setzen beim Booten dieses Bit auf 1, so daß plötzlich auch bei iX86 jegliches Misalignment zu einem Abbruch des Programms führt.

`static`

Hat eine Doppelbedeutung[1]: Innerhalb von Funktionen macht die Speicherklasse `static` damit angelegte Objekte statisch.

Bei Funktionen selbst und bei Datenobjekten, die außerhalb von Funktionen angelegt werden, macht `static` die Objekte datei-lokal, denn statisch sind sie ohnehin schon.

Im Zusammenhang mit Adressen gibt es einen besonderen Aspekt:
Wenn die Adresse eines datei-lokalen Objekts an eine globale Adressenvariable zugewiesen wird, die jedoch *nicht* datei-lokal ist, sieht der Compiler sich veranlaßt, eine entsprechende Warnung auszugeben, denn es wird die Dateilokalität durchbrochen.

Das ist so ähnlich wie bei einer `const*` Adresse, die an eine Adressenvariable zugewiesen wird, die *nicht* mit `const` qualifiziert ist, denn hier würde die Read-only-Schranke durchbrochen.

Natürlich könnten diese Warnungen ignoriert werden; Aber man sollte doch konsequent logisch und konsistent kodieren.

---

[1] DENNIS RITCHIE würde das heute anders definieren!

11.4 Der NULL-Pointer

Der NULL-Pointer ist ein Adressenwert, der niemals irgendeinem Objekt zugeordnet wird, der also in diesem Sinne frei/unbelegt ist. Daher kann er als eindeutige Erkennungsmarke benutzt werden.

Sobald im C-Quelltext der konstante Wert 0 vorkommt und dies im Zusammenhang mit einem Adressenwert geschieht, wird dieser Wert 0 als NULL-Pointer interpretiert. Ebenso, falls eine Adresse in einer Bedingungsprüfung ohne Vergleichsoperator vorkommt, wird implizit mit dem NULL-Pointer verglichen:

```
( adr != NULL)
( adr != 0)
( adr)
( adr == NULL)
( adr == 0)
(!adr)
```

Die ersten drei Zeilen sind gleichbedeutend, die letzten drei ebenso.

Gemäß STANDARD ist NULL folgendermaßen definiert:

```
#define NULL   0
    // oder
#define NULL   ((void*)0)
```

Achtung, der *wirkliche* Wert eines NULL-Pointers muß nicht Null (0x0000) sein, obwohl #define NULL 0 gleichzeitig vorliegt! Der Compiler setzt intern den richtigen Wert (für 0) ein, bei NULL-Pointer-Prüfungen und Zuweisungen.

```
char *adr= NULL;
if ( 0 == adr )   ;
if ( 0 == (unsigned)adr )   ;
```

Deshalb *kann* die zweite Bedingung FALSE sein, während die erste garantiert TRUE ist. Es kann sein, daß der Compiler die obenstehenden Bedingungen folgendermaßen prüft:

```
char *adr= 0xC0000000;
if ( 0xC0000000 == adr )   ;
if ( 0x00000000 == adr )   ;
```

Zahlendarstellungen im Quelltext befinden sich auf einer anderen Ebene als die tatsächliche Bit-Repräsentation der diversen Objekte im Speicher. Beispielsweise muß der Gleitkomma-Wert 0.0 durchaus nicht ausschließlich durch 0-Bits repräsentiert sein!

```
static int CatS(char *, char *, ...);

/* ... */

CatS(ziel, a, bp, s1, (char*)0);
CatS(ziel, a, bp, s1, (char*)NULL);
CatS(ziel, a, bp, s1, (void*)0);
```

Falls der Compiler nicht *sieht*, welchen Typ ein Argument hat, soll ein Typ-Cast explizit diese Information bereitstellen. Dies ist auch innerhalb von Funktionskörpern von Funktionen mit variabler Argumentanzahl notwendig, denn die realen Null-Pointer-Werte können typabhängig verschieden sein!

Gleichzeitig ist im Standard vermerkt, daß zwei *beliebige* NULL-Pointer bei Vergleich *stets* Gleichheit ergeben, so daß oben die letzte Zeile korrekt sein muß, obwohl innerhalb der Funktion mit (char*)0 verglichen wird.

Hinweise: Der Integer 0 kann 32 Bit breit sein, gleichzeitig kann der NULL-Pointer (typ*)0 64 Bit breit sein!

Eine Adressen-Umwandlung (unsigned)adr ist weitgehend portabel, jedoch nicht vollkommen portabel! Heutzutage auf 64 Bit-Plattformen (z. B. amd64) sollte (unsigned long long)adr gewählt werden.

Mittels sizeof(typ*) kann herausgefunden werden, wie breit eine Adresse speichermäßig ist ...

11.5 Referenzen

Referenzen in anderen Programmiersprachen sind im Grunde nichts anderes als die Adressen in C. Das zeigt schon das Wort *Dereferenzierung*, das in C im Zusammenhang mit Adressen verwendet wird.

Allerdings müssen Referenzen (in C++) beim Anlegen unmittelbar mit einer Objektadresse initialisiert werden und können danach nicht mehr verändert werden. Als konstante Adressen wären sie in C entbehrlich; in C++ können damit bestimmte Operationen vorgenommen werden, die mit variablen Adressen allerdings nicht möglich sind (▶ 319).

```
static const unsigned d4[]= { 00000, 10000, 20000, 30000,
    40000u, 50000u, 60000u, 60000u, 60000u, 60000u,
};
static const int d3[]= {
    0000, 1000, 2000, 3000, 4000, 5000, 6000, 7000, 8000, 9000,
};
static const int d2[]= {
    000, 100, 200, 300, 400, 500, 600, 700, 800, 900,
};
static const int d1[]= { 00, 10, 20, 30, 40, 50, 60, 70, 80, 90, };

# define F_DIG(c)  ((c)<='9'&&(c)>='0')
# define F_SP(c)   ((c)==' '||(c)=='\t')

int atoi_F(register const byte *a)
{
    register int i;
    int m=0;
    if (*a<='0')  {
      if (a[0]==0 || a[1]==0)  return 0;
      while (F_SP(*a))  ++a;
      if (*a=='-'&&(m=1,1) || *a=='+')  ++a;
      while (*a=='0')  ++a;
    }
    i=0;
    if (!F_DIG(a[0]))  goto ADD0;
    if (!F_DIG(a[1]))  goto ADD1;
    if (!F_DIG(a[2]))  goto I2;
    if (!F_DIG(a[3]))  goto I3;
    if (!F_DIG(a[4]))  goto I4;
                      goto I5;
    I2:           a+=1; goto ADD2;
    I3:           a+=2; goto ADD3;
    I4:           a+=3; goto ADD4;
    I5:           a+=4;
    ADD5: i+= d4[a[-4]]-'0';
    ADD4: i+= d3[a[-3]]-'0';
    ADD3: i+= d2[a[-2]]-'0';
    ADD2: i+= d1[a[-1]]-'0';
    ADD1: i+=    a[ 0]-'0';
    ADD0:;
    return (m?-i:i);
}
```

Dies ist eine extrem schnelle `atoi`-Variante. Aus Platzgründen für den relativ kleinen Zahlenbereich ± 32767. `atoi` sollte generell nur auf bekannte Daten angewandt werden. `strtol()` bietet im Gegensatz diverse Diagnosen. Die redundanten Kommata jeweils vor } sind erlaubt. Das ist sehr praktisch bei (halb)automatisch generierten Initialisiererlisten. ▶ 235, 38, 37, 44.

12

Objekte in C

12.1 Arrays (Felder, Vektoren)

Ein Array kann als Kette von lückenlos aufeinanderfolgenden Objekten gleichen Typs bezeichnet werden. Diese einzelnen Objekte sind die Elemente des Arrays. Elementtypen können alle elementaren Datentypen, Strukturen, Unionen, Sub-Arrays, Funktions-Adressen und alle sonstigen Adressen sein.

Ein Array kann prinzipiell beliebig viele Dimensionen besitzen: n-dimensional. Array-Elemente sind dann (n>=2) selbst wiederum Arrays (Sub-Arrays).

Arrays können *nicht als Ganzes* an Funktionen übergeben und ebensowenig retourniert werden. Array-Inhalte können aber per *Adressen*übergabe/-rückgabe zugänglich gemacht werden. Arrays können nicht einander zugewiesen werden, Array-*Elemente* ja. Mit Strukturen funktioniert das aber alles – und Arrays können Struktur-Mitglieder sein!

12.1.1 1-dimensionales Array

```
int A[5];

A[0]=A[1]=A[2]=A[3]=A[4]= 258;    /* 258 == 0x00000102 */

21002100210021002100
00001111222233334444
*...*...*...*...*...*
10200   10208   10216
    10204   10212   10220
```

Ein 1-dimensionales Array namens `A` aus `5` `int`-Elementen. Nach der Definition und der Mehrfachzuweisung ist die Belegung im Speicher beispielhaft gezeigt, unter der Annahme, daß ein `int` 4 Byte groß ist. Die erste Zahlenreihe zeigt den Inhalt, die Zahlenwerte der 5 `int`-Elemente. (Intel iX86) Die zweite Zahlenreihe zeigt den Zugriffsindex `[0]` bis `[4]`. Das erste Element hat stets den Index `[0]`. Die Zahlen `10200` bis `10216` sollen angenommene Adressen der 5 `int`-Elemente sein. Das Array belegt im Speicher die Bytes mit den Byte-Adressen `10200` bis `10219`.

Größe in Bytes, Anzahl Elemente:

```
sizeof(A)               == 20   (10220-10200==20).
sizeof(A)/sizeof(*A)    ==  5   (20/4==5).
```

Ein Array-Name allein und ohne Zugriffsoperatoren repräsentiert (fast immer) die Basisadresse des Arrays:
Ein Array-Name bezeichnet *keine Variable* (mit Inhalt), *ihm* kann beispielsweise nichts zugewiesen werden! (`++A;` würde ja bedeuten, daß das Array im Speicher verschoben werden müßte.)

Der Typ des Ausdrucks `A` ist kontextabhängig:

Kontext	Ausdruck	Typ
meistens	A	`int *`
`sizeof(A)`	A	`int[5]`
`... = &A`	A	`int[5]`
	&A	`int(*)[5]`

Wie man sieht, ist *der Typ* abweichend im Zusammenhang mit den beiden Operatoren `sizeof` und `&`. Im Regelfall repräsentiert der Name eines Arrays die Adresse seines ersten Elementes.

Adresse	Zugriff auf Adresse			Typ
10200	&A[0]	A+0	A	`int *`
10204	&A[1]	A+1		`int *`
10208	&A[2]	A+2		`int *`
10212	&A[3]	A+3		`int *`
10216	&A[4]	A+4		`int *`
10200	&A	&A+0		`int(*)[5]`
10220 !	&A+1			`int(*)[5]`

Das untenstehende Format `%u` ist hier nicht voll portabel. Die Funktion `printf` hat ein anderes Format, das extra für die Ausgabe von Adressen bestimmt ist, jedoch nicht dezimal ausgibt, sondern plattformspezifisch formatiert:

```
printf("%u %d\n", A, A[2]);   /* Ausgabe: 10200 258 */
```

Zugriff auf den Inhalt:

```
A[i]  entspricht  *(A+i)
A[0]  entspricht  *(A+0)
A[0]  entspricht  * A
```

Definition:

```
  AdressenAusdruck[IntegerAusdruck]
*(AdressenAusdruck+IntegerAusdruck)
*(IntegerAusdruck +AdressenAusdruck)
  IntegerAusdruck [AdressenAusdruck]
```

Beispiel:

```
c= 3["abcde"];   // c='d';
```

12.1.2 2-dimensionales Array

```
int AA[5][2];
```

```
.00000000111111112222222233333333344444444  // AA[i][ ]
.000011110000111100001111000011110000111100001111  // AA[ ][i]
.00001111222233334444555566667777888899999  // ((int*)AA)[i]
```

Typ	Ausdruck	Alternative	E./A. 1-dimensional
int	AA[0][0]	**AA	Element 0
int	AA[4][0]	*AA[4]	Element 8
int*	&AA[4][0]	AA[4]	Adresse 8
int*	&AA[4][1]	AA[4]+1	Adresse 9
int(*)[2]	AA	&AA[0]	Adresse 0
int(*)[2]	AA+1	&AA[1]	Adresse 2
int(*)[5][2]	&AA	&AA+0	Adresse 0
int(*)[5][2]	&AA+1	&AA+1	Adresse 10 !

AA[i][j] ≡ (*(AA+i))[j] ≡ *(*(AA+i)+j) ≡ *(AA[i]+j)

```
int (*aap)[2]= AA;
```

AA[i][j] ≡ aap[i][j]

```
int *ip= (int*)AA;
```

AA[i][j] ≡ ip[i*2+j]

int   *aap [2] ist ein Array aus 2 Elementen vom Typ int*.
int (*aap)[2] ist eine Adresse auf ein Array aus 2 Elementen vom Typ int.
[] hat Vorrang vor *.

```
int AA[5][2];    // int(*)[2]  Typ von AA
AA[i][j];
ip[i*2+j];
```

Es ist erkennbar, warum bei Array-Pointern der Index ganz links wegfällt: Der Compiler kann bei seiner Zugriffsberechnung [i*2+j] mit [5] garnichts anfangen! Dieser Index wird durch i (variabel) repräsentiert.

12.1.3 3-dimensionales Array

```
int AAA[5][2][3], (*aaap)[2][3];
int *ip= (int*)AAA;
```

AAA[i][j][k] ≡ ip[i*2*3 + j*3 + k]
Der Compiler rechnet ip + (i*2*3+j*3+k) * sizeof(int)
und erhält so die Zugriffsadresse.

```
(void)AAA[4][1][2];   // (4*6+1*3+2)==(29)
```

Das Array hat 5*2*3==30 int-Elemente, und [29] ist das 30ste.

Beim Anlegen eines Arrays muß die Nicht-Pointer-Form mit Angabe aller Dimensionen [g] verwendet werden: A[2][3][4]. Falls dabei gleichzeitig initialisiert wird, können Größenangaben in [] weggelassen werden, da die Initialisierung die Größen bestimmt.

Bei Deklarationen in Funktionsparameterlisten oder nach extern darf die Größenangabe in der nach dem Array-Namen folgenden eckigen Klammer A[]... weggelassen werden.

In Funktionsparameterlisten kann auch alternativ die Pointer-Form: (*Ap)[3][4] verwendet werden, bei der generell die innerste Dimensionsklammer fehlt. (▶ 48: *argv[])

Mit Hilfe des Makros assert (<assert.h>) kann eine Prüfung auf Speicherverletzung zur Laufzeit vorgenommen werden:

```
assert(i<5 && j<2 && k<3);   //-> abort() -> raise(SIGABRT)
```

Falls die Bedingung FALSE ist, generiert assert eine Fehlermeldung mit Hilfe anderer Makros (▶ 43) und der angegebenen Bedingung als "...". Danach beendet assert das Programm. Eine Definition eines Makros namens NDEBUG macht das Makro assert wirkungslos.

```
char C[2][3][4];          // 2*3*4= 24 Elemente: 0...23

    00000000000000111111111111   [i][ ][ ]
    000011112222000011112222     [ ][i][ ]
    012301230123012301230123     [ ][ ][i]
    *********   *   *   *   *
    .0123456789  12  16  20 23   ((char*)C)[i]  // 1-dimensional:
```

Ausdruck	Typ	E./A. 1-dimensional
C[1][1][1]	char	Element 17
&C[1][1][1]	char *	Adresse 17
C[1][1]	char *	Adresse 16
C[1][1]+1	char *	Adresse 17
C[1]	char(*)[4]	Adresse 12
C[1]+1	char(*)[4]	Adresse 16
C	char(*)[3][4]	Adresse 0
C+1	char(*)[3][4]	Adresse 12
&C	char(*)[2][3][4]	Adresse 0
&C+1	char(*)[2][3][4]	Adresse 24 !
*C	char(*)[4]	Adresse 0
*C+1	char(*)[4]	Adresse 4
**C	char *	Adresse 0
**C+1	char *	Adresse 1
***C	char	Element 0

12.1.4 Sammlung von Beispielen

Zeiger auf ein zweidimensionales Array aus **3x4** char-Elementen, und, Array, das einen Zeiger auf ein Array aus **3x4** char-Elementen enthält:

```
char C[2][3][4];
char (*cp)[3][4]= C;      // der erste Index 'fehlt'
char (*cpa[1])[3][4];
cpa[0]= C;

C[1][1][1]=4;             // 4  Element 17
cp[1][1][1]=4;            // 4  Element 17
```

Alle Operationen mit cp und C sind gleichwertig, solange der Inhalt von cp nicht verändert wird. cp++ erhöht cp um 12; C++ ist falsch, weil C keine Variable ist, sondern den Anfang eines Objektes im Speicher repräsentiert.

Ausdruck	Typ	Bemerkungen
&cp	char(**)[3][4]	Adresse von cp
cpa	char(**)[3][4]	Basisadresse von cpa
C	char (*)[3][4]	Basisadresse von C
&C	char (*)[2][3][4]	Basisadresse von C

Speicherzuteilung mit der Library-Funktion `malloc()`:

```
char(*bp)[80][2]= malloc( sizeof(char[Z_MAX+1][80][2]) );

bp[z][s][1]= 0x07;    // s: 0..79
```

Das Alignment paßt immer für alle Typen. Die notwendige Prüfung auf NULL-Pointer und die Speicherfreigabe wurden oben weggelassen. ▶266.

```
char C[2][3][4];
char *cp   = (char *)     C;
char (*p)[6]= (char(*)[6]) C;
char    c;


c= **p++;        // c = Element  0 von C
c= **p++;        // c = Element  6 von C
c= **p;          // c = Element 12 von C
c= p[1][5];      // c = Element 23 von C
p-=2;
c= p[1][5];      // c = Element 11 von C
c= p[2][0];      // c = Element 12 von C
```

Der Speicherplatz eines Objekts kann durch Typ-Casting typmäßig beliebig benutzt werden. Zumindest solange der Basistyp gleich bleibt und Objekte mit möglichen Füll-Bytes außen vor bleiben.

```
long La[24];
```

Ausdruck	Typ	Elem./Adr.
La[1]	long	Element 1
&La[1]	long *	Adresse 1(4)
La	long *	Adresse 0(0)
&La	long(*)[24]	Adresse 0(0)
*La	long	Element 0

Byte-Adressen (Assembler-Ebene) in Klammern ().

Ein physisch 1-dimensionales jedoch typmäßig 2-dimensionales Array:

```
char C1[1][10];        // 10 Elemente: 0...9  (▶233)
```

Ausdruck	Typ	E./A. 1-dimensional
C1[0][1]	char	Element 1
C1[0][9]	char	Element 9
C1[0]	char *	Adresse 0
C1	char(*)[10]	Adresse 0
&C1	char(*)[1][10]	Adresse 0
*C1	char *	Adresse 0
**C1	char	Element 0

```
    char CA[8];

        CA[3]=6;              // Zuweisung von 6 an 4. Element
     *&*&CA[3]=6;             // dito
    (&((&CA[3])[ 0]))[0]=6;   // dito
    (&((&CA[3])[-3]))[3]=6;   // dito
    (&((&CA[0])[ 3]))[0]=6;   // dito
```

Die Operatoren * und & heben sich gegeneinander auf. [] und & heben sich gegeneinander auf, wobei aber die Wirkung eines Indexwertes ungleich 0 erhalten bleibt.
Daraus folgt die Austauschbarkeit von * und [] (bei [0]).

Folgendes ist in der Praxis nicht selten nützlich:

```
    char A[3][256];
    A[0]     // Adresse erster  Teil:   0, Typ: char*
    A[1]     // Adresse zweiter Teil: 256, Typ: char*
    A[2]     // Adresse dritter Teil: 512, Typ: char*
```

12.1.5 Zeichenketten-Arrays

Beachtenswert ist nachfolgender Unterschied:

```
    static char *A[4]    = { "aaaaaa", "bbbbDBBBbbbb", "ccc" };
    static char AA[4][13]= { "aaaaaa", "bbbbDBBBbbbb", "ccc" };

    sizeof( A) == 16
    sizeof(AA) == 52 == 6+7 + 12+1 + 3+10 + 0+13 == 4 x 13
```

A[i] und AA[i] haben beide den Typ char*.
A[1][4] und AA[1][4] liefern beide das Zeichen 'D'.

A ist ein Array aus 4 Adressen auf char,
AA ist ein Array aus 4x13 char.

Zeichenkettenkonstanten sind eindimensionale Arrays. Dennoch finden oben keine Zuweisungen von Arrays statt, sondern Initialisierungen. Compiler, die solche Initialisierungen auch bei nichtstatischen Objekten zulassen[1], legen intern ein statisches, solchermaßen initialisiertes *Zweit*-Objekt an und kopieren es bei jedem Funktionsaufruf/Überlaufen in das nichtstatische hinein! Dies sollte man bei großen, teilinitialisierten dynamischen Objekten (mit dem 0-Rest) berücksichtigen.

Oben `A[3]` ist ein NULL-Pointer, jedoch `AA[3]` nicht!
Vielmehr sind `AA[3][0..12]` 13 Zeichen je `'\0'`.

```
static char const *       A[4]= { "aaa", "abc", "ccc" };
static char const * const A[4]= { "aaa", "abc", "ccc" };
```

Die Zeichenketten*konstanten* legt der Compiler intern an und initialisiert mit deren Adressen. Hier sollte mindestens das in der oberen Zeile gezeigte `const` gegeben werden. Das Array `A` der unteren Zeile ist total schreibgeschützt, denn hier können nachträglich auch keine anderen Adressen zugewiesen werden. Das 4. Element `[3]` wird mit dem NULL-Pointer gefüllt, da es dafür keinen Initialisierer gibt. Dies kann als Endemarke benutzt werden.

Es kommen hier 16 Byte für das Array + 12 Byte für die Zeichenketten an Speicherbedarf zusammen. `char A[4][4]` hätte nur 16 Byte.

```
static char AA[3][4]= { "aaa", "bbb" };

000011112222  [i][ ]
aaa0bbb00000
   0   0
```

Hier ist je ein Zeichen mehr als die String-länge angegeben, damit eine abschließende Null vorhanden ist, denn sonst wären es gar keine Strings.

Achtung, der Compiler legt hier eine Kette von 12 Byte an, nicht jedoch 3 Pointer mit je 4 Byte! Hier gibt es keinen NULL-Pointer, obwohl `AA[2]` vom Typ `char*` ist! Die Adressen dieses Arrays betragen beispielsweise `23742000` bis `23742011`! Der vermeintliche NULL-Pointer hat dann `23742008`.

```
static char AA[2][4]= { "aaa", "bbb" };
static char AA[ ][4]= { "aaa", "bbb" };
static char AA[2][3]= { "aaa", "bbb" };
```

Die ersten beiden Zeilen sind gleichbedeutend. Die letzte Zeile ist in C gültig, aber nicht in C++ (wegen des fehlenden Platzes für die abschließende Null), wenn Zeichenkettenkonstanten als Initialisierer verwendet werden.

---

[1] Ältere Compiler wehren solche Initialisierungen ab.

12.2 Strukturen

Strukturen dürfen sämtliche Datenobjekte in beliebiger Mischung enthalten. Die in einer Strukturdefinition angegebenen Objekte nennt man *Mitglieder* (members) der Struktur. *Komponenten* ist auch ein passender Begriff.

Bitfelder sind nur innerhalb von Strukturen und Unionen möglich. Besonders interessant als Komponenten einer Struktur sind Arrays, Strukturzeiger, Substrukturen und (Arrays aus) Funktionsadressen.

Rekursive Strukturen sind zwar nicht möglich – so wie auch rekursive Makros nicht möglich sind – aber Strukturen können ein Adressen-Objekt des eigenen Typs enthalten – einen Zeiger auf sich selbst oder andere Objekte des eigenen Typs.

Eine rekursive Abarbeitung, ein rekursiver Algorithmus ist möglich, jedoch ein Objekt, daß sich unendlich oft selbst enthält, ist nicht möglich (▶ 127).

Im Unterschied zu Arrays können Strukturen als Ganzes einander zugewiesen werden, falls der Strukturtyp der gleiche ist. Analog dazu können sie an Funktionen als Ganzes übergeben wie auch retourniert werden.

Der Name einer Struktur repräsentiert diese Struktur als Ganzes. Die Adresse erhält man so: `&Strukturname`

Bei einem Array mit Strukturen als Elemente repräsentiert der Array-Name die Adresse der ersten Struktur im Array. Ein Ausdruck `*Strukturadresse` ist (dann wieder) die Struktur als Ganzes.

Strukturen können auf verschiedene Weise deklariert und definiert werden:

- Nur einen Struktur-*Typ* mit Etikett (aber ohne Namen) deklarieren. Es wird dann *kein* Objekt im Speicher angelegt. Ein Etikett unterscheidet Strukturtypen.

- Den Namen des Speicherobjektes gleich mit angeben, oder mehrere Namen angeben und damit mehrere Objekte erzeugen. Ohne Etikett möglich, aber weitere Objekte dieses Typs können dann später nicht mehr angelegt werden, und es exitiert kein Strukturtyp für eventuelle spätere Bezugnahmen. `typeof(objekt)` ist nicht im C-Standard enthalten, sondern ist eine `gcc`-Erweiterung.

- Speicherobjekte später anlegen, mit Hilfe des zuvor definierten Strukturtyps.

- Speicherobjekte sofort als auch später anlegen.

- Beim Anlegen von Sofort- oder Später-Speicherobjekten wahlweise Initialisierungslisten angeben.

- `typedef` verwenden (s. FILE-Typ, ▶ 8).

```
typedef struct _FILE_ FILE, *FILEP;
```

Eine Verwendung von `typedef` ist auch wie oben möglich, wenn auf ▶ 8 zunächst nur ein Strukturtyp `_FILE_` vereinbart worden wäre (ohne `typedef` und `FILE, *FILEP`).

```
struct etikett { /*...*/ };
struct         { /*...*/ } S;
struct se_t    { /*...*/ } SE, *pSE, SEA[4]={ /*init*/ };


struct sa_t { int i; char ca[4]; };
struct sb_t { struct sb_t *p; int i; struct sa_t saA[12]; };

struct sb_t SB1,SB2, *pSB= &SB1;

SB2= SB1;
SB2= *pSB;            // Struktur kopieren, genau wie zuvor
SB1.p= pSB;
++SB1.p->p;          // entspricht: ++SB1.p;  SB1.p == &SB1+1
++pSB->i;            // SB1.i += 1
SB1.saA[3].i= 2;
SB1.saA[3].ca[2]+= 4;
&SB1.saA[2]          // Adresse 3. Struktur: (struct sa_t*)
SB1.saA              // Adresse 1. Struktur: (struct sa_t*)
pSB->saA[1]= pSB->saA[0];    // Struktur sa_t kopieren
```

Der höchste Rang der Operatoren . -> [] und deren Assoziativität – von links her – sind zu beachten.

Namen der Mitglieder eines Strukturtyps sind trotz eventueller Gleichheit konflikt-frei zu allen Namen außerhalb dieses Strukturtyps!

Dies gilt selbstverständlich uneingeschränkt auch für gleiche Namen in beliebig darin verschachtelten Strukturen, denn diese eingeschachtelten Strukturen sind jeweils ein neuer Vereinbarungsbereich für Namen.

Diese Konfliktfreiheit bei den Namen ist ein vorzügliches Mittel für die Strukturierung und Lesbarkeit eines Quelltextes. Grauenvoll sind Quellen, die mehrere Hundert globale Objekte mit jeweils elementarem Typ anlegen, denn nach einigen Zehn Namen weiß man in der Regel nicht mehr, wie die Bildung weiterer neuer Namen vernünftig weitergehen kann.

Strukturen können Füll-Bytes zwecks korrektem Alignment der einzelnen Mitglieder enthalten. Auch am Ende einer Struktur können Füll-Bytes vorhanden sein, damit das erste Mitglied korrekt ausgerichtet ist für den Fall, daß ein Array aus Strukturen definiert wird; die Elemente eines Arrays müssen nämlich *lückenlos* aufeinander folgen.

Das Makro offsetof(struktur-typ, mitglied-name) liefert den Byte-Offset des Mitglieds als Konstante des Typs size_t (meist unsigned):

```
#define offsetof(typ,mbr)  ((size_t)(&((typ *)0)->mbr))
```

▶ 23, 81, 174, 63.

12.3 Unionen

Unionen gleichen Strukturen bis auf einen Punkt: Alle Mitglieder teilen sich *ein und denselben* Speicherplatz! Die Mitglieder dürfen unterschiedlich groß sein (`sizeof`); die Größe einer Union wird vom größten Mitglied bestimmt.

Die Ausrichtung im Speicher (Alignment) paßt für das Mitglied mit dem breitesten Elementartyp an seiner Basisadresse, und damit für jedes Mitglied.

Falls initialisiert wird, dann gemäß dem zuerst angegebenen Mitglied.

```
union ua_t {
    char cBuf[ 100*sizeof(long long) ];
    long lBuf[(101*sizeof(long long))/sizeof(long)];
    unsigned long long ullBuf[100];
} Ucl;

for (i=0;  i<100;  ++i)
    Ucl.ullBuf[i]= 0xA5A5A5A5A5A5A5A5ull;
```

(`long long`: C99)

Unionen eignen sich für Konvertierungen, Umsetzungen, Speicherfülloperationen und Objektinhaltsanalysen ohne Alignment-Probleme.

Der Speicherbedarf kann reduziert werden, falls mit verschiedenen Mitgliedstypen *nacheinander* gearbeitet werden kann. Da mit C99 sogenannte Padding-Bits einge-führt wurden (▶ 71), können keine Konvertierungen mehr mit Hilfe von Unionen vorgenommen werden, falls ein Quelltext vollkommen konform mit dem gültigen C-Standard sein soll. Es darf *nur noch* von demjenigen Mitglied einer Union gelesen werden, das *direkt zuvor* mit Daten gefüllt wurde. Der Grund für diese Einschrän-kung ist die mögliche Unterschiedlichkeit der Padding-Bits je nach Typ und falscher Bit-Position durch andere Zugriffsbreite (Objekt-Layout). Nur die drei `char`-Typen liegen stets ohne Padding-Bits vor; ein solches Objekt kann *ehemalige* Padding-Bits enthalten.

Eine nichtkonforme Verwendung einer Union hat oft gewaltige Vorteile. So kann bei-spielsweise ein damit vorgenommener Sammelzugriff auf 16 Bits auf einen Schlag nur 2 Prozessortakte dauern, die Alternativen: Einzelbitzugriffe und Zugriffe per Bit-Nummer jedoch benötigen 112 bzw. 880 Takte und sind auch noch hinsichtlich des Kodes wesentlich umständlicher und damit auch unsicherer.

Eine weitere Problematik bei Vorhandensein von Padding-Bits ist die Übertragung von Daten zwischen Computern mit unterschiedlichen Prozessoren. Man ist gezwun-gen, alle Daten gemäß ihrem Originaltyp in lesbare Zeichenketten umzuformen, da darin Padding-Bits nicht mehr enthalten sind. Der empfangende Computer muß dann zurückwandeln, damit die Daten in einer für ihn gültigen Bitrepräsentation vorliegen, eventuell mit für ihn passenden Padding-Bits.

In einigen Bereichen kann auf Umsetzungen mit Hilfe von Unionen nicht verzichtet werden. Das nachfolgende Beispiel deutet dies an:

```
#if !defined(LPMCR)
union u_lpmcr {
    BYTE _byte;
  struct {
    BYTE _RES :1,
         _CG0 :1,
         _CG1 :1,
         _TMD :1,
         _RST :1,
         _SPL :1,
         _SLP :1,
         _STP :1;
  } _bit;
  struct {
    BYTE      :1,
         _CG  :2,
              :5;
  } _bits;
};
extern volatile union u_lpmcr _lpmcr;
#define LPMCR        _lpmcr._byte
#define LPMCR_RST _lpmcr._bit._RST
#define LPMCR_CG  _lpmcr._bits._CG
#endif
```

Hier ist zunächst nur ein typloses Symbol _lpmcr bekannt, das in einer Assembler-datei deklariert wurde. Erst dadurch, daß eine Union *daraufgelegt* wurde (Memory-mapping), beginnt dieses Register auf C-Ebene zu *leben* und ist auf verschiedene Weise zugreifbar.

Selbstverständlich gibt es auch solche Verwendungen einer Union, die beispielsweise die Pufferspeicher eines Buskontrollers *gleichzeitig* als long[], int[], char[], unsigned[], byte[], etc. zugänglich machen.

Die laut C99 möglichen Padding-Bits zerstören sehr viele Möglichkeiten, teilweise ohne Ersatzmöglichkeit, und erzeugen Aufwand. Es wurden keine unterstützenden Hilfsmittel standardisiert (Keywords, Library). ▶ 71.

Man kann froh sein, wenn ein Compiler einen Typ BYTE (unsigned char) als Bitfeldtyp akzeptiert und in der oben gezeigten *erwarteten* Weise Bitfelder anlegt. (▶ 119: Bitfelder)

12.4 Bitfelder

Bitfelder können nur innerhalb von Strukturen und Unionen definiert werden. Dies wird gemacht, indem ein Name folgendermaßen ergänzt wird:

```
name : bit_anzahl
```

Bitfelder sollten die Typen unsigned oder _Bool haben. Der Typ int ist auch erlaubt, aber eine Vorzeichenberücksichtigung ist nicht garantiert. Implementationsspezifische Typen sind erlaubt.

In aller Regel verwenden die Compiler jedoch auch die schmaleren unsigned-Typen zur Aufnahme von Bitfeldern, bis hinab zu unsigned char. Der Compiler wird dann warnen, daß das nicht standardkonform ist. Eine solche Warnung ist logisch gesehen auch eine Bestätigung, daß er den angegebenen Typ auch tatsächlich verwendet. (C99 _Bool ist hier außen vor.)

Bitfelder haben keine Adresse: &bitfeld.

Auf ein definiertes Bitfeld aus beispielsweise 12 Bit kann im Zahlenbereich von 0...4095 zugegriffen werden. Eine solche Verwendung ist grundsätzlich portabel.

Aber:

Der Typ der Speichereinheit, die mit einem Bitfeld belegt wird, ist nicht festgelegt. Wenn also unsigned int angegeben wird, dürfen Compiler trotzdem ein unsigned long long dafür anlegen, auch wenn darin nur 6 Bits definiert sind.

Bitfelder müssen in dieser Speichereinheit lückenlos aufeinander folgen. Aber falls ein letztes Bitfeld nicht mehr in die Speichereinheit hineinpaßt, ist es der Implementation freigestellt, dieses Bitfeld teilweise oder vollständig in der nächsten Speichereinheit unterzubringen.

Die Reihenfolge der Bitfelder in einer Speichereinheit im Sinne von *unten nach oben* oder *oben nach unten* ist ebenfalls implementationsspezifisch. Das Alignment der verwendeten Speichereinheit ist nicht spezifiziert.

Bitfelder dürfen nicht auf Padding-Bits gelegt werden, sondern müssen diese umgehen. Dadurch werden Bitfelder noch zusätzlich unbestimmbarer. Der Generaltyp für Bitfelder ist unsigned, der ja Padding-Bits enthalten darf.

Achtung, die nachfolgenden Bit-Darstellungen der initialisierten Werte sind typisch für INTEL-Plattformen, sie sind nicht allgemeingültig. Die resultierende Bit-Repräsentation von Bitfeldern innerhalb der Aufnahmeeinheit(en) ist implementationsabhängig.

```
struct bit { ushort a:1, b:2, c:3, d:4; } bf = {1,2,4,8};
```

Für diese Bitfelder initialisieren Compiler in der Regel folgendermaßen:

```
0x0225 = 000000.1000.100.10.1
       =   0     8    4   2 1
```

```
struct bit  Bitf[512];     // enthält 2048 Bitfelder
long v= 0xbaL;             // Wert ist zu groß (s.u.)

bf.a= 0;
bf.d= 11;
Bitf[100].b= 3;
Bitf[511].c= v;            // Pauschalmaßnahme des Compilers:
                          // (v & 7)  ==  2
```

```
struct bit { ushort a:1,        // 1
                    b:2,        // 2
                     :4,
                    c:3,        // 4
                    d:4,        // 8
                     :0,
                    e:5;        // 16
           } bf= { 1,2, 4,8, 16 };
```

Vorstehend initialisiert der Compiler in der Regel bf folgendermaßen:

```
0x0010 0x2205 = 00000000000.10000  00.1000.100.0000.10.1
              =             16       8    4        2 1
```

```
                              // Bitf[] enthält 2560 Bitfelder
struct bit Bitf[512];  // in 512 DWORDs
```

:4 ist ein Füller, und :0 bewirkt einen Sprung zum nächsten Wort. Das Layout von Bitfeldern sollte man explizit selbst verwalten. Wird :0 nicht angegeben, so führt das zwar meist zum gleichen Ergebnis, aber dieses Verhalten des Compilers ist nicht garantiert.

In einer Struktur dürfen natürlich Bitfelder und *normale* Mitglieder gleichzeitig und in beliebiger Reihenfolge vorkommen. Ein *normales* Mitglied bewirkt dabei den Abschluß einer vorhergehenden Speichereinheit für Bitfelder, so als enthielte es gleichzeitig :0. Ein Bitfeld, vor dem sich kein anderes Bitfeld befindet, belegt also stets den Anfang einer neuen Speichereinheit.

▶ 118.

12.5 Enumerationen

```
enum { null, eins, zwei, drei, vier };
```

Die Namen null ... vier sind jetzt mit den konstanten int-Werten 0 bis 4 verknüpft und können anstatt dieser Werte eingesetzt werden. Die Namen nennt man: Enumeratoren.

```
enum ft { False, True };
```

```
enum monate { Jan=1, Feb, Mar, Apr, Mai, Jun,
              Jul  , Aug, Sep, Okt, Nov, Dez  };
```

```
enum { zehn=10, elf, Zehn=10, sechzehn=16, siebzehn };
```

```
enum ft  FALSE= False;
```

12.6 Funktionen

Funktionen sind **Kode**-Objekte, während Variablen, Strukturen, etc., **Daten**-Objekte sind. Der Inhalt von Funktionskörpern wird vom Compiler in Prozessor-Instruktionen übersetzt.

Der Name einer Funktion (allein) repräsentiert ihre Adresse, eine Kodeadresse. Funktions-Adressen können in Datenobjekte gespeichert werden. Funktionen können direkt, als auch mittels ihrer gespeicherten Adresse aufgerufen werden (▶ 123).

Funktionen können beliebig viele Argumente haben (auch gar keines), die beim Aufruf an die jeweilige Funktion übergeben werden. (Innerhalb von Funktionen spricht man von *Parametern*.) Funktionen können einen Wert an die jeweilige Aufrufstelle zurückgeben, oder auch nicht (`void`).

Variadischen Funktionen (, ...) können bei ihren Aufrufen *verschieden* viele Argumente übergeben werden – mal mehr und mal weniger. Typ und Anzahl der Argumente sind bei jedem Aufruf jeweils frei wählbar, solange die Funktion in geeigneter Weise darüber informiert wird, was sie konkret an Argumenten erhält.

Glücklicherweise können in C Funktionen direkt oder indirekt sich selbst (rekursiv) aufrufen. Ohne diese Eigenschaft wäre C wesentlich ärmer, denn viele Probleme verlangen nach einer rekursiven Lösung. Kann Rekursivität nicht angewandt werden, bleibt nur die Alternative, aufgeblähten, uneleganten und oft unsicheren Kode zu produzieren.

Beim Aufruf werden die Argument*werte kopiert*, und diese Kopien werden an die Funktion übergeben. Argumentwerte sind Konstanten oder Objektinhalte oder Objektadressen (`&obj`), wobei Objektinhalte (von Adressenvariablen) natürlich auch Objektadressen sein können. Diese Argumentwerte-Kopien (jetzt Parameter) *gehören* der Funktion und können innerhalb der Funktion beliebig verwendet – auch verändert werden, ohne daß die Werte der Argument-Objekte an der Aufrufstelle verändert werden!

Argumentwerte werden nötigenfalls durch Füll-Bytes auf Maschinenwort-Breite erweitert (▶ 126). Das ist *nicht* genau dasselbe wie eine `int`-Promotion (▶ 95), sondern betrifft hier die kleinste übertragbare Einheit gemäß Konvention zwecks Einheitlichkeit und Effizienz.

Sobald eine Funktion die *Adresse* eines Objektes erhalten hat, kann sie natürlich durch Dereferenzierung dieser Adresse (`*`, `[i]`) das betreffende Objekt verändern! Und umgekehrt: falls eine Funktion die Adresse eines ihr gehörenden *statischen* Objektes an die Aufrufstelle liefert, kann von der Aufrufstelle her dieses Objekt verändert werden. (Mit globalen Variablen können solche Effekte natürlich auch auf ganz direkte Weise erreicht werden.)

Am Anfang einer C-Datei, nach eventuellen globalen Typvereinbarungen und vor eventuellen Definitionen globaler Objekte, sollte direkt oder per `#include` eine Liste aus Funktions-Prototypen stehen.

Stets alle aufzurufenden Funktionen zuvor per Prototyp bekannt machen:

```
        // Prototypen:
        int Fua(int, long);
static int Fub(int, int, int *);


int Fua(int i, register long l)
{
    int a=0, b[4];
    // ...
    l+= Fub(++i, a, b+1);
    // ...
    return a+(int)l;
}


static int Fub(int i, int i1, int *ip)
{
    int af=32;
    // ...
    *++ip-=2;        // b[?] wird verändert
    return af;
}
```

Man beachte, daß zwischen den Parametern `i,i1,ip` und der `auto`-Variablen `af` hinsichtlich ihrer Benutzung und Gültigkeitsbereich *kein* Unterschied besteht! Alle diese Objekte wurden beim Aufruf der Funktion dynamisch erzeugt; die Parameter wurden lediglich *von außerhalb* initialisiert.

12.6.1 Funktions-Adressen

```
int(*FuaP)(int,long)= Fua;

i= (*FuaP)(2, 0L);    // Aufruf
i= ( FuaP)(2, 0L);    // ohne * geht's auch,
i=   FuaP (2, 0L);    // und sogar so

i= (Fua+13)(2,0L);    // nicht nachmachen!
```

Anlegen einer Funktionsadressen-Variablen `FuaP` und Aufruf von `Fua` über diese Adressenvariable. Sinn: `FuaP` kann Adressen beliebiger anderer Funktionen des gleichen Typs aufnehmen.

Ein Funktionsname ist analog zu einem Array-Namen betrachtbar: Es kann nichts zugewiesen werden, beide repräsentieren Adressen, und für beide kann ein Adressenobjekt entsprechenden Typs angelegt werden.

12.6.2 Variadische Funktionen

Funktion mit variabel vielen Argumenten (eingeschränkt portabel)

Für vollkommene Portabilität sollten die Makros `va_xyz` aus `<stdarg.h>` verwendet werden (▶ 125).

Folgendes Konzept ohne `<stdarg.h>` ist aber grundsätzlich flexibler, offener und in einfachen Fällen leichter zu handhaben:

```c
int CatS(char *, char *, ...);

int CatS(char *S0, char *S1, ...)
{
   register char *s= S0, *sa, **a;
   if (s) {
     for (a=&S1; (sa=*a)!=0;  ++a)
        while (*s=*sa, *sa)  ++s,++sa;
   }
   return (int)(s-S0);
}


//...
l+= CatS(ziel+l, a, bp, s1, (char*)0);
```

Die Funktion kopiert beliebig viele Zeichenketten hintereinander in einen `ziel`-Puffer. Endmarkierung ist ein übergebener NULL-Pointer. Die Anzahl kopierter Zeichen ohne die abschließende `'\0'` wird retourniert.

Adresse des zweiten Parameters: `a=&S1`. Die Parameter werden der Reihe nach *besucht* durch: `++a`. Die `while`-Schleife kopiert die einzelnen Zeichenketten. `*s=*sa` kopiert `'\0'` *bevor* darauf geprüft wird. ▶ 156.

Bei *dieser* Funktion haben alle Parameter die gleiche Länge in Byte. Bei gemischten Parametertypen oder Typen mit kleinerer Breite als `int` sollten die Makros aus `<stdarg.h>` verwendet werden. Es sei denn, es muß etwas programmiert werden, das diese Makros nicht ermöglichen. Eine Plattform, die Argumentwerte (teilweise) per Register überträgt, erzwingt die Verwendung der Makros.

```c
char Funktion(...);   //Syntaxfehler!
char Funktion(   );
```

Die letzte Zeile zeigt zwar keinen gültigen Prototyp, wird aber trotzdem von Compilern in der erwarteten Weise beachtet; nicht ohne Warnmeldung. Eine solche Funktion nimmt gar kein bis beliebig viele Argumente entgegen und kann in sehr seltenen, exotischen Fällen ein Problem lösen.

Funktion mit variabel vielen Argumenten (voll portable Variante)

```c
#include <stdarg.h>

int CatS(char *, ...);

int CatS(char *S0, ...)
{
    register char *s=S0, *sa;
    va_list a;
    if (s) {
        for (va_start(a,S0);  (sa=va_arg(a,char*))!=0;  )
            while (*s=*sa, *sa)  ++s,++sa;
        va_end(a);
    }
    return s-S0;
}
```

Auf vielen typischen Intel-Plattformen arbeiten diese Makros `va_xyz` genau so wie die weiter oben gezeigte `CatS()`-Variante ohne diese Makros. `va_end()` ist als `((void)0)` definiert und macht garnichts. ▶ 126.

Es soll laut C-Standard derjenige Parameter direkt *vor* , ... an `va_start()` übergeben werden. Deshalb wurde bei dieser `CatS()`-Variante nur `S0` als einziger sichtbarer Parameter definiert; `va_start` initialisiert `a` mit dem auf `S0` *folgenden* Parameter! Bezüglich `a` verhält sich `va_arg` ebenso, nachdem das alte `a` verwendet wurde.

Makros aus <stdarg.h>

```c
Typ: va_list

void va_start(va_list ap, parmN);
type va_arg(va_list ap, type);
void va_copy(va_list dest, va_list src);
void va_end(va_list ap);
```

`va_end(ap)` soll einmal aufgerufen werden, sobald eine Initialisierung von `ap` stattgefunden hatte durch `va_start` oder `va_copy` oder sobald `ap` durch andere Vorgänge verändert wurde als durch das Durchlaufen der Parameter mittels `va_arg` oder bevor `ap` erneut von `va_start` oder `va_copy` gesetzt werden soll. Nach `va_end(ap)` ist `ap` unbenutzbar und muß neu gesetzt werden.

`va_copy` und `va_end` müssen keine Makros sein, sondern können auch externe Funktionen sein. `va_copy()` ist neu ab C99.

Mit `va_copy` kann ein gültiger Parameterzeigerwert zu einem beliebigen Zeitpunkt abgespeichert werden, um beispielsweise einen Teil der Parameterliste erneut zu durchlaufen:

```
f= va_arg(a,int);                 // a==Px
if (n==4) va_copy(a_safe, a);     // a==Py !
```

Achtung, `a` wird durch `va_arg` auf den jeweils *nächsten* Parameter eingestellt!

Eine beispielhafte Implementation der `va_xyz`-Makros:

```
typedef char*  va_list;

#define va_start(ap,pn)  \
        ((void)(ap = (va_list)((char *)&pn \
     + ((sizeof(pn)+(sizeof(int)-1))  \
     & ~(sizeof(int)-1)))))

#define __justiere(type)  \
        ((sizeof(type) + sizeof(int) - 1)  \
     & ~(sizeof(int) - 1))

#define va_arg(list, type)  \
        (*((type *)((list += __justiere(type))  \
     - __justiere(type))))

#define va_end(ap)  ((void)0)
```

Es ist erkennbar, daß beim Durchlaufen der Parameter eine Schrittweite eingestellt wird, die das ein- oder mehrfache von `sizeof(int)` beträgt.

Auf dieser Plattform könnten Objekte des Typs `va_list` einfach einander zugewiesen werden; generell sollte jedoch bei Vorhandensein `va_copy` dafür verwendet werden. Hier könnte auch `va_end` einfach weggelassen werden, aber dieser Schritt wäre unsinnig – wenn man schon diesen Satz Makros verwendet.

Es ist logisch zu bedenken, daß diese Makrodefinitionen inhaltlich aus der Sicht der C-Ebene weder bekannt sind noch zugänglich sein müssen! Diese Makros sollen einfach gemäß ihrer Verwendungsvorschriften benutzt werden für volle Portabilität.

► 234, 235.

12.6.3 Rekursion bei Funktionen

Die folgende Funktion ruft sich direkt rekursiv selbst auf. Sie errechnet hier die Fakultäten bis 8!: `1, 2, 6, 24, 120, 720, 5040, 40320`.

Die normalen Startwerte beim Hauptaufruf wären: `(1,1)` statt `(0,8)`. Aber mit `F` wurde eine Einstellung der höchsten zu berechnenden Fakultät realisiert:

```
static void Fak(int i, int m)
{
    static int F;
    if (!i)  F=m, m=++i;

    printf(" %d", m);
    if (++i<=F)  Fak(i, m*i);
    else         printf("\n");
    return;
}


Fak(0, 8);
```

Die Parameter `i,m` werden bei jedem Aufruf neu angelegt. Beim achten Aufruf existieren je acht Instanzen von `i,m` im (Stack-)Speicher. Von `F` gibt es nur eine Instanz, vom Programmstart her (`static`).

Rekursive Funktionen sind keine rekursiven Objekte. Sind enthalten nicht sich selbst (dann wären sie unendlich groß!), sondern rufen sich nur selbst auf.

Funktionen können sich auch *über andere Funktionen hinweg* indirekt selbst aufrufen. Durch rekursives Aufrufen von Funktionen wird ein rekursiver Algorithmus rekursiv abgearbeitet. Rekursive Algorithmen sollten logischer- und vernünftigerweise auch durch einen rekursiven Ansatz nachgebildet werden. Andernfalls rächt sich der Algorithmus.

Rekursive Funktionsaufrufe in C sind keineswegs besondere Aufrufe mit anderer Behandlung als nichtrekursive Aufrufe, sondern die Möglichkeit der Rekursivität steckt bereits im ganz allgemeinen Aufrufmechanismus, der für jeden Aufruf eigene Objekte (Instanzen) für Parameter und in der Funktion angelegte nichtstatische Objekte garantiert.

Das Errechnen einer Fakultät kann auch gut ohne Rekursion gelöst werden. Der Quicksort Algorithmus allerdings ist stark rekursiv, da verschachtelt immer wieder das gleiche Problem gelöst werden muß, wobei die Verschachtelungstiefe nicht vorhersagbar ist.

Eine noch stärkere Ausprägung von Rekursivität ist in Programmiersprachen enthalten, denn dort dürfen fast alle Syntaxkonstruktionen fast beliebig gemischt und fast beliebig tief ineinander verschachtelt sein.

12.6.4 Quicksort rekursiv

```
void qsort_(l, r, cmp, swap)
   register uint l, r;
   int   (*cmp )(uint, uint);
   void (*swap)(uint, uint);
{
   register uint ve;  uint lg, rg;
   if (l < r)  { lg=l; rg=r; ve=(l+r)>>1;
      do  {
         while (l!=ve && cmp(l,ve) < 0)  ++l;
         while (r!=ve && cmp(r,ve) > 0)  --r;
         if (l < r)  {
           if (cmp(l,r))  { swap(l,r);
              if (ve==l)  ve=r;
              else  if (ve==r)  ve=l;
           }
           ++l; --r;
         }
      }
      while (l < r);
      if (l==r)  if (l!=ve && cmp(l,ve) > 0)  --r;
                 else                         ++l;
      qsort_(lg,r, cmp,swap);
      qsort_(l,rg, cmp,swap);
   }
   return;
}
```

Ein Aufruf dieser Funktion benötigt etwa 20 bis 40 Byte dynamisch bereitgestellten Speicher. In der Praxis ruft sich die Funktion in aller Regel maximal 20-fach verschachtelt auf. Das wären nur 800 Byte maximaler Speicherbedarf. Es stehen aber auf Computern durchaus 50 Millionen Byte dynamischer Speicher zur Verfügung – pro Prozeß maximal.

Diese rekursive Lösungsvariante vermittelt relative Einfachheit und vor allem Sicherheit. Desweiteren ist die Effizienz sehr hoch. Sie ist als Programmierstück entscheidend besser als die nachfolgend gezeigte nichtrekursive Lösung.

Es ist hier die besondere Form der Parameter-Deklaration mit separater Namenliste und Deklarationsliste zu beachten. Der aktuelle Standard bezeichnet diese Form als obsolet. Solch eine Funktionsdefinition kann nicht gleichzeitig als Prototyp dienen! Bis zum ersten C-Standard C89 gab es nur diese veraltete Form. Ebenso nur `typ Funktion();` als Deklarationsmöglichkeit.

12.6.5 Quicksort nichtrekursiv

```
int qsorta(l, r, cmp, swap)
   register uint l; register uint r;
   int (*cmp)(uint, uint); void (*swap)(uint, uint);
{
   uint LR[2][256];
   uint *I;
   uint lg, rg, reg;
   reg=rg=r;  lg=l;  I=LR[0];
   while (1)  {
      {register uint ve=(l+r)>>1;
       while (l < r)  {
          do {
             while ((*cmp)(l, ve) < 0)  ++l;
             while ((*cmp)(r, ve) > 0)  --r;
             if (l < r)  { (*swap)(l, r);
               if (ve==l)  ve=r;
               else  if (ve==r)  ve=l;
               l++; r--;
             }
             else  break;
          } while (l < r);
          if (l==r)  if ((*cmp)(l, ve) > 0)  r--;
                     else                    l++;
          *I=l; *(I++ +256)=rg;
          l=lg; rg=r;
          ve=(l+r)>>1;
       }
      }
      {register uint *i=I; l=(uint)LR[0]; ///P
       while (--i>(uint*)l && *i>=*(i+256));
       l=*i; r=*(i+256);
       if (l==r && l==reg)  break;
       lg=l; rg=r;
       *i=*(i+256)=0; I=i;
      }
   }
   return (0);
} // TODO
```

Solches kommt dabei heraus, wenn ein Problem, das nach einer rekursiven Lösung *schreit*, *nicht* rekursiv gelöst wird!

Der Kode ist wesentlich komplexer und komplizierter, deshalb schwerer zu verstehen und zu warten. Unsicher, unter anderem, weil gehofft wird, daß die Größe des Arrays LR ausreichen wird, wobei eine Lösung mit `malloc` und `realloc` die Komplexität noch weiter erhöhte.

Eine simple Funktion, die nur *einmal* rekursiv aufgerufen werden sollte:

```c
long Ocalc(register const byte *on)
{
   register int ic;
   long r=1L, m;
   while (1)  {
      if (ic=*on,  ic<'0'||ic>'9')  { r=~(0UL)>>1; break; }
      r*= atol_F(on);
      while ((ic=*++on, ic) && ic>='0'&&ic<='9');
      if (!ic)  break;
      m=1L;
      if (ic=='b')  m=512L;
      if (ic=='k')  m=1024L;
      if (ic=='w')  m=2L;
      if (ic=='l')  m=4L;
      if (m>1L && (r*=m,ic=*++on, !ic))  break;
      if (ic=='+')  { r+=Ocalc(on+1); break; }
      if (ic=='-')  { r-=Ocalc(on+1); break; }
      if (ic!='x')  { r=~(0UL)>>1; break; }
      ++on;
   }
   return r;
}
```

Sie errechnet den Wert von Kommando-Argumenten (string):

```
dd if=/dev/hd0 of=zz bs=1b skip=15x1024kx1024k count=40k+32
```

Es ist erkennbar, daß sie leicht erweiterbar ist um weitere Faktorzeichen. Angesichts der Aufgabe dieser Funktion kann man es sich mal erlauben, if-Bedingungen überflüssig zu prüfen.

Bei zwei oder mehr rekursiven Aufrufen werden falsche Werte errechnet, da der Algorithmus den unterschiedlichen Rang der Operatoren ignoriert.

13

Initialisierungen

Initialisierungen können als *sofortige Zuweisungen* begriffen werden, die unmittelbar nach/bei dem Anlegen eines Objekts im Speicher vorgenommen werden.

Alle **statischen** Objekte sind/werden *nur einmal* beim Programmstart initialisiert, und zwar typgerecht mit Null, falls keine explizite Initialisierung vorhanden ist.

Dynamische Objekte innerhalb von Funktionen (`auto`, `register`) werden bei jedem Eintritt in eine Funktion neu angelegt (Instanzen) und haben danach einen zufälligen Inhalt. Vor dem ersten Lesezugriff darauf muß also irgendeine explizite Zuweisung/Initialisierung erfolgt sein. Sie werden bei jedem Überlaufen initialisiert.

Die Parameter einer Funktion sind ebenfalls dynamisch angelegte Objekte, die jedoch bereits durch das Argumentekopieren vom Aufruf her initialisiert sind.

```
static int I, D=4;
int i= 0;
int k= '5';   double d= 0.0;
int monat=6, jahr=2000, tag, stunde=0, lv=120, rv=lv*2;

if (!I && a+k > 10)   D=8, ++I;

while (lv<240)  { int j=1; /*...*/ lv+=j; }
```

Man beachte, daß D=4 nur beim Programmstart einmalig erfolgt, auch wenn sich die betreffende Zeile in einer Funktion befindet. D=8 wird allerdings jedesmal ausgeführt, wenn die if-Bedingung zutrifft. In der while-Schleife wird j bei *jedem* Schleifendurchlauf mit 1 initialisiert. k enthält 53.

```
static char A[5]= { 10, 14, 'z', 22 };
```

Das fünfte und letzte Array-Element ([4]) wird implizit mit 0 initialisiert; Nicht angegebene Restelemente werden stets – typgerecht – auf 0 gesetzt.

Ältere Compiler können *nur statische* Objekte mit solchen { Init-Listen } oder "zeichenkettenkonstanten" initialisieren.

```
static char A[ ]= { 10, 14, 'z', 22 };
```

Dieses Array hat nur 4 Elemente, da die Größenangabe fehlt. In solchen Fällen bestimmt die Init-Liste die Größe.

```
static char A[4]= "abc";
static char A[4]= { 'a', 'b', 'c', 0 };
 const char *cp = "abc";
```

Die beiden Array-Definitionen haben das gleiche Resultat. Anstelle von 0 kann hier auch '\0' verwendet werden. In der ersten Zeile ist A *keine* Zeichenketten*konstante*, wie man vielleicht denken könnte; dazu müßte man const verwenden. A ist ein Array, das mit 4 Zeichen initialisiert ist. cp ist eine Adressen-Variable, die mit der Adresse einer Zeichenkettenkonstante initialisiert wurde. ▶ 214.

```
static char A[2][3]= { {3,4,5}, {20,24,28,} };
```

```
struct { int a[3], b; } AS[]= { {{1,0,3}, 8}, {{2,0,4}, 9} };
```

Arrays, Strukturen und Unionen müssen mit (mindestens) einem Paar geschweifter Klammern initialisiert werden. Daraus folgt, falls diese Objektarten ineinander verschachtelt sind, daß auch verschachtelte Paare geschweifter Klammern vorhanden sein sollten. Ein redundantes Komma ,} ist erlaubt – besonders nützlich bei (halb)automatischer Generierung von Initialisierungslisten (▶ 106).

AS ist ein Array aus zwei Struktur-Elementen.

Bei **Unionen** (▶ 117) kann nur gemäß dem ersten Mitglied initialisiert werden.

Es gibt konzeptionelle und andere Gründe, möglichst auf explizite Initialisierungen von *nicht*konstanten statischen Objekten zu verzichten (▶ 168).

Sehr sinnvoll sind oft Arbeitstabellen, die vorberechnete Daten, Konfigurationen, Voreinstellungen, Steuerdaten und dergleichen enthalten – aber dann in Verbindung mit const Name. Die Konzeption, daß die sonstigen statischen, beschreibbaren Objekte nach Programmstart *allesamt* – und typgerecht – mit 0 als Inhalt verfügbar sind, ist sinnvoll.

Speicherklassen

Objekte, die *außerhalb* von Funktionen definiert werden, werden statisch im Speicher angelegt. Sie sind im aktuellen C-Modul *ab* ihrer Definitionsstelle überall (global) sichtbar.

Ohne das Schlüsselwort `static` sind sie zusätzlich publik, nach außen exportiert, von innen erreichbar und können in *anderen* C-Modulen mittels des Schlüsselwortes `extern` importiert und bekanntgemacht werden.

Alle statischen Objekte sind/werden beim Programmstart automatisch und *typgerecht* mit Null initialisiert, sofern sie nicht explizit initialisiert wurden.
Typgerecht: es wird mit `0`, `+0`, `0.0`, `+0.0`, `NULL` initialisiert – je nach Typ. Es wird also nicht unbedingt nur mit `0`-Bits initialisiert! Das ist abhängig vom Objekt und von der verwendeten Plattform.

Statische Objekte *leben* von Programmstart bis Programmende.

static

Globale `static`-Objekte sind nur im aktuellen C-Modul bekannt: Verkapselung der Namen/Bezeichner. Innerhalb von Funktionen: Es wird ein statisches Objekt angelegt. Der Name ist nur in der jeweiligen Funktion bekannt, oder in einem darin verschachtelten Block.

```
static int i;
static int ii= 32;
```

Ein `static`-Objekt auch innerhalb einer Funktion oder zu Beginn eines Schleifenkörpers wird *unbedingt **nur einmal** beim Programmstart* initialisiert!

Auch Funktionen können mit `static` versehen werden. Deren Prototypen müssen dann ebenfalls so klassifiziert werden.

extern

```
extern long timezone;
extern char **environ;
extern char *envarr[];
extern unsigned __brkval;
extern int printf(const char *, ...);
```

Es werden externe Objekte, die sich in der Library oder anderen C-Modulen befinden, im aktuellen C-Modul bekanntgemacht. Der Compiler kennt dann diese Objekte und kann sie korrekt verwenden, und der Linker verknüpft zum Schluß diese EXTERN-Symbole mit den zugehörigen PUBLIC-Symbolen von außerhalb. (Um die printf-Funktion bekanntzumachen, muß normalerweise <stdio.h> inkludiert werden.)

Wenn ein externes Array bekanntgemacht werden soll, so *muß* es auch als Array mit Dimensions[]-Klammern deklariert werden:

```
extern int  eia[];
extern int  eia[64];
```

und *nicht* als Adressen-Variable:

```
extern int *eia;
```

Eine Größenangabe [64] ist sinnvoll, denn sie ermöglicht die Verwendung des Operators sizeof und dem Compiler Warnmeldungen, falls ein für ihn sichtbarer Indexwert zu groß ist.

Wenn bei einem Funktions-Prototyp keine Angabe einer Speicherklasse vorhanden ist, wird dieser so interpretiert als ob extern angegeben ist.

register

```
register int i, r;
```

Bei modernen Compilern ist dieses Schlüsselwort praktisch nicht mehr notwendig, denn diese verwenden alle Prozessor-Register standardmäßig von selbst. Zumindest bei nicht abgeschalteter Optimierung. Schaden kann die Angabe von register nicht, denn es verdeutlicht, welche Variablen besonders intensiv benutzt werden.

Ältere Compiler für Intel-Prozessoren:

```
esi    edi    ebx/bl
 si     di
```

Maximale Berücksichtigung von register.

`register`-Variablen haben *keine* Adresse: &r!

`register` kann auch bei Funktionsparametern angegeben werden.

Bei zukünftigen Compilern könnte `register` erneut von Wichtigkeit sein, denn dieser kann damit hemmungslos parallelisierend optimieren, weil ein adressenloses Objekt garantiert kein Alias haben kann.

auto

```
auto int i;
     int i;
```

Diese Zeilen haben gleiche Wirkung, denn `auto` ist Voreinstellung *innerhalb von Funktionen*. Solchermaßen definierte Objekte werden dynamisch im (Stack-)Speicher angelegt. Sie *müssen vor* ihrer ersten lesenden Benutzung auf einen bestimmten Wert gesetzt werden, denn sonst haben sie einen *zufälligen* Inhalt! Dies kann durch sofortige Initialisierung oder spätere Zuweisung geschehen.

Alle *nicht*statischen Objekte werden beim Verlassen der jeweiligen Funktion zerstört! Es soll *niemals eine Adresse* eines solchen Objektes *nach dem Verlassen* der jeweiligen Funktion verwendet werden! Denn sie adressiert dann ein nicht mehr existierendes Objekt. Eine Adressen-Verwendung in verschachtelt aufgerufenen Funktionen ist korrekt, denn die Aufruferin wird ja dabei nicht verlassen. Dies schließt selbstverständlich Rekursion mit ein.

Alle Definitionen und Deklarationen von Objekten innerhalb von Funktionskörpern (müssen)/sollten nach einer öffnenden Block-Klammer { *vor* allen andersartigen Anweisungen stehen:

```
{   int i=2, a, r;
    char buf[256];
    if (/*...*/)  { int k=0; /*...*/; }
    { static int krest;
      printf("%s\n", /*...*/);
      //...
    }
    //...
}
```

Nach *jeder* Blockklammer { dürfen Objekte angelegt werden, die dann im jeweiligen Block gültig und sichtbar sind.

Der C-Standard C99 gestattet das Anlegen und Beschreiben von Objekten auch an anderen Stellen als am Blockbeginn.

register- und auto-Objekte und Funktionsparameter werden *bei jedem* Funktionsaufruf neu angelegt, und bei rekursiven Aufrufen, direkt oder indirekt, entstehen jedesmal zusätzliche Instanzen dieser Objekte, die für jeden Aufruf ihren separaten Speicherplatz haben. Solange eine Funktion/Block nicht verlassen wird, haben deren dynamische Objekte Bestand! (Solange eine bestimmte Funktions-Instanz nicht verlassen wird, haben deren dynamische Objekt-Instanzen Bestand.) Alle statischen Objekte hingegen haben zu jedem Zeitpunkt genau einen Speicherplatz.

Register werden natürlich nicht *angelegt*, aber ihre Inhalte werden nötigenfalls in den (dynamischen) Speicher kopiert und wieder gelesen, so daß sich obenstehendes Verhalten ergibt.

Beim Publizieren eines Objektes (Externe Bindung) wird dessen Name publiziert. Beim Bekanntmachen mittels extern wird der gleiche Name verwendet. Bei beiden Vorgängen wird der Name in geeigneter Weise dem Linker (Binder) zugeführt.

Manchmal ist dem Namen (jetzt ein Linker-Symbol) ein Unterstrich vorangestellt. In C ist folgendes nicht üblich, aber es wird auch der Typ eines Objektes in kodierter Form dem Namen (von der C-Ebene her) hinzugefügt, so daß eine Typprüfung durch den Compiler möglich ist/wäre. Denn bei einer Bekanntmachung mittels extern kann versehentlich ein abweichender Typ angegeben werden, den der Compiler im Regelfall blind verwendet. Bei einem Ein-Modul-Konzept (▶ 215) sind solche Fehler ausgeschlossen.

```
PUBLIC _Name
EXTERN _Name
.GLOBAL: Name
.globl Name__Fic        ;int Name(int a, char b)  {
```

Beispiele, wie Externe Bindung auf Assembler-Ebene aussehen kann.

In C++ sind verschiedene Funktionen gleichen Namens aber unterschiedlicher Argumentliste möglich, durch solche Hinzufügungen zum Namen, ganz unabhängig von externer Bindung. Eine Verbindung einer Funktion (EXT/PUB) mit *unterschiedlichen* Argumenten ist ausgeschlossen, weil dem Linker dann ein Symbol fehlte.

Der Compiler ist frei, beliebige Namen für die Assembler-Ebene zu erzeugen. static-Variablen werden beispielsweise einheitlich folgendermaßen benannt: $L_120, $L_121, $L_122, $L_123, ...

15

Steuerung des Programmablaufes

Die nachfolgend gezeigten Anweisungen und Blöcke können beliebig ineinander verschachtelt werden.

15.1 Anweisungsblöcke { ... }

Blöcke dienen dazu, um mehrere Anweisungen zusammenzufassen, sie beispielsweise gemeinsam von einer `if`-Bedingung abhängig zu machen, eine bestimmte `else`-Zuordnung zu erreichen und um Objekte an ihrem Anfang zu definieren oder zu deklarieren, die dann nur in ihnen sichtbar sind. ▶ 65, 59.

Blöcke werden in der Regel einem Schlüsselwort/Funktionskopf zugeordnet, können aber auch für sich allein stehen:

```
{ { ... } { ... } ... { ... } }
```

Es wurde bei älteren Compilern beobachtet, daß Register nur nennenswerte Verwendung fanden, nachdem innerhalb einer Funktion mehrere Blöcke gebildet wurden und in jedem Block jeweils andere Variablen mit der Speicherklasse `register` versehen wurden (▶ 50).

Zuvor hatten diese Compiler nur ganz am Anfang der Funktion `register`-abhängige Register verwendet und diese im Rest des Funktionskörpers brachliegen lassen.

Dieser weitere Aspekt im Zusammenhang mit Blöcken ist heutzutage sicherlich von geringer Bedeutung.

Namen *für* einen aktuellen Block[1] verstecken *im* aktuellen Block äußere *gleiche* Namen! Der Compiler warnt beim Aktivwerden dieses im C-Standard definierten Mechanismus – Dieses definierte Verhalten sollte nicht ausgenutzt werden.

---

[1] In ihm definiert und somit privat.

15.2 `if`-Anweisung

```
if ( bedingung )   anweisung ;

if ( bedingung )   anweisungs-kommaliste;

if ( bedingung )   { anweisung; anweisung; ...; }

if ( bedingung )   ;      /* Leeranweisung */

if ( bedingung )   falls bedingung!=0 ;
else               falls bedingung==0 ;

if ( ... )  { if (...)  ...;  anw; }

if ( ... )  anw1;  anw2;  else  ...;  // else-Fehler!

if ( ... )  { if (...)  ...; }
else        ...;

if ( ... )  ...;
else        if ( ... )  ...;
            else        if ( ... )  ...;
                        else        ...;

if (r=0,  !a&&(r=1, b>6)&&(r=2, c))  ...;
```

Eine leere Bedingung () entspricht (1) und ist immer TRUE.

Bei der Zuordnung eines `else`-Zweiges zu einem `if` wird *rückwärts* das *nächster-reichbare* `if` gesucht. Eine `if`-Anweisung innerhalb eines Blockes ist isoliert und kann nicht von außen erreicht werden. Ein `if`, das bereits ein `else` hat, ist natürlich *gesättigt* und ebenfalls unerreichbar.

`anw` oben hat nichts mit der direkt davorstehenden `if`-Anweisung zu tun! Bei der Rückwärtssuche nach einem `if` blockiert `anw2`! (Es sei denn, `anw2` ist selbst eine `if`-Anweisung ohne `else`.)

```
i= !a&&(r=1, b>6)&&(r=2, c);
```

i erhält den Wert 1 bei zutreffender Bedingung, andernfalls 0.
  r=1 wenn a==0
  r=2 wenn a==0 UND b>6
  i=1 wenn a==0 UND b>6 UND c!=0
Man beachte die vorliegende KO-Logik. Diese Beispiele zeigen auch, wie mit Klammern und Komma umgegangen und `if-else` alternativ ersetzt werden kann.

15.3 for-Schleife

Die for-Schleife hat einen Kopfteil, bestehend aus drei Abschnitten, von denen einer, zwei oder alle drei benutzt werden können.

```
for (liste; bedingung; liste_b) anweisung;

for (; bedingung; ) anweisung;
for (;;) { anweisungen; }

for (; bedingung; ) {
  // ...
  if (bed) continue;
  // ...
  break;
  // ...
}

for (a=b+2,++c; b<10&&d; ++b) /*...*/;
```

Die anweisung wird nur ausgeführt, wenn die bedingung!=0 ist.
Bei bedingung==0 wird die Schleife beendet.

liste und liste_b sind optional.

liste wird einmal vor der Schleife ausgeführt, so als ob sie vor for stünde.

Danach wird die bedingung geprüft.

liste_b wird jedesmal nach anweisung ausgeführt.

Danach wird die bedingung geprüft.

liste und liste_b sind jeweils ein void-Ausdruck bzw. Quasi-Anweisung, oder mehrere, durch Komma(ta) getrennt.

continue springt zu liste_b, oder direkt zur bedingung, falls liste_b fehlt.
break springt aus der Schleife heraus.

Ein Kopfteil (;;) entspricht (;1;).

15.4 while-Schleife

```
while ( bedingung ) anweisung;

while ( bedingung ) { anweisung; anweisung; ...; }
```

Genau so wie die for-Schleife, lediglich liste, liste_b und das Semikolon nach der bedingung fehlen.

15.5 do-while-Schleife

```
do  anweisung;  while ( bedingung );

do  { anweisung; anweisung; ...; }  while ( bedingung );
```

Genau so wie die while-Schleife, bis auf die umgedrehte Reihenfolge von bedingung und anweisung. Die anweisung wird folglich mindestens 1-mal ausgeführt.

15.6 switch Fallunterscheidung

In Abhängigkeit von einem case-Wert wird zur dazu passenden case-Marke gesprungen. Gibt es keine passende case-Marke, wird zur default-Marke gesprungen, oder, falls diese fehlt, direkt hinter das switch-Ende. Der case-Wert muß ein Integer sein. Die case-Marken müssen konstante Integer Ausdrücke sein. ▶ 303.

```
switch ( case-wert-ausdruck )  {
  case 'a':  anweisungen;
  case 'A':  anweisungen; break;
  case 'b':
  case 'B':  anweisungen; break;
  case 670:  anweisungen; goto DFLT;
  case 620:  anweisungen; break;
  default :  DFLT:; k=l=0; break;
}
```

Das break hinter default ist hier nicht nötig, denn die Verarbeitung würde nach der letzten Anweisung im Switch ohnehin aus ihm herauslaufen. Die case-Marken (auch default) dürfen prinzipiell in einer beliebigen Reihenfolge stehen, es sei denn, man will absichtlich mit bestimmten Reihenfolgen arbeiten, wie beispielsweise beim *Durchfallen* (fall through).

Der 'a'-Zweig fällt nach 'A' durch, da hinter 'a' kein Sprung erfolgt. Der 'b'-Zweig fällt nach 'B' durch, jedoch ohne eine eigene Anweisung zu besitzen, woraus ein ODER-Verhalten resultiert: 'b' ODER 'B'.

case- und goto-Marken können ineinander gemischt angeordnet werden. Mittels goto kann mehrfach gleicher Kode vermieden werden, indem dieser Kode eben nur einmal am Ende eines case-Zweiges steht und aus mehreren case-Zweigen angesprungen wird.

Mittels eines switch kann eine sogenannte *Zustandsmaschine* aufgebaut werden, die dabei hilft, beliebig komplexe Algorithmen in einzelne Arbeitsschritte (Zustände) aufzuteilen.

15.7 Sprunganweisungen

break;

Springt aus einer Schleife oder aus einem `switch`-Block heraus, also direkt hinter das Ende einer Schleife oder eines `switch`.

continue;

Springt zur Bedingungsprüfung einer umgebenden Schleife. In `for`-Schleifen zu `liste_b` (▶ 139), falls vorhanden.

Falls sich also ein `switch` innerhalb einer Schleife befindet, veranlaßte `continue` gleichzeitig ein Verlassen des `switch`, falls darin ausgeführt.

return

```
return;
return ausdruck;
```

Beendet Funktionen und veranlaßt einen Rücksprung zur Stelle des Funktionsaufrufes, wo gegebenenfalls ein Rückgabewert berücksichtigt wird.

Bei `void`-Funktionen *darf kein* `return`-Ausdruck angegeben werden, bei Nicht-`void`-Funktionen *muß ein* Rückgabewert vorhanden sein.

goto

Springt innerhalb von Funktionen *vor* jede beliebige Anweisung, auch Leeranweisung. In Ausdrücke oder Kommalisten kann jedoch niemals hineingesprungen werden.

```
goto sprungMARKE;

/* ... */

sprungMARKE: anweisung;   // oder Leeranweisung: ;
```

Von *außerhalb* des Gültigkeitsbereiches eines VLA-Objektes[2] (C99) soll *nicht* in einen solchen Gültigkeitsbereich *hinein*gesprungen werden.

Ein VLA wird an seiner Definitionsstelle bei jedem Überlaufen immer wieder neu erzeugt. Deshalb darf nicht von außen hinter seine Erzeugungsstelle gesprungen werden, denn das führte zu Zugriffen auf ein nichtexistierendes Objekt und könnte auch interne Beendigungsoperationen aushebeln. Für `setjmp()` gilt die gleiche Überlegung.

---

[2] VLA: Variable Länge Array –> VM: Variabel Modifizierter Typ

Modifiziertes Kodestück aus dem Usenet [9].
Eine sinnvolle Verwendung von `goto` und Pointern:

```c
#define COPY(str)  (p= u_copy(p, end, str))

int send_header(int fd, struct op_t *out, uint len)
{
    static char const LF[]= "\r\n";
    unsigned char buf[4096], *p, *end;
    char const *msg;
    unsigned code;

    if (out->location)  code=302, msg="FOUND";
    else                code=200, msg="OK";
    p = buf;
    p+= sprintf(p, "HTTP/1.0 %u %s%s", code, msg, LF);
    p+= sprintf(p, "Content-Length: %u%s", len, LF);
    p+= sprintf(p, "Content-Type: ");
    end= buf + sizeof(buf);

    if (!COPY(out->content_type))  goto OVERRUN;
    if (!COPY(LF)              )  goto OVERRUN;

    if (code==302)  {
        if (!COPY("Location: ") )  goto OVERRUN;
        if (!COPY(out->location))  goto OVERRUN;
        if (!COPY(LF)           )  goto OVERRUN;
    }
    if (!COPY(LF)              )  goto OVERRUN;

    b_write(fd, buf, p-buf);
    return 0;

    OVERRUN:
    syslog(LOG_ERR, "Script headers too large for buffer");
    return -1;
}
#undef COPY
// p= u_copy(p, end, out->location);
```

Jede `goto`-Anweisung durch den Sprungziel-Kode zu ersetzen, wäre unnötig ressourcenverschwendend und verpönter Mehrfachkode. Ein Makro namens OVERRUN änderte an ersterem nichts und wäre uneleganter. Eine Vermeidung von Pointer-Arithmetik wäre grober Unfug (▶ 255).

Das Makro `COPY()` ersetzt die ursprüngliche, hier als Kommentar gezeigte Zeile.

15.8 Ausdrücke

Ein Ausdruck in C ist eigentlich Alles, was hingeschrieben werden kann und Typ und Wert hat, wobei `void` ebenfalls Typ und Wert hat, allerdings einen nicht existierenden Wert. ▶ 25.

Primäre Ausdrücke:

- Bezeichner (gültig deklariert)

- Konstante

- Zeichenkettenkonstante

- Geklammerter (Ausdruck)

- `_Generic`-Selektion

Ein Vollständiger Ausdruck ist ein Ausdruck, der nicht Teil eines anderen Ausdrucks oder eines Deklarators ist. Zwischen vollständigen Ausdrücken befindet sich ein Sequenzpunkt.

Vollständige Ausdrücke:

- Initialisierer (nicht im Zusammengesetzten Literal)

- Ausdruck; in Ausdruckanweisung

- Kontrollausdruck nach `if`

- Kontrollausdruck nach `switch`

- Kontrollausdruck nach `while`

- Kontrollausdrücke nach `for`

- Ausdruck nach `return`

Ein Semikolon hinter einem Ausdruck erzeugt eine Ausdruckanweisung. Eine Ausdruckanweisung bewirkt generell absichtlich sogenannte Seiteneffekte.

Primäre Ausdrücke und Ausdruckanweisungen:

```
10
KeLax
Bra + 8
Funktion()

10;                 // ---
KeLax;              // mov   ecx, KeLax
(void)KeLax;        // mov   eax, KeLax
-KeLax;             // mov   eax, KeLax
Bra + 8;            // mov   edx, Bra
Funktion();         // call  Funktion
a = a + 32760 + b + 5;
```

Die ersten vier Zeilen müssen natürlich Bestandteil irgendeiner gültigen Syntaxkonstruktion sein, sie können nicht so isoliert wie oben gezeigt hingeschrieben werden. Dennoch sind es Primäre Ausdrücke, mit Typ und Wert.

Bei den unteren sieben Ausdruckanweisungen sind der Funktionsaufruf und die Zuweisung an a die gebräuchlichsten und garnicht überraschend. Aber falls die Variablen KeLax und Bra mit volatile qualifiziert wurden, wird der Compiler die betreffenden Anweisungen *nicht* wegoptimieren, sondern Blind-Leseoperationen durchführen.

Das kann gewünschte Seiteneffekte bewirken. Falls zum Beispiel ein Register eines Mikrokontrollers so gelesen wird, können einige Bits in anderen Registern dadurch zurückgesetzt werden. Das erspart die Zuweisung an eine andere Variable, was ja Zeit kostet.

Eine Ausdruckanweisung aus Konstante(n) wird der Compiler immer ohne Aktion belassen. Einen Funktionsaufruf wird er immer durchführen.

```
if (a==6)    n= vel;
     a==6 && (n= vel);

r = a==6 && (n= vel);
r = a==6;
r = a==6 || a==8 || b!=0;
```

Die ersten beiden Zeilen sind gleichbedeutend! In den letzten Zeilen erhält r den Wert 1 oder 0, je nach dem, ob die rechte Seite WAHR oder FALSCH ist.

15.9 Beispiel switch

```
// Parameter: (byte *bp0, byte *bpe0, int *pteil)
static byte ec1[]= "ABCDEFHf'GdPMXJK@LSTZmnsupihlkz";
static byte ec2[]= "ABCFGHIJKLMhl"; //[=
static byte Teil[4*128];
byte fts[4*128], *strs[16+1];
int nums[16+1], num;
register byte *bp= bp0;
          byte *bpe=bpe0;
register int z, s;
int teil=*pteil, ei, ft,fi, ni;
byte del;
if (teil)  bpe=bp=Teil, bpe+=teil;
ESCAGAIN:;
fi=ni=z=s=del=0;
NOWBUF:;
for (; bp<bpe; ++bp)  { register byte c;
   switch (c=*bp, z) {
     case  0:  if (c!=27)  break;
               ++z, s|=1; continue;
     case  1:  if (c=='[')  { ++z, s|=2; continue; }
               if (c=='Q')  { z=10, s|=32|2; continue; }
               break;
     case  2:  if (++z,  c=='=')  { s|=4; continue; }
     case  3:  if (!Cdig[c])
                  if (s&4)  break;
                  else  if (c=='"'||c=='\'') { z=6,del=c; continue; }
                        else                 { z=9; goto ENDCK; }
               ++z, s|=8; num=0;
     case  4:  DIG:;
               if (Cdig[c])  { num*=10, num+=c-'0'; continue; }
               if (ni>=16)  bsh_Err(LS16|E_LIMIT, "ansi: e[#;#;#");
               strs[ni]=0;
               nums[ni++]=num;
               if (c==';')  { ++z; continue; }
               z=9; goto ENDCK;
     case  5:  if (Cdig[c])  { --z; num=0; goto DIG; }
               if (c=='"'||c=='\'')  { ++z,del=c; continue; }
               break;
     case  6:  if (ni>=16)  bsh_Err(LS16|E_LIMIT, "ansi: e[#;#;#");
               s|=64;
               nums[ni]=-1;
               strs[ni++]= fts+fi;
               ++z;
     case  7:  if (c==del&&(bp+1>=bpe||bp[1]!=c)) { ++z; continue; }
               if (fi>=sizeof(fts))
                  bsh_Err(LS16|E_LIMIT, "ansi: esc[\"...\"");
               if (c=='\n'&&!(ni&1))  c='\r';
```

```
                         fts[fi++]= c;
                         if (c==del)  ++bp;
                         continue;
            case   8:   if (c==';')  { z=5; continue; }
                         ++z;
            case   9:   ENDCK:;
                         if (ei=CCk(s&4?ec2:ec1, c),  ei)  s|=16;
                         break;
            case  10:   if (c>='0'&&c-'0'<96)  { ++z,ft=c-'0'+1; continue; }
                         break;
            case  11:   if (c&&c<255)  { ++z, del=c, fi=0; continue; }
                         break;
            case  12:   if (c==del)  { s|=16; break; }
                         if (fi>=sizeof(fts))
                            bsh_Err(LS16|E_LIMIT, "ansi: escQFn\"...");
                         fts[fi++]=c; continue;
         }
      nums[ni]=-1, strs[ni]=fts+fi;
      *pteil=0;
      if (!(s&1))  { bp=bp0; goto ANSIR; }
      if (!(s&16)||s&64&&(s&4||ei!=26||ni<2||ni&1))  {
        *pteil=0,bp=bp0; bp+=teil?0:1; goto ANSIR;
      }
      teil=0;
      if (s& 4)  ei+=32-1;
      if (s&32)  ei=0;
      if ( /*!(s&8)*/ !ni)  num=nums[0]=1, ++ni;
      else                  num=nums[0];

      /* 485 Zeilen Auswertung */

   ANSIR:;
   return (int)(bp-bp0);
```

Der oben gezeigte Kode ist sicherlich kein schönes Programmierstück für Lehr-zwecke, sondern soll einfach nur zeigen, wie gültige Syntax variantenreich im Sinne einer Ablaufsteuerung gültig angeordnet werden kann.

Es handelt sich um einen hocheffizienten Parser für die sogenannten Ansi Escape Se-quenzen zur Bildschirmsteuerung (Cursor, Farbe, etc.) und weitere Konfigurationen und Steuerungen.

Die Lösung oben ist eine sogenannte Zustandsmaschine, mit der sehr vieles lösbar ist, so kompliziert es auch sein mag. Der `switch` befindet sich in einer Schleife; `break` wirkt letztlich wie `continue`, es wird allerdings zuvor der Kode nach dem `switch` ausgeführt.

Die `case`-Konstanten sollten idealerweise aus Makros mit *sprechenden* Namen be-stehen. Infolgedessen würden auch die Zuweisungen an die Variable `z` beispielswei-se `z=EP_DIG;` lauten. Das ist auch besser für den Fall nachträglicher Änderungen.

Eine eigene Variante der Standard-Funktion `getenv`. Das Environment enthält Zeichenketten mit jeweils `"NAME=Inhalt"`. `getenv` als auch die folgende `getenv_F` liefern eine Adresse auf den `Inhalt`, sofern `NAME` als Umgebungsvariable existiert, andernfalls `NULL`:

```
byte *getenv_F(const byte *name)
{
   extern byte **environ;
   byte **env;
   register byte *ecp;
   register byte *n= name;
   register int l;
   int nl;
   if (n && environ)  {
     while (*n>' ' && *n!='=')  ++n;
     if (nl=(int)(n-name),  !*n && nl>0)  {
       for (env=environ;  (ecp=*env)!=NULL;  ++env)  {

#        if defined(DOS32) || defined(DOS)
         for (n=name,l=nl;
               l>0&&(  *ecp==*n
                    ||*ecp>='a'&&*ecp<='z'&&*ecp-('a'-'A')==*n
                    ||*ecp>='A'&&*ecp<='Z'&&*ecp+('a'-'A')==*n);
               --l,++n,++ecp);
#        else
         for (n=name,l=nl;  l>0 && *ecp==*n;  --l,++n,++ecp);
#        endif

         if (!l && *ecp=='=' && !*n)  return (ecp+1);
       }
     }
   }
   return NULL;
}
```

Hier wurde *Bedingte Kompilierung* verwendet, weil es Betriebssysteme gibt, die Groß- und Kleinschreibung nicht unterscheiden. Es ist erkennbar, daß das an vielen Stellen immensen Aufwand bedeutet. Hingegen die Zeile nach `#else` für Unix-Systeme reicht dort aus.

Zudem: Die Verwendung von `'a'-'A'` etc. ist nicht strikt standard-konform, sondern setzt einen `ASCII` Zeichensatz voraus!

Hier wird der Compiler warnen, da `*n` nicht mit `const` qualifiziert wurde. Das kann ausnahmsweise bei kleinen Funktionen mit Library-Charakter ignoriert werden, wenn *tatsächlich* nur lesend zugegriffen wird. Unverändert bleibt auch `environ`, da sie ein Objekt **in** den externen Libraries ist.

▶ 101, 48.

Komplexe Typen

Um Typen in komplexen Fällen korrekt zu erkennen, muß man vom Namen ausgehen, und rechts und links vom Namen befindliche Operatoren gemäß ihrer Rangreihenfolge interpretieren, dabei von innen nach außen arbeiten, und Paare runder Klammern unterscheiden, ob sie einen Vorrang erzwingen sollen oder aber eine Funktion anzeigen.

```
extern void ( *signal(int, void(*)(int)) )(int);
```

	`signal`
ist eine Funktion,	`signal(`
die ein	`int`
und eine Funktions-Adresse	`(*)()`
als Argumente erhält	`)`
und eine Adresse	`*signal`
auf eine Funktion,	`( *signal() )()`
die ein int-Argument erhält	`)(int)`
und keinen Rückgabewert hat,	`void(`
zurückgibt.	

```
void (*sig)(int);
```

	`sig`
ist eine Adresse	`(*sig)`
auf eine Funktion,	`*sig (`
die ein int-Argument erhält	`(int)`
und nichts	`void (`
zurückgibt.	

Mit Hilfe von `typedef` kann man sich die Sache sehr erleichtern. Besonders, wenn ein damit vereinbarter Grundtyp Basis für weitere Typvereinbarungen ist.
► 176, 268, 8.

```
char *cp[3];
```

	cp
ist ein Array	[]
aus 3 Elementen des Typs:	
Adresse auf char:	char*

```
char (*cp)[3];
```

	cp
ist eine Adresse auf ein Array	(*)[]
aus 3 Elementen des Typs:	char

```
char *(*cpa[1])[3];
```

	cpa
ist ein Array	[]
aus 1 Element des Typs:	
Adresse auf ein Array	(*)[]
aus 3 Elementen des Typs:	
Adresse auf char:	char*

```
char *(**cpap)[3]= cpa;
```

cpa als Array-Name im Adressenkontext repräsentiert die Adresse auf sein erstes Element und hat daher den oben angegebenen Typ.

```
char *(*fuu(int,int))[3][4];
```

	fuu
ist eine Funktion	fuu( )
mit zwei int-Args,	fuu(int,int)
die einen Zeiger	*fuu
auf ein Array	(*fuu)[
aus 3x4	)[3][4]
Adressen auf	char
retourniert:	char *( )[

```
typedef  char* (*AA3CP)[3];
AA3CP cpa[1];
```

Siehe oben.

17

Sequenzpunkt-Regeln

Ein Sequenzpunkt schließt alle eventuell noch ausstehenden *schwebenden* Operationen ab.

- Zwischen zwei Sequenzpunkten darf nur *ein* Schreibzugriff auf ein und dasselbe Objekt stattfinden.
- Falls hier neben einem Schreibzugriff zusätzlich Lesezugriffe auf dies Objekt vorhanden sind, müssen alle diese Lesezugriffe (auch) der Ermittlung des neuen Wertes dieses Objekts dienen.
- Sequenzpunkte sind zeitliche Punkte, keine positionalen Punkte.
- Bei Inkrement/Dekrement (++ --) finden jeweils ein Lese- und ein Schreibzugriff statt.
- Sequenzpunkte sind:
  - ; ,
  - && ||
  - ?
  - Funktionsaufrufe (der call-Zeitpunkt).
  - Direkt vor der Rückkehr von Library-Funktionen.
  - Das Ende vollständiger Ausdrücke (▶ 143):
    ```
    if (...)    while (...)
    for (...; ...; ...)    switch (...)
    ```

Dieses Thema ist im Standard-Dokument enorm umfangreich, sehr verteilt und schwer lesbar. Dennoch reicht diese knappe Zusammenfassung eigentlich aus. Probleme mit Sequenzpunkten treten in der Praxis fast nur im Zusammenhang mit ++ -- und bei Funktionsargumenten (falls diese dort geändert werden) auf.

Hinweise:

- Die Kommata, die die Argumente bei Funktionsaufrufen trennen, sind *keine* Sequenzpunkte!
- Zuweisungsoperatoren (= += etc.) sind leider *keine* Sequenzpunkte!
- Die *Reihenfolge* der Berücksichtigung von Funktionsargumenten ist *beliebig*!

Merksatz:
Sobald irgendwo zwischen zwei Sequenzpunkten ein und dasselbe Objekt mehr als einmal vorkommt *und* irgendein Schreibzugriff darauf stattfindet, sollte man genau prüfen!

Beispiele:

```
arr[x][x++];
```

Lesezugriff dient nicht der Ermittlung des neuen **x**-Wertes!

```
a = i++ - i + b;
```

Lesezugriff dient nicht der Ermittlung des neuen **i**-Wertes!

```
i = ++i + 1;
```

Mehr als ein Schreibzugriff!

```
funktion(++i, i, a);
```

Zwei Werte möglich beim 2. Argument! (Reihenfolge)
Und: Lesezugriff dient nicht ...

```
funktion(a+4, a=b+1, c);
```

Zwei Werte möglich beim 1. Argument! (Reihenfolge)
Und: Lesezugriff dient nicht ...

```
y += y * y;
```

Ein Schreibzugriff, jedes Lesen (3x) dient dem neuen Wert.
OKAY!

## Teil III

C in der Praxis

18

Moderne C-Programmierung

Merkmale moderner C-Programmierung:

- Die Programmiersprache C möglichst gut und vollständig beherrschen.
- Die Merkmale der Sprache C – positiv – möglichst voll ausschöpfen. (Möglichst keine Ausstattungsmerkmale langfristig brachliegen lassen.)
- Den C-Preprocessor nicht vergessen – er ist Bestandteil der Sprache C.
- Ein C-Projekt individuell geeignet und systematisch aufbauen, gestalten, strukturieren, modularisieren.
- Systematik, Einheitlichkeit und Wiederverwendbarkeit möglichst umfassend verwirklichen: *Roter Faden.*
- Sobald eine Sinnhaltigkeit vorliegt, eigene Funktions-Bibliotheken erstellen, eventuell mit Assembler-Bestandteilen.
- Mehrfachkode dringlichst vermeiden.
- Die Möglichkeiten des Entwicklungssystems möglichst vollständig ausloten.
- Vom Compiler gegebene Informationen beachten. Als Anfänger eine hohe Warnstufe einstellen, als Profi eine mittlere.
- Ein guter Editor, der schnelle Textproduktion leistet und mit dem die Quelltexte in der Übersicht wirklich beherrscht werden können, ist sehr wichtig. Weiterhin sollte er einen professionellen Such- als auch einen Textersetzungsmechanismus bieten.
- Leistungsfähige Hilfsprogramme verwenden. Besonders, um immer wiederkehrende elementare Massenschreibarbeiten zu automatisieren und um die stetige Erfassung aller Details des Gesamtinhalts der Quelltexte möglichst perfekt sicherzustellen.
- Sicherheit wird durch Hilfsprogramme meistens sehr gefördert.

- Ein weiterer wichtiger Sicherheitsaspekt besteht beim Speichern von unbekann-
ten Datenströmen. Hier sollten Funktionen verwendet werden, die fortlaufend die Datenlänge im Empfangspuffer kontrollieren. Also dort beispielsweise
`snprintf` verwenden, anstelle von `sprintf`.

- Portabilität und Konformität mit dem C-Standard stets anstreben.

- Aber auch pragmatisch und gezielt dagegen verstoßen, wenn es sinnvoll ist. Es ist
beispielsweise äußerst unwahrscheinlich, daß man es einmal mit einem Prozessor zu tun bekommt, der Padding-Bits im Anwenderbereich von Integer-Daten
implementiert hat.

- Kodeteile mit eingeschränkter Portabilität stets als solche kennzeichnen und nach
Möglichkeit separat verkapseln in bestimmten Funktionen oder Dateien. (Es ist
angenehm, zu wissen: Die und die Datei und diese Dateien sind vollkommen portabel . . .)

`CatS`-Variante mit Schutz gegen Pufferüberlauf:

```c
static int CatSn(int n, byte *S0, byte *S1, ...)
{
   register byte *s;
   register byte *sa, **a;

   if (s=S0,  s&&n>0)  {
     for (a=&S1;  (sa=*a, sa);  ++n,++a)  {
        while (n-- >0 && (*s=*sa)!=0)  ++s,++sa;
        if (n<0)  {
#         if defined(BSH_H)
            write(2, S0, n),
            bsh_Err(E_LIMIT, "Ziel-Puffer");
#         else
            write(2, "*** LIMIT: Ziel-Puffer ***\r\n", 28);
            exit(64);
#         endif
            return n;
        }
     }
   }
   return (int)(s-S0);
}
```

▶ 124.

18.1 The Spirit of C

Nachfolgend sind einige Schlagsätze aufgeführt, die den *Geist von C* wiederspiegeln, im Sinne der Erfinder, des STANDARD-COMMITTEES und im Sinne von Millionen von Anwendern [5]:

- Vertraue dem Programmierer.
- Hindere den Programmierer nicht daran, das zu tun, was getan werden muß.
- Halte die Sprache schlank und einfach.
- Stelle nur einen Weg zur Verfügung, um eine Operation durchzuführen.
- Mache es schnell, sogar wenn es dadurch nicht garantiert portabel ist.

——

- Unterstütze Internationales Programmieren.
- Kodifiziere existierende Praktiken, um wichtige Unzulänglichkeiten zu berücksichtigen.
- Minimiere Inkompatibilitäten mit C89/C90.
- Minimiere Inkompatibilitäten mit C++.
- Beibehalte konzeptionelle Einfachheit.

Das im nachfolgenden Kapitel (▶ 251) behandelte MISRA-C verstößt in massivster Weise gegen den hier dargelegten *Geist von C*:

18.1.1 MISRA und das C-Gespenst

- Vetraue auf gar keinen Fall dem Programmierer.
- Hindere den Programmierer maximal daran, das zu tun, was getan werden muß.
- Mache die Sprache ganz schlank, so schlank, daß sie fast verschwindet.
- Stelle möglichst keinen Weg zur Verfügung, um eine Operation durchzuführen.
- Mache es langsam, obwohl dadurch kein Benefit entsteht.

Fazit: MISRA-C ist ist auf gar keinen Fall C!

18.2 Portabilität

Portabilität bedeutet, daß nach einem Wechsel zu einem anderen Compiler oder auf eine andere Plattform ein C-Quellkode nach wie vor und ohne Änderung kompiliert werden kann und die erzeugte ausführbare Datei umfassend genau gleich funktioniert.

Der Grad der Portabilität muß unterschieden werden: Wenn ein C-Quellkode *nur* auf allen Plattformen mit INTEL iX86 Prozessoren und den Kompatiblen sich portabel verhält, ist er hochgradig portabel, allerdings nicht vollkommen portabel.

Größere, leistungsfähige Programme sind selten (voll) portabel. Programme mit grafischer Oberfläche schon mal garnicht. Wenn allerdings mehrere verschiedene grafische Oberflächen implementiert sind (X-WINDOW, WINDOWS, MACINTOSH), die durch bedingte Kompilierung selektiert werden können, ist dieser Portabilitätsmangel eliminiert.

Kode für Mikrokontroller ist insgesamt sehr spezifisch und nur innerhalb einer Kontrollerfamilie (fast) voll portabel. Der Umstieg auf eine ähnliche Familie kann aber in wenigen Tagen geschafft sein. Der Umstieg von 16 Bit auf 32 Bit kann allerdings schon Wochen dauern. Trotz allem kann solcher Kode viele große Abschnitte enthalten, die voll portabel sind – wenn gut strukturiert, modularisiert und systematisiert wurde.

Objekt-Layout	Sobald beim Programmieren darauf abgestellt wird, daß ein Objekt eine bestimmte Größe im Speicher hat oder Bestandteile des Objekts eine bestimmte Anordnung und Bedeutung haben, hinsichtlich Bits oder Bytes, verliert der Kode an Portabilität. ► 117.
Zahlenbereich	Ein int-Objekt, das garantiert nur Zahlenwerte zwischen -32767 und +32767 enthält, ist garantiert für immer voll portabel. Aber sobald das nicht gewährleistet werden kann, sollte long oder long long gewählt werden.
Typen	Sobald Objekte, die nicht von genau gleichem Typ sind, durch Operationen verknüpft werden, kann die Portabilität leiden.
Bit-Breite	Sobald bei Operationen Information (Bits) verloren werden kann, kann auch Portabilität verlorengehen.
Zeilenvorschub	Manuelle Behandlung des Zeilenvorschubs kann die Portabilität beschädigen. Zeilenvorschübe: UNIX: "\n", Dos/WIN/Os2: "\r\n", MAC: "\r".

Bei Prozessoren gibt es sechs Eigenschaften, die die Portabilität berühren und für Überraschungen sorgen können:

- Alignment ▶ 103.

- Endianness ▶ 160.

- Padding-Bits ▶ 71.

- 1er-Komplement, 2er-Komplement oder Sign+Magnitude bei negativen Werten. ▶ 10.

- Anzahl Bits in einem Byte (kleinste adressierbare Einheit). ▶ 10.

- Registerbreite 8 Bit, 16 Bit, 32 Bit, 64 Bit.

Die weit überwiegende Exemplarmehrheit (vielleicht 85%) aller Prozessoren und Mikrokontroller hat folgende Eigenschaften:

- Automatische Misalignment-Korrektur

- Little Endian (oder wählbar)

- Keine Padding-Bits

- 2er-Komplement

- Ein Byte hat 8 Bits

In diesem Buch werden diese Merkmale verschiedentlich vorausgesetzt, da viele Beispiele ohne bestimmte Festlegungen garnicht dargestellt werden können.

18.2.1 Alignment

Alignment bedeutet »Ausrichtung von Objekten auf geeignete Speicheradressen«: Objekte, die eine Größe von zwei oder mehr Bytes haben, sollen an Adressen beginnen, die ohne Rest teilbar sind durch die Breite (in Byte) des jeweils beteiligten Registers[12]. Compiler erledigen das automatisch.

Problematisch sind konstruierte Zugriffe, die mehr als ein Byte umfassen und an einer Objektadresse beginnen, die unpassend ausgerichtet ist. Ein long long ist 8 Byte breit und hat 8 Byte-Adressen: 0 1 2 3 4 5 6 7. Ein 4 Byte-Zugriff auf die Objektadressen 1, 2 oder 3 ist misaligned. Ein solcher Zugriff auf die Objektadressen 5, 6 oder 7 ist verboten, da diese Zugriffe auch *hinter* das Objekt greifen.

Ein long long auf einem 32 Bit-Prozessor benötigt ein Alignment von nur 4, da hier in zwei Schritten je 4 Byte verarbeitet werden. ▶ 99.

Ein 1 Byte umfassender Zugriff ist stets korrekt ausgerichtet.
Automatische Misalignment-Korrektur kostet Zeit (Takte)!
Ohne Korrektur erfolgt Abbruch des Programms!

---

[1] Diese Regel gilt nicht universell für sämtliche Alignment-Fälle.
[2] long double bei iX86 (10 Byte) erfordert ein Alignment von nur 8.

18.2.2 Endianness

Die Endianness eines Prozessors gibt an, ob das niederwertigste Byte eines Objekts (mit mehr als einem Byte) die niedrigste oder die höchste Byte-Adresse dieses Objekts hat. (Für das hochwertigste Byte gilt die höchste oder niedrigste Adresse.) Im ersten Fall handelt es sich um Little Endian, im zweiten um Big Endian. Mischformen sind ebenfalls existent. ▶ 99.

Es ist zumindest bei Mikrokontroller-Software meist sehr vorteilhaft, in einem größeren Umfang unportabel (plattform-spezifisch) zu programmieren. Die Vorteile sind: geringe Kodemenge, hohe Kodegeschwindigkeit, übersichtlicher Quellkode, elegante Konzepte, geringe Fehlerwahrscheinlichkeit, geringe Entwicklungsdauer. Diese Vorteile sind wirklich eminent! Unter anderem kann die Endianness des Mikrokontrollers spezifisch ausgenutzt werden, falls es sich um Little Endian handelt.

Ein Vorteil von Little Endian:

```
union { char c; short s; long l; long long ll; } u;

u.ll= 123;                        //1

u.ll= 0;
memset(&u, 123, 1);               //2

u.ll= 123<<8;                     //3
```

In den ersten beiden Fällen haben alle Komponenten der Union den Wert 123. Im Fall 3 haben außer c alle Komponenten den Wert 123*256. Vorausgesetzt, ein char hat 8 Bit und Padding-Bits sind nicht vorhanden.

Es ergeben sich weitere Vorteile, nämlich die äußerst einfache Vergrößerung und Verkleinerung der Bit-Breite von Integer-Werten.

Falls tatsächlich unportabel (spezifisch) programmiert wurde und unerwarteterweise doch eine Portierung auf einen ganz anderen Mikrokontroller verlangt wird, sollte unbedingt darauf geachtet werden, daß der Neue die gleiche oder eine einstellbare Endianness aufweist!

Wird dies nicht beachtet, kann damit gerechnet werden, daß die Umstellung des Kodes auf die andere Endianness Jahre dauern kann, wobei es einen Hauptteil der Arbeiten gibt – und Nachzügler.

Dennoch wird sich wahrscheinlich die vorhergehende unportable Programmierung gelohnt haben. Beispielsweise wenn die Software nur so realisierbar war und 10 Jahre ihren Dienst getan hat und dies noch weiter tut. Unportable Programmierung sollte natürlich nicht ohne soliden Grund vorgenommen werden.

Big Endian bei Bitfeldern:

```
struct output { BYTE a:1,b:1,c:1,d:1,e:1,f:1,g:1,h:1; };

union { BYTE b; struct output bit; } u;

u.b= 0;              //alle bits = 0
u.bit.a= 1;

u.bit.b= u.bit.a;
u.bit.c= u.b & 1u;
u.bit.d= u.b & 1u<<7;
```

Die Bits b und d sind nun auf 1 gesetzt.
Bit c hat (überraschenderweise) den Wert 0.

Dies deshalb, weil bei Big Endian nicht nur die Bytes umgedreht sind, sondern meistens auch alle Bits! Wenn das erste Bit a auf 1 gesetzt wird, wird dadurch das höchstwertige Bit (MSB) im speichernden Byte auf 1 gesetzt!

Die aktuelle Endianness kann festgestellt werden:

```
union endianb { struct { BYTE b0:1,b1:1,b2:1,b3:1,
                b4:1,b5:1,b6:1,b7:1; } bit; BYTE b; };
union endian4 { BYTE b[4]; UNS2 w[2]; UNS4 l[1]; };

union endianb const Eb= {{ 1,0,0,1,0,0,0,0 }};
union endian4 const E4= {{ 1,2,3,4 }};

# define SWAP8BIT  (Eb.b==144)
# define BIGENDIAN (E4.l[0]!=0x04030201ul)

if (SWAP8BIT ) /*...*/;
if (BIGENDIAN) /*...*/;
```

Dadurch kann Software auch in diesem Bereich portabel gestaltet werden. Gemischte Endianness (Middle Endian) kann der obenstehende Kode nicht feststellen. Insbesondere die Bit-Reihenfolge ist hier unbekannt.

```
Little Endian:  a b c d
Middle Endian:  b a d c oder c d a b
Big Endian:  d c b a
```

Bei Middle Endian werden also die BYTEs in jedem WORD oder die WORDs im DWORD gegeneinander ausgetauscht. Glücklicherweise muß heute nicht mehr damit gerechnet werden, Middle Endian anzutreffen.

Funktion, um beliebige Inhalte vorzeichenerhaltend gemäß Endianness in einen stets
ausreichend großen Container zu speichern:

```
UNS4 EndianTo4(volatile cvoid *vp, UNS len, int typ)
{
    UNS4 v=0;
    switch (len)  {
      case 1:  if (typ=='i')  v= *(CHAR*)vp;
               else           v= *(BYTE*)vp;
               break;
      case 2:  if (typ=='i')  v= *(INT2*)vp;
               else           v= *(UNS2*)vp;
               break;
      case 4:  if (typ=='i')  v= *(INT4*)vp;
               else           v= *(UNS4*)vp;
               break;
    }
    return v;
}


UNS4 GetCfgValueById(UNS4 id)
{
    CFG_t *sp;
    UNS4 v=0;
    UNS n;
    sp= GetStructPtrById(id);
    if (sp&&sp->typ!='s')  {
      n= sp->voffs?(UNS)(id%MEL):0;
      FL_read(FL_CFG+sp->adr+sp->len*n, &v, sp->len);
      v= EndianTo4(&v, sp->len, sp->typ);
    }
    return v;
}
```

Vorstehend ist eine Anwendung der ersten Funktion zu sehen. Es wird ersichtlich,
daß auf diese Funktionalität bei Big Endian nicht verzichtet werden kann. Die Funktion FL_read(adresse, puffer, länge) speichert ein Byte an der ersten Byte-
Adresse von v. Das ist jedoch das höchstwertige Byte in v und es ergäbe sich ohne
EndianTo4 ein falsches Resultat.

Bei Little Endian ist nur die folgende Nachbehandlung notwendig:

```
if (sp->typ=='i')  {
  if (sp->len==2)  v=(INT2)v;
  if (sp->len==1)  v=(CHAR)v;
}
```

Die folgende Funktion ergänzt `EndianTo4()`:

```
void EndianFrom4(volatile void *vp, UNS4 v,
                 UNS len, int typ)
{
   switch (len)  {
     case 1:  if (typ=='i')
                    *(CHAR*)vp= (CHAR)v;
              else  *(BYTE*)vp= (BYTE)v;
              break;
     case 2:  if (typ=='i')
                    *(INT2*)vp= (INT2)v;
              else  *(UNS2*)vp= (UNS2)v;
              break;
     case 4:  if (typ=='i')
                    *(INT4*)vp= (INT4)v;
              else  *(UNS4*)vp= (UNS4)v;
              break;
     default: memset_F(vp, 0, len); break;
   }
   return;
}


void Swap8Bit(volatile void *vp, UNS n)
{
   BYTE b, bo;
   BYTE volatile *bp= vp;
   while (n>0)  {
      b= bp[--n];
      if (b>0 && b<0xFF)  { bo=0;
        if (b&1<<0)  bo|= 1<<7;
        if (b&1<<1)  bo|= 1<<6;
        if (b&1<<2)  bo|= 1<<5;
        if (b&1<<3)  bo|= 1<<4;
        if (b&1<<4)  bo|= 1<<3;
        if (b&1<<5)  bo|= 1<<2;
        if (b&1<<6)  bo|= 1<<1;
        if (b&1<<7)  bo|= 1<<0;
        bp[n]= bo;
      }
   }
   return;
}
```

Siehe ▶ 161.

Das folgende Beispiel zeigt eine fatale Abhängigkeit von der Endianness:

```
unsigned a;
//...
a= 0xFFFF;
FL_write(FL_FIRST, &a, 2);
```

Ursprünglich stammt dieser Kode von einer 16 Bit-Plattform, Little Endian. Die Typen int und unsigned sind dort 16 Bit breit. Die Kodezeilen hatten dort einwandfrei funktioniert. Auf einem 32 Bit-Kontroller Big Endian funktionierte der Kode nicht mehr! Die Variable a wurde nun folgendermaßen belegt: $FFFF0000_0$ und aus den ersten beiden Bytes von a las die Funktion FL_write() 0000 statt FFFF.

```
a=~0u;
```

Mit der vorstehenden Kodezeile ist der Kode wesentlich portabler. Eine 0 vom Typ unsigned wird invertiert, alle Bits sind 1, egal wie breit unsigned ist.

Dennoch ist der Kode noch nicht vollkommen portabel, wegen der Möglichkeit von Padding-Bits (▶ 71) in a.

```
unsigned char a[2];
//...
a[0]=a[1]= ~0u;
FL_write(FL_FIRST, a, 2);
```

Erst vorstehender Kode dürfte vollkommen portabel sein. Es ist zusätzlich zu beachten, daß unsigned char beispielsweise 32 Bit breit sein kann!

Vollkommen portable Programmierung einer großen Quelle ist nicht so einfach.

Little Endian vorausgesetzt, wäre das Beispiel zu Anfang dieser Seite portabel für jede Register-Breite (ab 16 Bit) eines Prozessors. Der Wert 0xFFFF würde sich stets an der Basisadresse von a befinden, egal wie breit a ist.

Funktion, um die Endianness zu wechseln:

```
void SwapB(volatile void *vp, UNS n, UNS sz)
{
   BYTE b;
   BYTE volatile *bp= vp;
   if (!bp||n<sz)  return;
   switch (sz)  {
     case 2:  for (;  n>=2;  n-=2,bp+=2)
                      b=bp[0], bp[0]=bp[1], bp[1]=b;
               break;
     case 4:  for (;  n>=4;  n-=4,bp+=4)
                      b=bp[0], bp[0]=bp[3], bp[3]=b,
                      b=bp[1], bp[1]=bp[2], bp[2]=b;
               break;
     case 8:  for (;  n>=8;  n-=8,bp+=8)
                      b=bp[0], bp[0]=bp[7], bp[7]=b,
                      b=bp[1], bp[1]=bp[6], bp[6]=b,
                      b=bp[2], bp[2]=bp[5], bp[5]=b,
                      b=bp[3], bp[3]=bp[4], bp[4]=b;
               break;
   }
   return;
}
```

Vorteil Little Endian (höchstwertiges Bit links):

```
                    0001110100110010
0000000000000000000001110100110010
                    1101110100110010
11111111111111111101110100110010
```

Vorstehend wurde zweimal ein short in ein long vorzeichenerhaltend verlängert. Bei Kürzung werden die oberen Bytes einfach verworfen. Bei vorzeichenlosen Integern wird stets mit 0-Bytes verlängert.

Little Endian hat eindeutig Vorteile gegenüber Big Endian. Für Big Endian lassen sich zwar ebenfalls Vorteile nennen, jedoch sind diese wesentlich geringer im Gewicht.

Es wäre besser, wenn es das Thema *Endianness* garnicht gäbe. Optimal wäre gewesen: nur Little Endian von Anfang an – und bis in alle Ewigkeit.

18.3 Hinweise, Anregungen, Finessen

18.3.1 Automatische Skalierung

Es ist außerordentlich sinnvoll, eine C-Quelle hinsichtlich Skalierung zu automatisieren. Der Operator `sizeof` sollte so oft wie möglich verwendet werden. Vorzugsweise sollten Objektnamen als Operand angegeben werden, da die Bindung zu konkreten Objekten enger ist.

```
#define SZ(d,q)  (sizeof(d)>sizeof(q)?sizeof(q):sizeof(d))

memcpyw(buf, qs, SZ(buf,qs)/2);

char buf[(int)((sizeof(av)*CHAR_BIT)/3.321+1)];

sizeof(WEs)
sizeof(struct wes)
sizeof( ( (struct kfs *)0 )->relay )
```

In der letzten Zeile wurde ein ziemlich unbekannter Trick verwendet, für Fälle, wo kein Objekt bekannt ist, sondern nur der Typ der Struktur: Es wird einfach der konstante Integer 0 in eine entsprechende Adresse umgewandelt. Darauf kann dann die Syntax für Strukturzeiger angewandt werden, und man erhält die Größe einer Strukturkomponente.

Die Größe von `buf[]` reicht *immer* aus für alle Dezimalziffern des Wertes des Objekts `av` nach dessen Umwandlung (ohne $\pm$ und String-0). 3.321 ist abgerundet der *Logarithmus_Dualis* von 10. `CHAR_BIT` ist in `<limits.h>` definiert.

Die folgende Verwendung des Preprocessors kann in manchen Programmen von großem Nutzen sein:

```
# define _c  4

#if _c == 2
# define Cx()    C(0)  C(1)
#endif
#if _c == 3
# define Cx()    C(0)  C(1)  C(2)
#endif
#if _c == 4
# define Cx()    C(0)  C(1)  C(2)  C(3)
# define Cfx(f)  C(f,0)  C(f,1)  C(f,2)  C(f,3)
#endif

#if _c < 2 || _c > 4
# error "_c: falscher Wert!"
#endif

struct bff { int a; char rb[_c*20]; };
```

```
# define C(c)   uvw[c]//...
        Cx()
#undef C
//...
# define C(c)   xyz[c]//...
        Cx()
#undef C

//...
# define C(f,c)  hij[f]; xyz[c]//...
# define F(f)   mno[f]; Cfx(f);//...
        F(3);
        F(4);
        F(5);
#undef F
#undef C
```

Falls ein Programm beispielsweise in irgeneiner Form mehrere Kanäle (Channels) bedienen muß, ist durch obenstehenden Kode eine automatische Skalierungsmöglichkeit gegeben. Es muß lediglich die Definition von _c geändert werden – und im gesamten Quellkode stellt sich alles automatisch darauf ein. Auf Plattformen mit geringen Ressourcen (Mikrokontroller) kann damit auch ganz schnell probiert werden, welche Quantitäten möglich sind.

Gleichzeitig ist der Kode sehr effizient, da die Makroparameter Konstanten sind, die per Operator ## zudem Bitfelder adressieren können und noch weitere Namensbildungen ermöglichen.

Bei vorliegenden Konstanten als Array[Index] kann der Compiler bereits zur Kompilierzeit den Zugriff komplett ausrechnen, so daß zur Laufzeit unmittelbar zugegriffen werden kann. In der Regel mit einer einzigen Instruktion.

Desweiteren werden beispielsweise komplette if-Anweisungen vom Compiler wegoptimiert, falls durch die Konstanten zum Beispiel:

```
if ( 3 == 7 )  { /*...[3]...*/ }
```

vorliegt; sizeof(x) ist auch eine Konstante.

Dieses Konzept ist ideal bei bis zu etwa 8 Makroexpansionen pro Einsatz eines Hauptmakros, sofern die Hauptmakros an sehr vielen Stellen eingesetzt werden. Falls beispielsweise 40 Expansionen stattfinden, wird der Kode in der Regel unerträglich groß, so daß Schleifen verwendet werden müssen.

Das Vorliegen von Konstanten und das Fehlen von Schleifenverwaltung spart zunächst Kodegröße – aber die fortlaufende Wiederholung von Kode durch die Makroexpansionen addiert wiederum Kode, so daß sich ein bestimmtes Optimum hinsichtlich der Anzahl der jeweiligen Expansionen ergibt.

18.3.2 Struktur

> Es kann nur dazu geraten werden, ausgiebig Strukturen zu verwenden!

▶ 218:

```
U.Ch.C[6].tseq[1];
```

Die Vorteile sind quantitativ und qualitativ eminent:

- In allen Strukturtypen kann jeweils immer wieder der gleiche Name für eine Strukturkomponente deklariert werden, da jeder Strukturtyp die Namen seiner Komponenten isoliert.

- Es ist sinnvoll, gar keine oder fast keine globalen Elementarobjekte zu definieren, sondern möglichst *nur* Strukturen zu verwenden.

- Strukturen sollten auch Substrukturen enthalten; ebenso sollten Arrays aus Strukturen gebildet werden, im Rahmen einer sinnvollen hierarchischen Ordnung.

- Funktionsadressen oder Arrays aus Funktionsadressen als Komponenten von Strukturen geben die Möglichkeit, in gewissem Rahmen objektorientierte Programmierung in C zu betreiben.

- Strukturen können einander als Ganzes zugewiesen und auch so an Funktionen übergeben als auch retourniert werden.

- Eine konstante Struktur, die nur Nullwerte enthält, kann zum effizienten und *typgerechten* Löschen von Strukturen gleichen Typs verwendet werden: a= c0;

- Man hat die Wahl, Arrays aus Strukturen sofort oder später und/oder Komponenten-Arrays zu bilden.

- Es können von jeder Verschachtelungsebene und von jedem darin enthaltenen Array Adressen gezogen werden, die beispielsweise an Funktionen übergeben werden können, die dann nur *ihren* Teil sehen und bearbeiten.

- Auch bei mehrfach zu dereferenzierenden Zeigern kann eine Hierarchie gesehen und genutzt werden.

Die nachfolgend gezeigte Initialisierung ist eine verbreitete Unsitte:

```
static struct ever DRev[100]= {0};
static struct ever DRev[100];
```

Die zweite Definition bewirkt auf C-Ebene dasselbe.
Jedoch werden die Daten bei der expliziten Initialisierung meistens in ein anderes Segment gelegt, so daß jetzt all die Nullwerte *im Bauch* der ausführbaren Datei enthalten sind und dort für diverse und vollkommen unnötige prinzipielle Nachteile sorgen. Bei Mikrokontrollern werden solche Daten in ein konstantes Segment gelegt und beim Start des Programms in den RAM-Speicher kopiert. Auf dem PC müssen diese Daten bei Verlagerungen durch das Betriebssystem vollständig *mitgezogen* werden, und so weiter (▶ 132).

Nachfolgend sind zwei konzeptionelle Vorteile enthalten:

```c
int NV_write_dflts_fill_ram(int a)
{
    struct param const *p;
    UNS adr;
    for (adr=EE_PARAM,p=Param;  p->p;  adr+=p->sz,++p)  {
        if (!p->sdflt)
            memcpy_F(p->p, &p->dflt, p->sz);
        else  {
            memset_F(p->p, 0, p->sz);
            if (p->typ_sd=='s')
                strncpy_F(p->p, p->sdflt, p->sz);
        }
        if (a==0||a==1)  EE_write(adr, p->p, p->sz);
    }
    return 0;
}
```

Param ist ein Array aus Strukturen. Ein Array-Index sollte hier vermieden werden, da der Compiler bei jedem Zugriff die Indexvariable mit der Größe der Struktur multiplizieren muß. Bei einem Strukturzeiger (++p) jedoch ist lediglich ein einmaliges Aufaddieren der Strukturgröße nötig.

Anmerkung: ++p erfolgt *nach* der Verwendung von p->sz zuvor, da andernfalls p->sz von der nächsten Struktur im Array stammte.

Es sind hier ausnahmslos Funktionen in Verwendung mit folgenden Argumenten:

```c
funktion(puffer1, puffer2, anzahl_byte);
```

Dies ist ein Konzept, zu dem bei größeren C-Programmen geraten werden muß. Beim Programmieren mit einem solchen Konzept bemerkt man recht schnell, daß sich alles sehr gut – und sicher – zusammenfügt. Desweiteren ist die Effizienz sehr gut, insbesondere bei vorhandenen Rückgabelängen, da die Längeninformation permanent fertig vorliegt und oft in den Funktionen nebenbei generiert wird und nur abgegriffen werden muß.

Auch die elementaren UNIX-Funktionen read, write usw., sollten in größeren Programmen bevorzugt werden, obwohl sie nicht zum C-Standard gehören. Diese Funktionen arbeiten etwas effizienter und haben keine interne Pufferung, wodurch dies jeweils an Ort und Stelle individuell und flexibler gehandhabt werden kann und ein separates fflush und/oder setvbuf unnötig wird. Desweiteren sind die Rückgabewerte praktischer, und der Zusammenhang mit den Filedescriptors eröffnet zusätzlich größere Flexibilität und erweiterte Möglichkeiten.

18.3.3 Makros

Makros für die Verarbeitung durch den C-Preprocessor sind ein sehr mächtiges Hilfsmittel. Makros verbessern erheblich die Übersicht, Sicherheit und Produktivität.

Mit Hilfe von Makros läßt sich ein Quelltext von zentraler Stelle aus quasi wie durch ein Regiepult beliebig (portabel) einstellen.

Zu unterscheiden sind Makros ohne und Makros mit Argumenten.

Bei typischen PC-Programmen unter UNIX oder WINDOWS spielen Makros mit Argumenten eher eine kleine bis mittlere Rolle, bei Quelltexten für Mikrokontroller hingegen eine große.

Mikrokontroller (16 Bit) haben meist recht viel konstanten Speicherplatz im internen Flash-Speicher, beispielsweise 512 KB für CODE und CONST, jedoch vergleichsweise wenig RAM und geringe CPU-Leistung. Hinzu kommt noch, daß der Instruktionssatz eher auf geringen Platzbedarf der Instruktionen als auf Geschwindigkeit optimiert ist.

Ein Funktionsaufruf kann 100 Taktzyklen allein für die *Verwaltung* benötigen, ohne den Nutzkode im Funktionskörper zu berücksichtigen. Obwohl die Instruktionen im Mittel nur 3 bis 4 Takte brauchen. Da gibt es im Wesentlichen nur zwei Auswege, um die Abarbeitungsgeschwindigkeit des Kodes zu verbessern: Funktionen in Assembler schreiben und Makros mit Argumenten verwenden. Denn man kann nicht darauf hoffen, daß die Optimierung des Compilers entscheidend verbessert wird.

```
# define RXERR(n)      (USR##n##_ORFE==1||USR##n##_PE==1)
# define CLRRXERR(n)   (UMC##n##_RFC=0)

# define RXERR(n)      (SSR##n##_ORE==1||SSR##n##_FRE==1|| \
                        SSR##n##_PE==1)
# define CLRRXERR(n)   (SCR##n##_CRE=1)

if (ISRXDATA(2) && !RXERR(2))  {
  //...
}
else  /*...,*/ CLRRXERR(2);
```

Hier sind Makros für zwei verschiedene Mikrokontroller zu sehen, für die Empfangs-Interrupts der seriellen Schnittstellen. Der Vorteil ist sichtbar: Der Kode in den Interrupt-Routinen bleibt ewig gleich.

Die UART-Nummer (2) ließe sich auch noch durch ein Makro oder einen Parameter eines übergeordneten Makros ersetzen. Für ersteres ist allerdings eine Makroverschachtelung nötig (▶ 40).

Ein Makro, um Zahlen in Dualnotation schreiben zu können:

```
# define B8(a,b,c,d,e,f,g,h) \
    ( a<<7|b<<6|c<<5|d<<4|e<<3|f<<2|g<<1|h<<0 )

PORT3= B8(0,0,1,1,0,0,1,0);
```

Es ist schade, daß der neue C-Standard C99 nicht `0b00110010` bietet.

Ein Makro zum Löschen aller Objekte, vorzugsweise für Arrays und Strukturen:

```
# define CLEAR(l)  (void) \
    ((sizeof(l)>=2&&!(sizeof(l)&1)&&!(((UNS)&(l))&1)) \
     ? (void)memsetw ( &(l) , 0 , sizeof(l)/2 ) \
     : (void)memset_F( &(l) , 0 , sizeof(l) ))
```

Die Bedingungen mit `sizeof` werden bereits zur Kompilierzeit entschieden. Der Adressentyp spielt für die Funktionen keine Rolle, da deren erstes Argument vom Typ `void*` ist. Die Funktionen sind in Assembler geschrieben und verwenden eine sehr schnelle sogenannte String-Instruktion, die der Compiler von der C-Ebene aus nur bei Strukturzuweisungen einsetzt. Der Typ-Cast `(UNS)` ist nicht voll portabel.

Bei den folgenden Makros zum Schreiben und Lesen von Ringpuffern wird deutlich, wie ungemein wichtig die Operatoren `?:` und `,` sind:

```
# define RIBERR(g)  ( Mess.g.ctl|=128 )

# define WRIB(b,v) \
  ( Mess.b.n>=sizeof(Mess.b.buf) \
    ?(void)(RIBERR(b)) \
    :(void)((Mess.b.w>=sizeof(Mess.b.buf)) \
     ?(void)(Mess.b.w=1,Mess.b.buf[0]=(v),++Mess.b.n) \
     :(void)(Mess.b.buf[++Mess.b.w-1]=(v),++Mess.b.n) \
        ) \
  )
# define RRIB(b,v)  (void) \
  ( !Mess.b.n \
    ?(RIBERR(b)) \
    :((Mess.b.r>=sizeof(Mess.b.buf)) \
     ?(Mess.b.r=1,v=Mess.b.buf[0],--Mess.b.n) \
     :(v=Mess.b.buf[++Mess.b.r-1],--Mess.b.n) \
    ) \
  )
```

Dadurch können Makros auch in Ausdrücke hineingesetzt werden.

Verwendungen der Makros:

```
WRIB(UART1,RXDATA(1))
RRIBw(UART1,v)
WRIBw(CAN0,MS_VRB|d<<8);
WRIBl(CAN0,DTR0_DWORD(CB_VRB,0));
WRIBl(CAN0,DTR0_DWORD(CB_VRB,1));
RRIBw(CAN0,v)
```

Im Zusammenhang mit den Makro-Definitionen ist erkennbar, daß hier offensichtlich eine Menge einheitlicher Strukturen vereinbart wurde. Auf die Vorteile von Einheitlichkeit und Strukturierung wurde bereits hingewiesen.

Eine Lösung mittels Funktionsaufrufe scheidet aus, da etwa 7-fach mehr Zeitbedarf vorläge, was insbesondere innerhalb von Interrupt-Routinen zu einem Versagen der gesamten gesteuerten Anlage führen kann. Es ist zu beachten, daß die hier einbezogenen Strukturen zwar hinsichtlich der hier verwendeten Komponenten einheitlich, jedoch von unterschiedlichem Strukturtyp sind; und wie sollte man bei einer Funktionslösung effizient mitteilen, welche Struktur jeweils verwendet werden soll?!

```
# define MS_n0        2
# define MS_nUART0    8
# define MS_nUART2    8
# define MS_nUNB      8
# define MS_nVRB      16
# define MS_nDIB      8
# define MS_nRYB      8
# define MS_nBMB      32
# define MS_nFMB      16

# define MS_0         0
# define MS_UART0     (MS_0+MS_n0)
# define MS_UART2     (MS_UART0+MS_nUART0)
# define MS_UNB       (MS_UART2+MS_nUART2)
# define MS_VRB       (MS_UNB+MS_nUNB)
# define MS_DIB       (MS_VRB+MS_nVRB)
# define MS_RYB       (MS_DIB+MS_nDIB)
# define MS_BMB       (MS_RYB+MS_nRYB)
# define MS_FMB       (MS_BMB+MS_nBMB)
# define MS_END       (MS_FMB+MS_nFMB)
```

Hier muß der Preprocessor rekursiv die Makronamen auflösen. Der Compiler sieht dann nur noch *fertige* Integer-Konstanten.

18.3.4 Optimierung & Verschiedenes

- Software-Entwickler (z. B. auch Entwicklungsingenieure) während ihrer Arbeit zu unterbrechen, kommt stets teuer zu stehen! Es ist wissenschaftlich erwiesen, daß Unterbrechungen die Entwicklungsleistung bis auf ein 16-tel (!) reduzieren können. Die Begründung dafür ist im Wesentlichen das Kurzzeitgedächnis, in das während einer längeren Konzentrationsphase eine Fülle von Informationen *hervorgeholt* wird. Eine Unterbrechung in Verbindung mit anderen Themen löscht das Kurzzeitgedächnis sofort, ohne daß alles von den neuen Ideen und Informationen notiert werden kann, so daß später die vorhergehende Konzentrationsphase wiederholt werden muß, die weniger erfolgreich sein kann als diejenige zuvor. Desweiteren entstehen Verseumnisse (Fehler) durch Unterbrechungen. Es ist firmenschädigend, Entwickler zu genauer Einhaltung von Pausenzeiten aufzufordern oder sie überhaupt (irgendwie) einzuengen. Entwicklungsarbeit besteht auch daraus, daß ein Entwickler stundenlang aus dem Fenster schaut – und denkt, intensiv nachdenkt… Entwicklungsprojekte dauern meist länger als prognostiziert und deren Produkte sind noch nicht optimal (fehlerhaft) – weil dauernd unterbrochen wurde! Selbst kleinere Änderungswünsche können Planung und Konzeption umwerfen, so daß im schlechtesten Fall neu begonnen werden muß!

- Ein Editor, der (fast) beliebig viele Dateifenster gleichzeitig geöffnet halten kann, ist sehr sinnvoll. Manche Algorithmen dehnen sich mit all ihren mehr oder weniger großen Teilen über mehr als zehn Dateien aus. Dabei ist es im Hinblick auf *Erinnerung* sehr vorteilhaft, alles gleichzeitig im Blick zu haben. Insbesondere wenn verbindende Suchmuster mit einer Hintergrundfarbe versehen sind.

- Das Erstellen eigener Funktionsbibliotheken kann auch die Portabilität verbessern. Grundsätzlich sollte darauf geachtet werden, daß die enthaltenen Funktionen generisch (universell) und wirklich nützlich sind, so daß sie auf breiter Ebene eingesetzt werden können. Viele generische und oft verwendete Funktionen in einem Quellkode heben dessen Qualität stark an. Es ist leicht, eine generische und überschaubare Funktion *fehlerlos* zu entwickeln. Und wenn eine solche Funktion 150-mal im Quellkode verwendet wird, wird ihre Aufgabe an jedem Aufrufpunkt garantiert fehlerlos erledigt. Der gesamte Quellkode wird in Folge überschaubarer, mit geringerer Fehlerwahrscheinlichkeit. Noch dazu kann der Quellkode dadurch schneller entwickelt werden.

- Es ist sinnvoll, eigene Typen zu definieren, die bei Bedarf verwendet werden können. Es fördert Übersicht und Sicherheit, wenn die Breite in Byte, Bits oder Signifikanz am Typnamen selbst ablesbar ist: BOOL BYTE CHAR INT1 INT2 INT4 INT8 UNS1 UNS2 UNS4 UNS8 FLOAT6 FLOAT15 FLOAT19 FLOAT33. Diese Namen haben den Vorteil, daß sie überwiegend gleich lang sind.

- Bei Wahlmöglichkeit sollte auch bei Vergleichen von Integern eher >= oder <= statt == gewählt werden. Das ist pauschal sicherer, hinsichtlich der *Physik* und der Algorithmen.

- Anstelle von vielen Leerstrings "" kann global `static const char N[1];` angelegt werden, denn oft legen Compiler für jedes Vorkommnis von "" einen separaten Leerstring an.

- Eine Anweisung `sctlR;` führt dazu, daß der Compiler eine *blinde* Leseoperation durchführt, falls das Objekt mit `volatile` qualifiziert ist. Das ist die optimale Vorgehensweise, wenn Seiteneffekte durch den Lesevorgang ausgelöst werden müssen.

- Gleitkommakonstanten `1.234f` sollten auf Plattformen ohne FPU mit dem Suffix `f` für `float` versehen werden, denn andernfalls wird meist unnötig das Paket zur Verarbeitung von `double` geladen, das viel größer ist und viel langsamer arbeitet.

- Es ist defensiv und sicherer, hier zu klammern: `~(0UL)`, und eine Leeranweisung pauschal zu setzen: `Label:;`. In beiden Fällen wurden andernfalls schon Compiler-Fehler beobachtet.

- Bei den Optimierungseinstellungen von Compilern ist es besser, `-O1` plus Feinoptimierung zu wählen als pauschal `-O2` oder höher.

- Wer viel programmiert und/oder viel unter UNIX arbeitet, sollte in Erwägung ziehen, eine Tastatur mit US-Layout zu beschaffen. Viele häufig benutzte Zeichen sind damit einfacher zu tippen und besser positioniert.

Optimale Struktur hinsichtlich Zugriff:

```
struct kpza {
    INT4 as[4], ask[1];
    UNS4 t;
    BYTE asok, askok, lowa, lowb;
    UNS2 nfl, magic;
};
```

Die Struktur hat eine Größe von 32 Byte. Dies ist nicht nur ein Vielfaches von 4 und von 8 ohne Rest, sondern auch eine Potenz von 2. Desweiteren muß ein Alignment der Struktur von mindestens 4 vorliegen, da die großen Komponenten sich vorne befinden.

Wenn die Struktur kopiert wird, kann (und wird) der optimierende Compiler achtmal eine 4 Byte- oder viermal eine 8 Byte-Einheit (Register) dafür verwenden. Falls es ein Array aus Strukturen dieses Typs gibt, muß der Compiler nicht mit 32 multiplizieren, sondern kann viel schneller um 5 Bits nach links schieben, um auf ein Array-Element (Struktur) zuzugreifen.

Wäre die Struktur um 1 bis 3 Byte kleiner, würde der Compiler jeweils genau soviel Füll-Bytes (Padding) einfügen, um ein passendes Alignment für die vorderen Strukturkomponenten sicherzustellen. Der Compiler muß für alle Komponenten ein geeignetes Alignment herstellen, falls der Programmierer dies nicht (optimaler) tat.

Umwandlungsfunktion:

```
static unsigned atou_pp(const char ** const ss)
{
    const char *s= *ss, *s0=s;
    unsigned u;
    for (u=0;  *s && DIGIT(*s);  ++s)  u*=10, u+=*s-'0';
    if (s>s0)  *ss+= (s-s0)-1;
    return u;
}
```

Eine simple Umwandlungsfunktion, die den Komfort bietet, daß sie die Adresse an der Aufrufstelle (`atou_pp(&s)`) weitersetzt. `-1` deshalb, weil an der Aufrufstelle danach ohnehin meist `++s` vorliegt.[3]

4-5-Rundung:

```
i = (INT4)((double)as/3.6+0.5);   //+0.5
i = (ib+5)/10;                    //(505+5)/10==51
```

Bei gemischter Programmierung in C und in C++:

```
struct kpza    { /* 44 byte */ };
struct events { /*...*/ struct kpza kpzA; /*...*/ };
struct kpz    { /*...*/ struct kpza A;    /*...*/ };

struct events Events;
struct kpz    Kpz;

Events.kpzA = Kpz.A;              //Weigerung

*(struct kpza*)&Events.kpzA = *(struct kpza*)&Kpz.A;
```

In einer Datei `datei.cpp` weigerte sich der Compiler, die Struktur-Zuweisung zu kompilieren, obwohl beide Strukturen vom gleichen Typ sind und die übergeordneten Strukturen keine unterschiedliche Qualifizierung aufweisen und nicht `const` sind. Die letzte Zeile mit dem Pointer-Umweg akzeptierte der Compiler.

Auf C-Ebene gab es keine Probleme mit der direkten Struktur-Zuweisung. Auch in C++ müssen Strukturen gleichen Typs einander zugewiesen werden können. Aber der Compiler teilte per error-Meldung mit, die beiden Seiten der Zuweisung per `operator=` wären nicht gleich.

---

[3] Dies ist eher die Demonstration einer Pointer-Anwendung als eine wirklich nützliche generische Funktion.

Spezifikationsankündigung

```
struct s2;
struct s1 { struct s2 *s2p; /* ... */ };
struct s2 { struct s1 *s1p; /* ... */ };
```

Die beiden Strukturtypen enthalten Zeiger über Kreuz auf den jeweils anderen Strukturtyp. Die erste Zeile deklariert vorab ein Struktur-Etikett, das eine vervollständigende nachfolgende Deklaration auf gleicher Ebene ankündigt.

Hilfe durch `typedef`

Es steigert Produktivität und Sicherheit, für vielbenutzte (zusammengehörige) Objekte mit komplexem Typ mittels `typedef` eigene Typen zu vereinbaren:

```
typedef const uchar FAR *               cfp_t;
typedef const uchar FAR * const FAR (*cfap_t)[LANG];
typedef const uchar FAR * const FAR    tpa_t[][LANG];
typedef        uchar        const FAR    ta_t[];

cfap_t const FAR T_All[]= {
    T_funcmenu,
    T_ctlmenu,
    T_ccumenu,
    T_cal_mu,
    T_access,
    T_secrmenu,
    //...
};
```

Dies sind Typ-Definitionen, um internationalisierte Texte systematisch zu handhaben. ▶ 149, 268, 8.

Ein weiteres Beispiel, Strukturen zu verwenden, das zuvor angesprochene Vorteile aufzeigt:

```
struct adcv {  // U7V
    INT2 sum;
    INT2 mesw, offs, scal, mesw_min, mesw_max;
    INT2 adc, adc1, adc2, ist1, ist2;
    BYTE run, init;
};

struct adc {
    struct adcv V[5];
    BYTE run, v, s, ns;
};

# define ADC_NV  ( sizeof( ((struct adc *)0)->V) \
                   /sizeof(*((struct adc *)0)->V) )
# define ADC_NS  7  //>=1


//...
struct adc  volatile ADC;
```

Das Makro `ADC_NV` expandiert zu 5. Der Ausdruck `V[5]` ist festlegend für das gesamte Programm. Hinsichtlich `sizeof` ergeben die Operanden `arr/*arr` oder `arr/arr[0]` stets die Anzahl Elemente.

Die letzte Zeile zeigt das Anlegen der Struktur in einer anderen Datei. Darum braucht man sich danach voraussichtlich nie mehr zu kümmern. Spätere Änderungen können übersichtlich in der – vorzugsweise zentralen – Deklarationsdatei erfolgen.

Falls einmal zwei AnalogDigitalConverter berücksichtigt werden müssen, sollte vorzugsweise `ADC[2]` anstatt `ADC0` und `ADC1` angelegt werden. Sind von Beginn an zwei Converter existent, sollte gleich `ADC[1]` in Voraussicht angelegt werden. Aus Erfahrung ist es besser, Numerierungen mit der Ziffer 0 zu beginnen.

```
for (ap=ADC.V,i=0;  i<ADC_NV;  ++i,++ap)  {
    ap->adc2= ap->adc;
}
for (ap=ADC.V,i=0;  i<ADC_NV;  ++i,++ap)  {
    if (!(U.calyes&1u<<i))  continue;
    scal= ((float)(ap->ist2-ap->ist1)*(ADC_NS))
        / (float)(ap->adc2-ap->adc1);
    offs= ap->ist2/scal - (float)ap->adc2/(ADC_NS);
    ap->offs= (INT2)(offs>=0.0f?offs+0.5f:offs-0.5f);
    ap->scal= (INT2)(scal*1000.0f + 0.5f);
}
```

Nachfolgend ist ein Merkmal von Kode-Stil erkennbar: nämlich eine tabellarische Anordnung, um Übersicht zu erzeugen, trotz vertikal kompakter Schreibweise:

```c
#define ADCv(m,E)   \
  if (ADC.s==0)  {  \
    if (ADC.V[m].init==0)  ADC.V[m].mesw_min= 32767,  \
                           ADC.V[m].mesw_max=-32767,  \
                           ADC.V[m].init=1;  \
    ADC.V[m].sum=0, ADC.run=2;  \
  }  \
  ADC.V[m].sum+=(INT2)(ADCR&01777);  \
  if (ADC.s>=ADC_NS-1)  {  \
    ADC.V[m].adc = ADC.V[m].sum;  \
    ADC.V[m].sum+= ADC.V[m].offs*(ADC_NS);  \
    ADC.V[m].mesw=  \
        __div(__mul(ADC.V[m].sum, ADC.V[m].scal)  \
      + (ADC.V[m].sum>=0?+(ADC_NS)*(1000/2)  \
                        :-(ADC_NS)*(1000/2)),  \
                         (ADC_NS)* 1000      );  \
    if (ADC.V[m].mesw<ADC.V[m].mesw_min)  \
        ADC.V[m].mesw_min= ADC.V[m].mesw;  \
    if (ADC.V[m].mesw>ADC.V[m].mesw_max)  \
        ADC.V[m].mesw_max= ADC.V[m].mesw;  \
    if (E==1)  { ADC.s=ADC.v=0, ADC.run=3; break; }  \
  }  \
  if (E==1)  ++ADC.s, ADC.v=0, ADCS1_STRT=1;  \
  break;
```

Idealerweise sollten die Differenzen zwischen den case-Konstanten möglichst gleich sein und 2^n betragen:

```c
__interrupt void Int_ADC(void)
{
    switch (ADC.v++)  {    //:U
      case 0:  ADCv(0,0);  //U:
      case 1:  ADCv(1,0);
      case 2:  ADCv(4,0);
      case 3:  ADCv(3,0);
      case 4:  ADCv(2,1);
    }
    ADCS1_INT=0;
    return;
}
#undef ADCv
```

Bei großen Lücken verwendet der Compiler if-Anweisungen anstelle einer schnellen Sprungtabelle, oder eine Mischung von beidem.

18.3.5 Tabellen

Funktionsnamen

Eine Liste von Funktionen, die für größere C-Programme nützlich sein können:

access()	calloc()	cfsetispeed()	cfsetospeed()
chdir()	chmod()	chown()	chsize()
clock()	close()	closedir()	delay()
dup()	execv()	execvp()	exit()
fchmod()	fchown()	fcntl()	fork()
free()	fstat()	ftruncate()	getcbrk()
getch()	getcwd()	getdtablesize()	getpid()
getrnge()	gettimeofday()	getvect()	ioctl()
isatty()	isdigit()	isspace()	kill()
link()	longjmp()	lseek()	lstat()
major()	malloc()	minor()	mkdir()
open()	opendir()	pipe()	printf()
putenv()	qsort()	read()	readdir()
realloc()	rename()	rmdir()	setitime()
setjmp()	settimeofday()	setvect()	signal()
sleep()	spawnv()	srand()	stat()
stime()	strcpy()	strncmp()	symlink()
system()	tcdrain()	tcflush()	tcgetattr()
tcsetattr()	tcsetspeed()	time()	ttyname()
tzset()	umask()	unlink()	usleep()
utime()	wait()	waitpid()	write()

Nur wenige Funktionen davon gehören zum C-Standard.

ASCII-Zeichen

0	000	00	NUL	32	040	20	␣	64	100	40	@	96	140	60	'
1	001	01	SOH	33	041	21	!	65	101	41	A	97	141	61	a
2	002	02	STX	34	042	22	"	66	102	42	B	98	142	62	b
3	003	03	ETX	35	043	23	#	67	103	43	C	99	143	63	c
4	004	04	EOT	36	044	24	$	68	104	44	D	100	144	64	d
5	005	05	ENQ	37	045	25	%	69	105	45	E	101	145	65	e
6	006	06	ACK	38	046	26	&	70	106	46	F	102	146	66	f
7	007	07	BEL	39	047	27	'	71	107	47	G	103	147	67	g
8	010	08	BS	40	050	28	(	72	110	48	H	104	150	68	h
9	011	09	HTAB	41	051	29	)	73	111	49	I	105	151	69	i
10	012	0a	LF	42	052	2a	*	74	112	4a	J	106	152	6a	j
11	013	0b	VTAB	43	053	2b	+	75	113	4b	K	107	153	6b	k
12	014	0c	FF	44	054	2c	,	76	114	4c	L	108	154	6c	l
13	015	0d	CR	45	055	2d	-	77	115	4d	M	109	155	6d	m
14	016	0e	SO	46	056	2e	.	78	116	4e	N	110	156	6e	n
15	017	0f	SI	47	057	2f	/	79	117	4f	O	111	157	6f	o
16	020	10	DLE	48	060	30	0	80	120	50	P	112	160	70	p
17	021	11	XON	49	061	31	1	81	121	51	Q	113	161	71	q
18	022	12	DC2	50	062	32	2	82	122	52	R	114	162	72	r
19	023	13	XOFF	51	063	33	3	83	123	53	S	115	163	73	s
20	024	14	DC4	52	064	34	4	84	124	54	T	116	164	74	t
21	025	15	NAK	53	065	35	5	85	125	55	U	117	165	75	u
22	026	16	SYN	54	066	36	6	86	126	56	V	118	166	76	v
23	027	17	ETB	55	067	37	7	87	127	57	W	119	167	77	w
24	030	18	CAN	56	070	38	8	88	130	58	X	120	170	78	x
25	031	19	EM	57	071	39	9	89	131	59	Y	121	171	79	y
26	032	1a	SUB	58	072	3a	:	90	132	5a	Z	122	172	7a	z
27	033	1b	ESC	59	073	3b	;	91	133	5b	[	123	173	7b	{
28	034	1c	FS	60	074	3c	<	92	134	5c	\	124	174	7c		
29	035	1d	GS	61	075	3d	=	93	135	5d	]	125	175	7d	}
30	036	1e	RS	62	076	3e	>	94	136	5e	^	126	176	7e	~
31	037	1f	US	63	077	3f	?	95	137	5f	_	127	177	7f	-

dezimal oktal hex Char – ASCII

Dezimal : Dual

0 00000000	51 00110011	102 01100110	153 10011001	204 11001100
1 00000001	52 00110100	103 01100111	154 10011010	205 11001101
2 00000010	53 00110101	104 01101000	155 10011011	206 11001110
3 00000011	54 00110110	105 01101001	156 10011100	207 11001111
4 00000100	55 00110111	106 01101010	157 10011101	208 11010000
5 00000101	56 00111000	107 01101011	158 10011110	209 11010001
6 00000110	57 00111001	108 01101100	159 10011111	210 11010010
7 00000111	58 00111010	109 01101101	160 10100000	211 11010011
8 00001000	59 00111011	110 01101110	161 10100001	212 11010100
9 00001001	60 00111100	111 01101111	162 10100010	213 11010101
10 00001010	61 00111101	112 01110000	163 10100011	214 11010110
11 00001011	62 00111110	113 01110001	164 10100100	215 11010111
12 00001100	63 00111111	114 01110010	165 10100101	216 11011000
13 00001101	64 01000000	115 01110011	166 10100110	217 11011001
14 00001110	65 01000001	116 01110100	167 10100111	218 11011010
15 00001111	66 01000010	117 01110101	168 10101000	219 11011011
16 00010000	67 01000011	118 01110110	169 10101001	220 11011100
17 00010001	68 01000100	119 01110111	170 10101010	221 11011101
18 00010010	69 01000101	120 01111000	171 10101011	222 11011110
19 00010011	70 01000110	121 01111001	172 10101100	223 11011111
20 00010100	71 01000111	122 01111010	173 10101101	224 11100000
21 00010101	72 01001000	123 01111011	174 10101110	225 11100001
22 00010110	73 01001001	124 01111100	175 10101111	226 11100010
23 00010111	74 01001010	125 01111101	176 10110000	227 11100011
24 00011000	75 01001011	126 01111110	177 10110001	228 11100100
25 00011001	76 01001100	127 01111111	178 10110010	229 11100101
26 00011010	77 01001101	128 10000000	179 10110011	230 11100110
27 00011011	78 01001110	129 10000001	180 10110100	231 11100111
28 00011100	79 01001111	130 10000010	181 10110101	232 11101000
29 00011101	80 01010000	131 10000011	182 10110110	233 11101001
30 00011110	81 01010001	132 10000100	183 10110111	234 11101010
31 00011111	82 01010010	133 10000101	184 10111000	235 11101011
32 00100000	83 01010011	134 10000110	185 10111001	236 11101100
33 00100001	84 01010100	135 10000111	186 10111010	237 11101101
34 00100010	85 01010101	136 10001000	187 10111011	238 11101110
35 00100011	86 01010110	137 10001001	188 10111100	239 11101111
36 00100100	87 01010111	138 10001010	189 10111101	240 11110000
37 00100101	88 01011000	139 10001011	190 10111110	241 11110001
38 00100110	89 01011001	140 10001100	191 10111111	242 11110010
39 00100111	90 01011010	141 10001101	192 11000000	243 11110011
40 00101000	91 01011011	142 10001110	193 11000001	244 11110100
41 00101001	92 01011100	143 10001111	194 11000010	245 11110101
42 00101010	93 01011101	144 10010000	195 11000011	246 11110110
43 00101011	94 01011110	145 10010001	196 11000100	247 11110111
44 00101100	95 01011111	146 10010010	197 11000101	248 11111000
45 00101101	96 01100000	147 10010011	198 11000110	249 11111001
46 00101110	97 01100001	148 10010100	199 11000111	250 11111010
47 00101111	98 01100010	149 10010101	200 11001000	251 11111011
48 00110000	99 01100011	150 10010110	201 11001001	252 11111100
49 00110001	100 01100100	151 10010111	202 11001010	253 11111101
50 00110010	101 01100101	152 10011000	203 11001011	254 11111110

18.4 Hilfsprogramme

Das wichtigste Hilfsprogramm ist grundsätzlich ein Texteditor. Damit werden schließlich die C-Quelltexte geschrieben. Ein guter Editor kann den Zeitbedarf beim Programmieren durchaus halbieren. Die meisten Programmierer verwenden allerdings solche Editoren nicht.

Eine sogenannte IDE[4] ist ein Hilfsprogramm, das die eigentlichen Programme des Entwicklungssystems aufruft. Eine IDE stellt eine komfortable grafische Benutzeroberfläche zur Verfügung. Leider engen manche IDEs die Möglichkeiten ein. Gute IDEs sind *offen* und ermöglichen besonders viele individuelle und auch direkte Konfigurationen (des eigentlichen Compilers). Gute IDEs lassen auch nicht anders kompilieren, im Vergleich zur Kompilierung per Kommandozeile, sondern rufen den Compiler (sichtbar) genau so auf, als ob es ein Aufruf von der Kommandozeile ist.

Kein von einer IDE *mitgebrachter* Editor reicht an die Fähigkeiten der besten einzelnen Editor-Programme heran. Gute IDEs gestatten die Konfiguration eines externen, bevorzugten Editors.

Unter WINDOWS sind eher IDEs vorherrschend, unter UNIX eher DEs. Eine IDE ist hinsichtlich C immer verzichtbar, jedoch kaum hinsichtlich C++.

Die zweitwichtigsten Hilfsprogramme sind Skript-Interpreter und Programme wie make oder Programme, die die Funktion eines make beinhalten (IDE) – ab einer mittleren Größe eines C-Projekts kaum verzichtbar. Der Unterschied ist, daß make-Programme (schnellere) Spezialisten sind, während geeignete allgemeine Skriptsprachen absolut universell sind und auch die Funktionalität eines make damit programmierbar ist.

Die weiteren nachfolgend aufgeführten Hilfsprogramme sind regelmäßig unter UNIX vorhanden, aber nicht in allen Fällen bei jedem UNIX dabei. Beispielsweise unifdef ist relativ selten und unter FREEBSD anzutreffen.

Vorhandene Varianten für WINDOWS sind denkbar, aber dem Verfasser nicht bekannt.

---

[4] IDE = Integrated Development Environment = Integrierte Entwicklungsumgebung

Weitere Hilfsprogramme:

grep

Es ist sehr praktisch, sich damit in einem separaten Fenster gezielt Zeilen aus dem Projekt-Quelltext anzeigen zu lassen, die ein bestimmtes Suchmuster enthalten. Aufgrund der Regulären Ausdrücke ist grep sehr selektiv. Gefundener Text kann auch gleich per Copy&Paste übernommen werden.

diff

Zeigt Differenzen zwischen zwei Dateien oder allen Dateipaaren zweier Verzeichnisse an.

cscope

Ist quasi ein Browser und Suchmuster-Browser für alle C-Dateien eines Projekts, der auch Textänderungen auf einen Schlag vornehmen kann. Dieses Programm arbeitet mit einem angebbaren Editor zusammen, versteht die C-Syntax und hat eine schnelle Tastbedienung. Der Editor gvim hat eine eingebaute Schnittstelle zu cscope.

make

Abarbeitet ein Skript namens Makefile. Als (kleine) Hauptfunktion werden die Dateien eines Projekts automatisch bedingt kompiliert. In dem Skript können aber noch viel weitergehende Programmierungen vorgenommen werden.

gmake

GNU-Version des make.

patch

Flickt Änderungen in C-Quellen hinein.

unifdef

Entfernt Preprocessor-Direktiven unter Berücksichtigung von Definitionszuständen und Integer-Berechnungen.

```
unifdef [-ceklst] [-Ipath -Dsym[=val] -Usym
.           -iDsym[=val] -iUsym] ... [file]
unifdefall [-Ipath] ... file
```

m4

Makro-Prozessor, der C-Kode erzeugt.

bison

GNU-Version des m4.

Version

Programme zur Versionskontrolle.

18.4.1 C Beautifier · Stil · //*Kommentare*/

Es sind unter anderen die Programme cb (C-Beautifier), indent und gindent vorhanden, um C-Kode auf geeignete Weise zu formatieren. Das letztgenannte hat besonders viele Einstellmöglichkeiten:

```
gindent [options] [input-files]
gindent [options] [single-input-file] [-o output-file]
Etwa 80 Optionen:
-bc -bad -bap -bbb -bl ... -sc -sbin -sob -tsn -ut -v
```

Der folgende C-Kode wurde damit bearbeitet:

```
void*memset_F(void*d0,int i,register unsigned
n){register uchar*d=(uchar*)d0;register uchar
c=(uchar)i;while(n>0){*d++=c,--n;}return(d0);}
```

Mit folgenden Ergebnissen:

```
//gindent -kr i.c o.c

void *memset_F(void *d0, int i, register unsigned n)
{
    register uchar *d = (uchar *) d0;
    register uchar c = (uchar) i;
    while (n > 0) {
        *d++ = c, --n;
    }
    return (d0);
}
```

Dies ist der K&R-Stil (Kernighan&Ritchie).

```
//gindent -orig i.c o.c
void            *
memset_F(void *d0, int i, register unsigned n)
{
    register uchar *d = (uchar *) d0;
    register uchar  c = (uchar) i;
    while (n > 0) {
        *d++ = c, --n;
    }
    return (d0);
}
```

Dies ist der Berkeley-Stil.

```
//gindent -gnu i.c o.c
void *
memset_F(void *d0, int i, register unsigned n)
{
        register uchar *d = (uchar *) d0;
        register uchar c = (uchar) i;

        while (n > 0) {
                *d++ = c, --n;
        }
        return (d0);
}
```

Dies ist der Gnu-Stil.

Bei größeren Kodeabschnitten zeigen sich mehr Unterschiede zwischen den gezeigten drei Grundstilen.

Solche Formatierprogramme sollten eher nicht auf eigene Quellen angewandt werden, sondern auf fremde Quellen, die weiterbearbeitet werden müssen und in einem Stil vorliegen, der einem nicht behagt.

Kode-Stil

C ist zum Glück eine formatfreie Sprache, im Unterschied zu COBOL. In der C-Szene wurden einige Stile geprägt, die sehr verbreitet sind. Besonders derjenige Stil, den die Erfinder von C durch ihre Bücher geprägt haben.

Es finden *Religionskriege* statt, zwischen den Anhängern der verschiedenen Stile. Das ist natürlich Unsinn und entbehrlich, angesichts der vorhandenen Formatierungsprogramme, mit denen sich jeder ziemlich genau seinen ganz individuellen Stil aus beliebigen Quelltexten hinformatieren kann.

Jeder sollte sich seinen eigenen Stil angewöhnen, mit dem er am besten klarkommt. Dieser eigene Stil sollte dann aber einheitlich durchgehalten werden.

Es ist dumm, jemandem einen Stil aufdrängen oder aufzwingen zu wollen, denn die Programmierleistung kann dadurch durchaus auf die Hälfte absinken.

Einige Erfahrungen mit Stilen:

- Mehr als 5 Leerzeichen Einrückungstiefe führen recht schnell dazu, daß die Kodezeilen zu lang werden. Die langen Kodebeispiele in diesem Buch sind bereits größenreduziert, trotz im Mittel nur etwa 4 Zeichen Einrückungstiefe.

- Bei zuviel Leerzeilen oder Umbrüchen wird der Kode so in die Länge gezogen, daß die Algorithmen nur noch schwer zu überblicken sind.

- Je länger die Namen sind, desto mehr verschwinden die dazwischen stehenden Operatoren optisch.

- Bei langen Bedingungsausdrücken sollte die Blockklammer links vorne folgen, damit die nachfolgende Zeile optisch nicht mit der Bedingung zusammenfließt.

- Die Marken von Blockanfang und -ende sollten jeweils unbedingt durch eine senkrechte Linie verbindbar sein. Andernfalls ist bei langen Blöcken die Orientierung sehr erschwert.

- Tabulatorzeichen sind ganz schlecht – sobald Änderungen vorgenommen werden müssen oder falls bei langen Blöcken mit dem Cursor suchend vom Blockende zum Blockanfang oder umgekehrt gefahren werden muß.

- Aus Kontrastgründen sollten lokale Namen in Funktionen klein geschrieben sein. Makronamen sollten komplett oder nahezu komplett groß geschrieben sein.

- In der Mathematik bestehen Variablennamen grundsätzlich aus nur einem lateinischen oder griechischen Buchstaben. Warum nicht auch in geeignetem Kontext in C? Kleinere, elementare Funktionen sind meist überschaubarer, wenn die (wenigen) lokalen Namen darin ganz kurz sind.

- Lange Einzelnamen sind schlechter als lange, zusammengesetzte Struk.tur.na.men.

//*Kommentare*/

Die Kennzeichnung von Kommentaren ist dafür geschaffen worden, um Teile eines C-Programms zu *kommentieren*. Manche Programmierer verwenden dieses jedoch, um ihr C-Programm damit zu *dokumentieren*. Es gibt Quelltexte, die zu etwa 85 % aus Kommentartext bestehen. Wobei zu jeweils 10 bis 50 Zeichen Syntax 150 bis 800 Zeichen Kommentartext geschrieben wurden. Das ist natürlich Unfug. Dies schon deshalb, weil in solch einem extrem in die Länge gezogenen Quelltext der Algorithmus nicht oder kaum erkennbar ist.

Ein C-Quelltext dokumentiert sich durch die C-Syntax ganz von selbst. C ist eine Programmier*sprache*, und Sprachtexte sind dazu da, daß man sie liest, und falls man das nicht kann, muß man es lernen oder die Leseabsicht fallenlassen.

Zusätzliche Dokumentationen für (Nicht-)Programmierer gehören in separate Dateien. Beispielsweise in den Formaten `.html` oder `.doc` oder auch `.txt`. Die Gestaltungsmöglichkeiten sind da zudem auch beträchtlich besser...

18.5 Editor `gvim` (Syntax-Einfärbung)

Dieser Editor wird hier kurz beschrieben, da er vom `vi` abstammt, dem Standard-Editor unter UNIX, und auch für WINDOWS und mehrere weitere Plattformen kostenlos erhältlich und ultraleistungsfähig ist (▶ 307, und `http://www.vim.org`).

`gvim` beherrscht *Syntax Highlighting* für etwa 400 Programmiersprachen, sonstige Sprachen und Dateiformate. Die steuernden Dateien (`vim/vim63/syntax/*.vim`) können zumindest an manchen Stellen auch von damit Unerfahrenen individuell erweitert werden: zum Beispiel eigene Datentypennamen hinzufügen. Wegen der Abstammung von UNIX sind die `.vim`-Dateien selbstverständlich normale Textdateien.

Die Syntaxeinfärbung ist sehr komplex ausgestaltet und reagiert dynamisch auf jedes eingetippte Zeichen. Bei fehlerhafter Syntax erscheinen sofort Felder mit rotem Hintergrund.

Gelb hinterlegt sind Textteile, die zu Suchmustern passen, und `TODO` innerhalb von Kommentaren.

Es kann eine `.html`-Datei erzeugt werden, die, mit einem Browser betrachtet, alle Farbinformationen zeigt.

Die aktuelle Datei kann in Hex-Format umgewandelt werden, wobei darin Änderungen möglich sind, die bei Rückumwandlung berücksichtigt werden. Es gibt allerdings mehrere weitere Mechanismen, die die Eingabe von besonderen Zeichen als auch nichtabdruckbaren Zeichen gestatten.

Eingaben können mit der Tastatur einschließlich der Pfeiltasten und der Maus im Kommandomodus als auch im Schreibmodus vorgenommen werden.

Die Dokumentation umfaßt etwa 4 MByte puren Text und ist mittels eines Hilfesystems lesbar, das auch einen Suchmechanismus hat.

Das Sichtfenster kann horizontal und auch vertikal mehrfach und gemischt aufgeteilt werden. Es gibt ein anwählbares Dateimanagerfenster links.

Die aktuelle Konfiguration kann in einer Datei `Session.vim` gespeichert werden und läßt sich aus dieser jederzeit wieder laden, wobei der Dateiname wählbar ist.

Der Abstand zwischen den Zeilen läßt sich pixelweise einstellen, wobei das nur eine von etwa 300 Einstellungen ist.

Eine automatische Einrückung (indent) beim Schreiben von Kode fehlt nicht. Ganz besonders für C ist dies in erweiterter Form vorhanden:

```
cinkeys=0{,0},0#,!<C-F>,o,e
cinoptions=>3,e0,n0,f0,{0,}0,^0,:2,=4,p3,t0,+3,c3,(0,u0,)50,*50
cinwords=if,else,while,do,for,switch
```

Es wird auch automatisch die senkrechte Linie zu einem Blockanfang oder einer Anweisung mit Block gesucht, bei Eingabe einer schließenden geschweiften Klammer.

Vielstufiger, einstellbarer Undo- und Redo-Mechanismus ist vorhanden.

Es gibt mehrere Eingaben-Erinnerungsspeicher, per Pfeiltasten bedienbar.

Die Existenz eines vom Schreibmodus getrennten Kommandomodus führt bei vielen Personen zu einer heftigen, pauschalen Abneigung, diesen Editor zu benutzen.

Dazu kann gesagt werden, daß eine Eingewöhnung nur ein bis zwei Wochen dauert, und wenn diese Zeit vorbei ist, wird man in der Regel zu einem überzeugten Anhänger dieses Konzepts und dieses Editors.

Ganz besonders leistungssteigernd sind die Regulären Ausdrücke und der damit verbundene Substitutionsmechanismus:

18.5.1 Reguläre Ausdrücke in gvim

▶ 304, 313.

Syntax im Zusammenhang mit Regulären Ausdrücken (RA):

```
:[adresse][g/Wo_steht/]s/Ersetze_dies/Durch_dies/[cmd]
            rrrrrrrr     RRRRRRRRRRRR ssssssssss
:[adresse]g!/Wo_steht_nicht/...
:[adresse]g/Wo_steht/cmd
:[adresse]g!/Wo_steht_nicht/cmd


/Suche_dies
```

r und R sind RA, wobei r als R eingesetzt wird, falls R leer ist //. s ist der Substitutionstext (Ersatztext), in dem ebenfalls bestimmte Zeichen und Zeichenfolgen speziell sind: & \1 ... \9 \L \U \E \l \u — Eckige Klammern zeigen Optionalität an.

```
'a,'bg/^\\rule{/s/^[^{]\+{\(\d\+\).*$/\\e{t}^M^M\\b{t}{|p{\1cm}|}/
```

In den Zeilen von a bis b (Marken ma und mb), wo am Anfang \rule{ steht, und wo am Anfang ein oder mehr Zeichen ungleich { stehen, gefolgt von einem { und danach eine oder mehr Ziffern 0-9 \(merke dir den Ziffernbereich\) und danach beliebig viele beliebige Zeichen bis zum Zeilenende, setze als Ersatz hin: \e{t}, zwei Zeilenvorschübe, \b{t}, gefolgt von {|p{, dann die zuvor gemerkten Ziffern, dann cm}|}.

Vorher:

```
\rule{20pt}
```

Nachher:

```
\e{t}


\b{t}{|p{20cm}|}
```

Der Editor produziert tausende von solchen Substitutionen pro Sekunde garantiert fehlerfrei. Es braucht nicht ausschweifend darauf hingewiesen werden, daß hier manuelle Änderungen – sehr milde ausgedrückt – unprofessionell und unsicher wären.

Bei fehlerhaft eingegebenem RA drückt man die Taste <u>, und alle Substitutionen werden zurückgenommen. Danach kann der RA per Pfeil-Taste aus der History geholt und korrigierend editiert werden – und abermals <Enter>...

Es wird auf die obenstehenden Seitenverweise verwiesen.

18.6 Skript-Interpreter

Eine Skript-Programmiersprache ist allgemein dadurch gekennzeichnet, daß sie direkt interpretiert und ausgeführt wird. Ein Skript wird also nicht erst durch einen Übersetzer (Compiler, Translator) in eine andere Form übersetzt, die dann zum Ablaufen gebracht wird. Es wird auch deshalb nicht von einem Quelltext gesprochen, weil das mit einer Ursprungsform assoziiert, aus der eine andere Form generiert wird.

Beispielsweise die Programmiersprache BASIC wurde interpretiert. Erst später gab es für BASIC Compiler.

Die Skript-Sprache PERL ist ein Mittelding: PERL kompiliert intern und bringt danach die interne Kompilation zum Ablaufen.

Skript-Sprachen, die in einem Shell-Programm eingebaut sind, sind Kommando-Programmiersprachen. Diese Sprachen sind aus bestimmter Sicht Sprachen wie C übergeordnet, weil darin Anweisungen komplette Kommandoprogramme aufrufen, die möglicherweise einmal aus C-Quelltexten kompiliert wurden.

Skript-Sprachen sind universeller und können viel mehr als Sprachen wie C. Jedoch das, was C kann, kann C wesentlich schneller und detaillierter. Und das, was eine Skript-Sprache dominant kann, kann sie wesentlich komfortabler. Beispielsweise die Verarbeitung von Zeichenketten, den Umgang mit Dateien und deren Inhalten und die Kontrolle von Prozessen.

> Das Wichtige daran ist, daß die Verwendung von Skript-Sprachen ein wirklich gewaltiges Hilfsmittel bei C-Projekten sein kann!

Die Syntax der Skript-Sprachen unter UNIX ist der Syntax von C sehr ähnlich. Am ähnlichsten ist die Syntax von AWK, dann C-Shell (csh), gefolgt von BOURNE-Shell (sh). Die Ähnlichkeit bei AWK ist nicht verwunderlich, denn das K stammt von BRIAN W. KERNIGHAN, neben DENNIS RITCHIE einer der Erfinder von C.

Ein Aspekt ist schade: Es kommt immer mal wieder vor, daß jemand ein etwas größeres, anspruchsvolleres Skript sieht und dann ausspricht: „Donnerwetter, das ist ja eine richtige, volle Programmiersprache! Hätt' ich nicht gedacht …"

Skript-Sprachen werden also gemeinhin unterschätzt. So mancher läßt sie viele Jahre *links liegen*, bis er sie und ihren großen Nutzen entdeckt – meist angeregt durch zufällig gesichteten, anspruchsvolleren Skript-Kode.

18.6.1 Skript-Interpreter: Shell `bsh` (perl)

Eine der Skript-Sprachen kann letztlich alles, was C kann, wenn auch bereichsweise viel langsamer: `bsh` (Builtin-Shell) [1].

Diese Shell wurde vom Verfasser ab 1994 selbst entwickelt. Der Grund dafür war, daß zu dem damaligen Zeitpunkt kein existierender Skript-Interpreter – jeweils im vollen Umfang betrachtet – wirklich befriedigend war, was Problemlösungskraft und vor allem Arbeitsgeschwindigkeit betraf.

Die `bsh` ist heute das leistungsfähigste existierende Shell-Programm. Nur PERL (keine Shell!) ist als Skript-Sprache wegen der internen Kompilierung meist etwas schneller.

Der Name *Builtin-Shell* wurde gewählt, weil die `bsh` über 100 eingebaute Kommandos hat. Das erübrigt Kommunikation mit anderen Prozessen, reduziert drastisch symbolische (kryptische) Syntax, erzeugt eine weitere *natürliche* Indirektionsebene über die Kommandoargumente und bewirkt, daß ein `bsh`-Skript vollkommen unterschiedslos unter UNIX als auch unter WINDOWS abgearbeitet werden kann – man benötigt eben *keine* externen Kommandos und ist somit unabhängig.

Die Syntax ist die der BOURNE-Shell – die verbreitetste Syntax. Die `bsh` ist aufgrund ihres äußeren Konzepts und ihrer inneren Konzepte (natürlich in C) bis zu 200-fach schneller als andere Shell-Programme und kann viele Probleme lösen, die andere Shell-Programme nicht oder nur sehr umständlich lösen können.

Ein Start `bsh -E` schaltet einen komfortablen Kommandozeilen-Editor ein, der mit 12 Steuertasten bedient werden kann und eine History hat, auf die auch mit Suchmustern `,uvw` und `?w x` zugegriffen werden kann. Dadurch wird insbesondere ein Testen von Details sehr leicht gemacht, im Zuge der Entwicklung von Skripten. Es werden je nach Bereich die Zeichenwerte 0..255, 1..255 oder 0..254 verarbeitet.

Es kann ohne weiteres ein `case` mit 100 Millionen Fallzweigen verarbeitet werden, da `bsh` ein purer Interpreter ist. Der letzte Fallzweig ist nach etwa 1 Minute erreicht, in einem Skript mit einer Größe von etwa 1 GigaByte.

Der Handbuchtext zur `bsh` umfaßt als `.txt` etwa 160 KB [2]. Etwa 25 weitere separate Texte existieren für größere interne Kommandos, mit einem Gesamtumfang von etwa 150 KB.

Nachfolgend werden streiflichtartig besondere Merkmale der `bsh` beschrieben, gefolgt von kleineren und größeren Skripten und einer Kommandoliste. Das ist gleichzeitig auch eine – kleine – Einführung in die Syntax aller Shell-Programme, die die Syntax der BOURNE-Shell verwenden: `sh`, `ksh` (KORN-Shell), `pdksh`, `bash`, `ash`.

Das General-Maskierzeichen ist per Voreinstellung %.
Option −B oder `set −B` und `set +B` gestatten eine Wahl/Abwahl des \.

for-Schleife zum Tabellenlesen:

```
for 3 U V W in Wort...
do
    echo $U $V $W
done
```

Andere Shell-Programme können hier nur eine Empfangsvariable verwenden.

for-Schleife mit Laufvariable:

```
for N from $a by $i to $z repeat
do
    echo $N
done

# to $z repeat
# repeat
```

Andere Shell-Programme haben diese Schleife nicht.
In der Kopfzeile kann alles bis auf `repeat` entfallen.
`a i z` enthalten Zahlen von 0 bis $\pm(2^{31} - 1)$ bzw. 0 bis $\pm(2^{63} - 1)$.

```
z=10
a="n to $z repeat"

for $a ; do echo $n; done
```

Die Zahlen von 1 bis 10 werden ausgegeben.
Im Prinzip könnte auch `for` in `a` gespeichert sein. Allerdings werden interne Kommandos nicht in Variableninhalten gesucht.

```
a=b
b=c
c=ccc
echo %t${{{a}}} ${{{a}
        ccc ccc
```

Dieser mehrfach indirekte Zugriff ist nur in `bsh` vorhanden.

```
kdo1 &| kdo2 &| kdo3   && kommando
kdo1 &| kdo2 &| kdo3   || kommando
```

Kommando-ODER-Verkettung (mit Resultatauswertung) nur in `bsh`.

```
set BUF:0.100000000
echo %t${#BUF}
       100000000
catv '.%%' U V  5,10,W$e  220,4  /%n  =35000,,BUF:
echo %t${#BUF}
       35844
```

Hier wird eine Variable BUF mit 100 MegaByte Größe angelegt und mit 0 initialisiert (dauert etwa $1/2$ Sekunde). Danach wird deren Größe zur Kontrolle ausgegeben.

Das Kommando `catv` schreibt 2 Prozentzeichen, die Inhalte der Variablen U und V, 10 Byte ab dem 6. Byte der Variablen, deren Name aus einem W und dem Inhalt der Variablen e gebildet wird, maximal 220 Byte ab der aktuellen Position des Dateipointers aus derjenigen Datei, die gegenwärtig mit Handle 4 verknüpft ist, und einen Zeilenvorschub in die Variable BUF, und zwar ab deren Offset 35000, und kürzt diese Variable (:) nach dem Schreiben herab auf die aktuelle Position des Schreib-Endes. Die Variable BUF ist dann nur noch 35844 Byte groß.

```
cat $Datei | {
    > $Datei
    while readl Zeile
    do
        catv Zeile /%n
    done
    ><
}
```

```
catv HTMLa HTML3 3 0 HTMLb <$CO 3</tmp/$CO | cat >$CO
```

Die `bsh` verwendet in Voreinstellung Pipe-Dateien anstelle des `pipe()`-Mechanismus. Das hat insgesamt mehrfach mehr Vorteile. Oben wird gezeigt, daß damit eine Datei einfach *in place* geändert werden kann, da deren Ursprungsinhalt vollständig in der Pipe-Datei geparkt und vom Kommando `readl` zeilenweise gelesen wird. Die Datei wird vor der Schleife nämlich gelöscht! Sie wird mit dem Kommando `catv` zeilenweise neu geschrieben, wobei ja Zeilen beliebig ausgelassen oder hinzugefügt werden können. In der letzten Zeile wird Datei $CO vorne und hinten erweitert. (`code.html` auf Buch-CD)

Dateien werden nach dem Konzept `open()` ... `close()` behandelt, mit der Syntax >datei, <datei und ><<. Das ist flexibler und unproblematischer bei großen Blöcken, denn in der Bourne-Shell sieht das beispielsweise so aus:

```
while :
do
    #...
done > Datei        #done | cmd
```

```
(( arithmetik
   arithmetik ))
echo $(( arithmetik ))
let "arithmetik" "arithmetik" ...

(( a>c ? U : V = 26 ))
```

Alle Operatoren von C und einige zusätzliche stehen für bsh-Arithmetik zur Verfügung, auch && und || (ohne KO-Logik), und die Zahlenbasen 2...36 und 256, und wahlweise 64 Bit Breite (▶ 294, 295).

```
Funktion()  {
    local a=. b:.40 argc=$# args=$*
    static sa
    #...
    return 0
}
```

Nur in bsh-Funktionen können *echte* lokale Variablen definiert werden – wie in C. (In anderen Shells sind Variablen in allen verschachtelt aufgerufenen Funktionen ebenfalls bekannt.) Die Funktionen sind selbstverständlich rekursionsfähig. Es können auch Funktionen innerhalb von Funktionen (bedingt) definiert werden.

```
expr "$N" :n '^%(.%)%(.*%)$' '%1%L%2'
expr "$n" :n ' %([a-z]%)' + ' %U%1'
```

Alle Zeichen einer Zeichenfolge ($N) ab dem zweiten Zeichen werden in Kleinbuchstaben umgewandelt und das Ergebnis in die Variable n geschrieben. Danach werden alle Kleinbuchstaben nach je einem Leerzeichen in Großbuchstaben umgewandelt (▶ 304).

```
echo $SECONDS
sleep 4
sleep -m 350
```

Die Variable SECONDS enthält vollautomatisch einen fortlaufenden Sekundenwert, der bei jedem Lesezugriff eingefüllt wird. Mit dem Kommando sleep können nicht nur Sekunden gewartet werden, sondern auch Millisekunden.

```
continue [ebenen]
break [ebenen]
goend [ebenen]
```

Beinahe wie in C – aber es kann optional die Anzahl der zu überbrückenden Sprungebenen angegeben werden. Und goend gibt es nur in bsh und bezieht sich auf die Konstruktionen if und case. In Shells bezieht sich break nicht auf case, sondern dafür gibt es das Doppelsemikolon ; ; (▶ 255).

Ein Vergleich PERL <> BSH:

```
for ($N=0; $N<10000; $N++) {
  $version="";
  @list=split /\n/, $V;
  foreach $_ (@list) {
    next unless s/^[ \t]*product[ \t]+version[ \t]*://i;
    s/[^0-9]//g;
    $version=$version . " " . $_;
  }
  $version =~ s/^ //;
} #0.53 s
```

BSH:

```
to 10000 repeat
do
   version=$V
   conv -d.d' ' version
   expr "$V" =:version 'Productversion:%(%D*%)'
done
#0.75 s
```

Eine bsh-Funktion, die eine CRC-Prüfsumme errechnet aus 1 KB Daten:

```
# SLE<--  Buf $offs $len
Sle16() {
  local n=00 sle_=000000 word=000000
  for word in $( catv $3,$4,$2 | base -w +10 )
  do
    for n from 0 to 15 repeat
    do
      if let "{{sle_&16#8000}^{[word&(1<<n)]<<(15-n)}}&16#ffff"
      then
        (( sle_= ((((sle_^2064)&2064)<<1)|(sle_<<1))
              &((((sle_^2064)&2064)<<1)|~(2064<<1)),
           sle_&=16#ffff, sle_|=1
        ))
      else
        (( sle_= ((((sle_^~2064)&2064)<<1)|(sle_<<1))
              &((((sle_^~2064)&2064)<<1)|~(2064<<1)),
           sle_&=~1, sle_&=16#ffff
        ))
      fi
    done
  done
  $1=$sle_
  return 0
}
```

Die Argumente sind als Kommentar angegeben. (Etwa 0.3 s)

Ein Skript, um ganze Namen selektiv in den Dateien eines ganzen C-Projekts zu ändern:

```
[ $# -ne 0 ] && files="$*"
[ $# -eq 0 ] && files=?*.[chCH] %
        files="$files cbase.txt mbase.txt"
read "old?ALT und NEU [aaa nnn]:  " new
ifset old || exit
ifset new || exit
expr "$old" :old '\s' += ' '
expr "$new" :new '\s' += ' '

for file in $files
do
    expr "$file" =:: 'sl%D%{2,%}%.h$' && continue
    grep -qm -e "%<$old%>" "$file" || continue
    cat "$file" | {
        3> "$file"
        while readl Z
        do
            expr "$Z" :Z "%<$old%>" + "$new"
            print -ru3 "$Z"
        done
        ><
    }
done

exit 0
```

Die Liste der zu bearbeitenden Dateien (`files`) kann individuell zusammengestellt werden und später können bestimmte Dateien übersprungen werden (`expr .. 'sl`). Als Leerzeichen wird `\s` eingegeben. Die Syntax `%<word%>` bewirkt, daß keine Namens*teile* innerhalb von `[a-zA-Z_0-9]` geändert werden. Zeitdauer meist etwa 1 Sekunde, auch bei MegaByte-Projekten.

```
ALT und NEU [aaa nnn]:  Script  Skript
ALT und NEU [aaa nnn]:  SEV%.[^.]%{1,}%.sol  &_max

SEV.U[oi].sol    ->   SEV.U[oi].sol_max
SEV.B[bi].sol    ->   SEV.B[bi].sol_max
SEV.U[oi].solm   ->   * paßt nicht *
QSEV.U[li].sol   ->   * paßt nicht *
```

Das & setzt im Ersatztext (rechts) denjenigen Text ein, zu dem der Reguläre Ausdruck (links) jeweils paßt.

Dieses Skript kann eine dreistellige Anzahl von Arbeitsstunden pro Jahr einsparen.

Ein Skript, um automatisch vertikale Durchnumerierungen in C-Dateien varianten-reich vornehmen zu können:

```
#!/u/bin/bsh

start=0 inc=1 muster='@' width=2 fill=' '
neq=1

[ -t 0 ] &| expr "$1" :: '[^0-9-]' && {
    print -u2 ninc.bsh: usage: start inc.neq muster %
                              width fillchar
    exit 0
}

[ $# -gt 0 ] && {
    [ -n "$1" ] && start="$1"
    [ -n "$2" ] && inc="$2"
    [ -n "$3" ] && muster="$3"
                   width="$4"
                   fill="$5"
}
ifset fill && fill="f$fill"
expr "$width" :width '^-' = '' && sign=-
expr "$inc" :neq '%D%.%(%D{1,}%)'
expr "$inc" :inc '^%(%D{1,}%)'
neqd=$neq

cat | {
    while readl Z
    do
        prints "vs$sign$fill"$width subst "$start"
        expr "$Z" :Z "$muster" = "$subst" && {
            let "--neqd==0" && let "start+=inc" "neqd=neq"
        }
        catv Z /%j
    done
}

exit 0
```

Verwendung im Editor gvim:

```
:'a,'b!ninc.bsh 1 1.6 @@@ 3 0
```

Der Editor sendet die Zeilen a bis b, die mittels ma und mb markiert wurden, auf die Standardeingabe (Handle 0) des Skripts und das Skript verändert die Zeilen gegebenenfalls und sendet sie per Handle 1 zurück und der Editor fügt sie anstelle des bisherigen Bereiches a bis b ein.

Die Funktion der 5 Argumente ist oben im Skripttext erkennbar. Insbesondere 1.6 bedeutet, daß jeweils ein Pulk von 6 Zeilen mit ein und derselben Nummer versehen wird. Die Pulkangabe .6 und die Argumente 4 und 5 sind optional.

Das hier verwendete Ersetzungsmuster @@@ muß natürlich zuvor in der C-Datei mit dem Editor in den Zeilen a bis b erzeugt werden.

Dieses Skript kann pro Jahr sicherlich einige Zehn mühselige Arbeitsstunden erspa-ren.

Das nachfolgende Skript liest Zeilen aus einer normalen Textdatei, die als einfach zu verwaltende Datenbasis dient:

```
:Signals
.Outputs^Delay
@00000000 0 b 2 =  16    0  0000000000000000 0
@: AlarmB,AlarmA,Alarm, Sign2,Sign1, Tmax,Vmin,Vmax;
@00000000 0 u 1 =   0    0  5 0 250  " " "   1 n0 s
```

Die Mehrzahl der Zeilen enthält 23 durch Leerzeichen getrennte Zeichenfolgen, die unmittelbar in die 23 Variablen hinter dem Kommando read gefüllt werden:

```
#..........
[ -n "$4" ] && : >$4
 >d__2
4>d__3
print -u4 '%n%n%nconst struct cdata_t '"$1"'data[]= {'
<$2
while seek + 0 sk
        read id dd typ bytelen darst nbit bitpos %
                dflt1 min1 max1 dflt2 min2 max2 %
                sgrpn flags einheit name %
                Tinfo Tgrp Tsgrp Tbit Text text
do
    expr "$id" :: '^%$' && break
    expr "$id" :: '^}$' && {
        [ von -ge bis ] && inc=0 continue
        seek $skvb 0; let 'von+=inc'; continue
    }
    expr "$id" :: '^{#$' && {
        von=$dd bis=$typ inc=$bytelen inc2=$darst
        ifset inc2 || inc2=1
        seek + 0 skvb; continue
    }
```

```
#..........
          prints su4sbsbsbsbsbsbsbsbsbs '    { ' %
#..........
done
#..........
```

Dieses Skript hat etwa 250 Zeilen und es wird hier nur ein kleiner Ausschnitt gezeigt. Es wird C-Kode für ein konstantes Array aus Strukturen erzeugt, und zwar für hunderte von Array-Elementen. Die resultierende C-Datei ist etwa 1 MegaByte groß. Deren Produktion durch das Skript dauert etwa 1 Sekunde. ▶ 6.

Nachfolgend die rechts abgeschnittene Ausgabe, die auf einer einzigen Zeile in der Textdatei beruht:

```
#define D0006000100grp       GCFG06000000, gCFG06000000
#define D0006000100obj         6000100,  5808,    2,   16,
#define D0006000100str        0
#define D0006000100dfmima0         0x0000u,        0x0000u,
#define D0006000100dfmima1         0x0000u,        0x0000u,
#define D0006000100szname     sizeof(Sys.opclo_out[0]), &Sys.op
        const BYTE FAR T0006000100[]= "Break/Close contact 1";
#define D0006000100einhtxt         0, T0006000100
        const BYTE FAR I0006000100[]= " AlarmB,AlarmA,Alarm, S"
#define D0006000100info      I0006000100
#define D0006000100Text      T_brclo, T_group+7, T_sgrp+24, T_
//.....
const struct cfgdata_t FAR CFGdata[]= {
   { D0001004000long, D0001004000obj, D0001004000str, {D0001004
//.....
   { D0018503500long, D0018503500obj, D0018503500str, {D0018503
   { 0 }
};
const unsigned CFGdata_ne= sizeof(CFGdata)/sizeof(*CFGdata);
```

Das Skript produziert über 30 Strukturkomponenten aus den 23 Zeilenargumenten der Textbasis. Viele Berechnungen, Umformungen, Formatierungen und Zusammenführungen werden vorgenommen. Beispielsweise mehrstufiges Blockrestauffüllen, Generierung von Identifizierern.

Das Skript ist auch ein Optimierungsbeispiel: Konstante Tabellen beschleunigen den Laufzeitkode, da dieser sich auf fertige Daten stützen kann.

Solch ein Skript kann pro Jahr hunderte von Arbeitsstunden einsparen und erzeugt Sicherheit, da ein Skript keine Fehler macht, egal wie groß die Datenmenge ist – was wiederum Zeit einspart.

18.6.2 Liste bsh-Kommandos

Schlüsselworte:

```
if then else elif fi  case esac    Schlüsselwort-Kommandos
   for while until do done  time    Schlüsselwort-Kommandos
          in  from by to repeat     Schlüsselwort-Argumente
                     { } {{ }}       Schlüsselwort-Kdo-Paare
                     [ ] [[ ]]       Kommandos mit Schlußarg
         break continue  goend       Programmier-Kommandos
                  return  goto       Programmier-Kommandos
```

Liste nach Aufgaben:

```
.             Skript-Aufruf (. datei arg ...)

:             Exit-Code
true          Exit-Code
false         Exit-Code
inv           Exit-Code
nop           Echtes Leerkommando - tut garnichts

typeset       Variablen-Typ (binär,basis)
readonly      Variablen
export        Variablen
unexport      Variablen
unset         Variablen
unsetenv      Variablen
local         Variablen
localset      Variablen
static        Variablen
global        Variablen
env           Variablen
array         Variablen, Arrays
set           Variablen, Arrays, Optionen
shift         Parameterkette verschieben
conv          Variablen-Bearbeitung
cmpv          Variablen-Vergleich
ifdef         Variablen-Test
ifset         Variablen-Test
ifenv         Variablen-Test

alias         Aliases
unalias       Aliases

echo          Ausgabe
print         Ausgabe
prints        Ausgabe, universell, formatiert
fprint        Ausgabe, Funktionskörper
```

```
catv        Extrem universelle, binäre Eingabe/Ausgabe
seek        Dateizeiger
read        Eingabe
readc       Eingabe
readl       Eingabe
line        Eingabe/Ausgabe

test        Universal-Bedingungsprüfer ([ [[)

fstat       Datei-Attribute
fmode       Datei-Mode (fstat)
fsize       Datei-Größe (fstat)
mtime       Datei-Zeit (fstat)
stime       Datei-Zeit (fstat)
umask       Datei-ModeMaske
crc         Prüfsummen
sum         Byte/Word/Long-Summen
wc          Zählt Zeilen, Worte, Zeichen
copy        Kopiert Dateien und Verzeichnisse
move        Bewegt  Dateien und Verzeichnisse
remove      Löscht  Dateien und Verzeichnisse
link        Erzeugt Links (Verweiseinträge)
cat         Dateien-Verkettung
sortl       Sortiert Dateizeilen
rel         Entfernt bestimmte Zeilen
grep        Zeilensuche mittels regulärer Ausdrücke
expr        Operationen mittels regulärer Ausdrücke
tr          Universelle Zeichen-Veränderungen
cut         Datei-Ausschnitte
mktemp      Temporäre Dateien
tee         Umlenkungs-Zusatzverzweigung
basename    Datei-Namen
dirname     Datei-Namen
fullname    Datei-Namen

cd          Directory
chdir       Directory
pwd         Directory
list        Verzeichnis-Liste, rekursiv, Filter
mkdirs      Erzeugt Verzeichnisse

sleep       Zeitdauer
times       Zeitdauer
systime     Systemzeit
ctime       Zeitformate
tz          Zeitzone

let         Arithmetik
base        Zahlen-Darstellungsbasis, multi-funktional
```

```
eval        Mehrfache Shell-Interpretation

prompt      Shell rekursiv interaktiv aufrufen

type        Bedeutung von Namen herausfinden
whence      Bedeutung von Namen herausfinden
extern      Externes Programm ausführen
system      Kommandoausführung durch Standard-Shell
trap        Signal-Reaktionen
exec        Programm ausführen und damit Shell beenden
fork        Background-Prozesse
wait        Background-Prozesse
kill        Beendet Prozesse
exit        Shell beenden
sane        Dateinummern rückverknüpfen (sanieren)

ver         Programmversion
autor       Programmautor
```

http://www.schellong.de

18.6.3 Herstellung des Manuskripts

Bei der Herstellung dieses Buches hat die Skriptmaschine bsh ebenfalls entscheidend mitgewirkt.

Das Suchwortverzeichnis wurde mit Hilfe von bsh hergestellt. Die \index-Sequenzen werden innerhalb von etwa drei Minuten eingefügt. Das ist relativ lang, da jede Zeile auf jedes Suchwort (~1300) untersucht werden muß – oder umgekehrt.

Die .pdf-Datei des Buches enthält alle etwa 439 Kodeabschnitte des Buches in etwa 8 verschiedenen Sprachen mit Syntaxeinfärbung. Die .html-Datei für die Buch-CD enthält ebenfalls diese Abschnitte in Farbe. Das wäre ohne den Einsatz solch eines Skriptinterpreters praktisch unmöglich gewesen.

Dafür sind zwei Skripte vorhanden: Eines, das die .tex-Dateien verändert und die Kodeteile extrahiert und präpariert, und ein weiteres, das die Farbanweisungen generiert. Das dauert etwa 1 bzw. 8 Sekunden für das ganze Buch – und ist wieder löschbar.

Das Skript für die Farbanweisungen enthält eine rekursive Funktion mit Besonderheiten, die als weiteres Beispiel für Rekursion in C dienen kann.

Weitere Skripte gibt es für den automatischen Einbau von Formatieranweisungen und für Wortgewinnung für das Sachwortverzeichnis des Buches. Diese Skripte arbeiten je 0.5 bis 2 Sekunden – und das Buch ist fertig in der jeweiligen Kategorie.

Verzeichnis der Buchherstellung:

```
   720  chars.bsh
  1866  txtsc.bsh
   908  words.bsh
  4997  index.bsh
 14828     indwd.txt
   789  mkcdf.sh
  3140     code.bsh
794417         code3.html
138217         code3.text
  3886     ctex.bsh
 14519         ctex_1.bsh
109761         ctex_1.c
   764         ctex_1.cpp
   186         ctex_1.html
   272         ctex_1.pl
   238         ctex_1.sh
    83         ctex_1.tex
 18009         ctex_1.txt
116034         ctex_bsh.htm
600691         ctex_c.htm
  3195         ctex_cpp.htm
  1801         ctex_html.htm
  2089         ctex_pl.htm
  1418         ctex_sh.htm
   605         ctex_tex.htm
 18420         ctex_txt.htm
  4927         chtm2tex.bsh
   262             kap/adressen_aa.ctex
   498             kap/adressen_ab.ctex
   865             kap/adressen_ac.ctex
            [... hunderte weitere .ctex]
   529             kap/zeichen_ai.ctex
  2653             kap/zeichen_aj.ctex
  5293             kap/zeichen_ak.ctex
```

Vorstehend sind 8 Dateien Shell-Skripte, die restlichen Dateien werden von diesen Skripten erzeugt.   Darunter ist auch code3.html, die im Internet unter http://www.schellong.de/htm/code3.html erreichbar ist. Die Einrückungen zeigen an, welches Skript ein anderes Skript aufruft und welche Dateien von einem Skript erzeugt werden. Ohne dieses umfangreiche Scripting wäre die Herstellung des Buchinhaltes in der vorliegenden Form nahezu unmöglich gewesen.

Ein kleines Skript für den Einbau einer Formatieranweisung (`textsc.bsh`):

```
[ $# -eq 0 ] && exit 0


Zeile()  {
    local a:17.1 b:19.1 comment:.200
    local n:.100
    if expr "$Z" :comment '[^\]%(%%.*%)$'
    then  expr "$Z" :Z '%([^\]%)%%.*$' '%1'
    else  comment=
    fi
    expr "$N" :n '^%(.%)%(.*%)$' '%1%L%2'
    expr "$n" :n ' %([a-z]%)' + ' %U%1'
    expr "$Z" :Z "%<$N%>" + "$a&$b"
    expr "$Z" :Z "\index{$a$N$b" += "\index{$N"
    expr "$Z" :Z "\textsc{$a$N$b" += "\textsc{$N"
    expr "$Z" :Z "\verb%(.%)$a$N$b" + "\verb%1$N"
    expr "$Z" :Z "\label{%([^}]*%)$a$N$b" + "\label{%1$N"
    expr "$Z" :Z "\pageref{%([^}]*%)$a$N$b" + "\pageref{%1$N"
    expr "$Z" :Z "\ref{%([^}]*%)$a$N$b" + "\ref{%1$N"
    expr "$Z" :Z "\textbf{%([^}]*%)$a$N$b" + "\textbf{%1$N"
    expr "$Z" :Z "$a$N$b" += "\textsc{$n}"
    ifset comment && catv comment =:,,Z:
    return 0
}


UseNot()  {
    ifset Z || { catv /%n; return 0; }
    expr "$Z" :: '^[ %t]%{0,}%%' &|
    expr "$Z" :: '\[a-z]*section[{[]' &|
    expr "$Z" :: '\[a-z]*section%*[{[]' &|
    expr "$Z" :: '\chapter[{[]' && {
        catv Z /%n; return 0
    }
    return 1
}


set Z:.300
set Zcmp:.300
set F:.50
set N:.50
V=v
```

```
for F in kap/*.tex
do
    [ -s "$F" ] || continue
    [ $# -eq 1 ] && grep -qm "%<$1%>" "$F" || continue
    cat "$F" | {
        > "$F"
        while readl Z Zcmp
        do
            if [ $V == V ]
            then
                expr "$Z" :: '\end{verbatim}' && V=v
                catv Z /%n; continue
            else
                UseNot && continue
                expr "$Z" :: '\begin{verbatim}' || goend
                V=V catv Z /%n; continue
            fi
            for N in "$@"
            do
                [ ${#N} -ge 2 ] || continue
                expr "$Z" :: "%<$N%>" || continue
                Zeile
            done
            cmpv Z Zcmp || print -u2 "$F:$Zcmp%n$F:$Z%n"
            catv Z /%n
        done
        ><
    }
done

exit 0
```

Das Skript ist natürlich so *schlau*, die Änderungen (hier: `textsc`) in bestimmten Bereichen zu unterbinden. Es wird auch die Dominanz des Kommandos `expr` deutlich, bei Problemstellungen, die Texte betreffen (expr → Expression → Regular Expression).

Das folgende Skript gehört schon in den Bereich der anspruchsvolleren Skripte, die erkennen lassen, daß sogar Shell-Skriptsprachen tatsächlich *richtige* und sogar mächtige Programmiersprachen sind (`ctex.bsh`):

```
#!/u/bin/bsh
#ctex.bsh: Hauptscript Syntax Highlight in .tex

DIR=kap
[ -s /tmp/$DIR.tar -o -s /tmp/$DIR.tar.bz2 ] || {
    print -u2 tar ...
    tar cf /tmp/$DIR.tar $DIR || exit 1
    print -u2 bzip2 ...
    bzip2 -f /tmp/$DIR.tar || exit 1
}

FILES=$DIR/?*.tex
CTEX=ctex_1
[ $# -eq 2 ] && CMD=$1 LANG=$2 shift 2
[ $# -gt 0 ] && exit 2
C="del prep clear"
L="c cpp bsh sh perl tex vim html"
ifset CMD  && expr "$C" :: "%<$CMD%>" || exit 3
ifset LANG && expr "$L" :: "%<$LANG%>" || exit 4


SetLangKz()  {
    local le=$1
    expr "$le" :: '^[a-z]%{1,4}$' || return
    case "$le" in
       c|cpp|html)  KZ='//' ;;
      bsh|sh|perl)  KZ='##' ;;
              tex)  KZ='%%' ;;
              vim)  KZ='"' ;;
                *)  return 2 ;;
    esac
    LE="$le"
    expr "$LES" :: "%%<$le%%>" || {
        LES="$LES$le "
        : 3>$CTEX.$LE
    }
    return 0
}


PutKode()  {
    let "OFFS<=0 || ${#KODE}<OFFS" && return 0
    catv .$KZ@+ NAME ._ TN .@$KZ /%n $OFFS,KODE %
         .$KZ@- NAME ._ TN .@$KZ /%n =3  3>> "$CTEX.$LE"
    return 0
}
```

```
set KODE:.30000
set Z:.500
set INAME:.100
set LES:' '100
set FILE:.20
set NAME:.20
set LE:.20
set Le:.20
set N:020
set TN:020
set OFFS:020
z=0 o=0
Beg='\begin{verbatim}'
End='\end{verbatim}'
Inp='\input{..*%.ctex}'
Pv='%%v%%'
Pl='%%l%%'
LES=


for FILE in $FILES
do
   expr "$FILE" :NAME '%([^/]%{1,}%)%.tex$' || continue
   [ -s "$FILE" ] || continue
   [ -z "$CMD" -o "$CMD" == clear ] &&
      grep -qm "^${Pl}[a-z]" "$FILE" || continue
   print -u2 "%t$FILE"
   N=$((36#a9)) z=0
   [ "$CMD" == del ] && z=D
   [ "$CMD" == prep ] && z=P
   [ "$CMD" == clear ] && z=C
   cat $FILE | {
      > $FILE
      while readl Z
      do
         while :
         do
            case $z in
              0)  expr "$Z" :Le "^$Pl"'%(..*%)$' && z=1
                  ;;
              1)  expr "$Z" :: "^$Pv$Beg" &|
                  expr "$Z" :: "^$Beg" || z=0 goend
                  SetLangKz "$Le" || z=0 goend
                  TN=$((36#, ++N)) OFFS=0
                  INAME="$DIR/${NAME}_$TN.ctex"
                  z=v continue ;;
```

```
            v|V)
                    expr "$Z" :: "^$Pv$End" &|
                    expr "$Z" :: "^$End" && z=I
                    if expr "$Z" :: "^$Pv"
                    then o=3
                    else o=0 catv '.%v%'
                    fi
                    let "OFFS+${#Z}+1>=${#KODE}" && {
                        z=- print -u2 "OFFS=$OFFS"
                    }
                    [ $z == V ] && {
                        catv $o,,Z /%n =$OFFS,,KODE
                        let "OFFS+=${#Z}+1-o"
                    }
                    [ $z == v ] && z=V
                    ;;
            I)  if expr "$Z" :: "$Inp"
                then Z="\input{$INAME}"
                else catv '.\input{' INAME '/}%n'
                fi
                PutKode
                z=0 continue ;;
            P|p)
                    expr "$Z" :: "^$Beg%$" && [ "$z" == P ] &&
                        catv '.%1%' LANG /%n
                    z=P expr "$Z" :: "^$Pl$LANG%$" && z=p
                    ;;
            D)  expr "$Z" :: "^$Pl$LANG%$" && z=d ;;
            d)  expr "$Z" :: "$Inp" && z=D continue 2
                if expr "$Z" :: "^$Pv"
                then catv 3,,Z =Z:
                else z=D
                fi
                ;;
            C)  expr "$Z" :: "^$Pl$LANG%$" && continue 2
                ;;
            esac
            catv Z /%n
            break
        done
    done
    [ $z == I ] && { catv '.\input{' INAME '/}%n'; PutKode; }
    ><
    }
done
```

```
ifset CMD && exit 0

for LE in $LES
do
    [ -s $CTEX.$LE ] || continue
    print -u2 "  $CTEX.$LE -> ctex_$LE.htm"
    gvim -n -f -iconic +'set nonu' +TOhtml +"w! %
            ctex_$LE.htm" +'q!' +'q!' $CTEX.$LE
done

for LE in $LES
do
    [ -s "ctex_$LE.htm" ] || continue
    print -u2 "  $DIR, ctex_$LE.htm"
    bsh ./chtm2tex.bsh "$DIR" "ctex_$LE.htm"
done

exit 0
```

Der erste Teil des Skriptes bearbeitet die Quelldateien des Buches, die in der Schriftsatzsprache TEX vorliegen (datei.tex, und produziert je eine Sammeldatei für jede Programmiersprache, beispielsweise ctex_l.c.

In der oben zu sehenden ersten Schleife generiert der Editor gvim aus diesen Sammeldateien je eine .html-Sammeldatei mit verschachtelter, farbgebender HTML-Syntax, beispielsweise ctex_c.htm.

In der zweiten for-Schleife werden diese Sammeldateien dem zweiten bsh-Skript chtm2tex.bsh übergeben, das die gekennzeichneten Abschnitte in den Sammeldateien herausgreift, die TEX-Farbanweisungen erzeugt und dafür etwa 439 Dateien *.ctex schreibt, die per \input{Datei} (in *.tex) inkludiert werden.

Die ursprünglichen Kodeabschnitte sind per % auskommentiert und können weiterhin von den Skripten gelesen und auch wieder automatisch einkommentiert werden.

```
#!/u/bin/bsh
#chtm2tex.bsh

[ $# -eq 0 ] && exit 0
DIR=.
[ $# -gt 1 ] && DIR="$1" shift
FILES="$*"

set Z:.500
set Text:.100
set Leer:.100
set FILE:.100
set OFILE:.100
set HexC:010
R=000000000
G=000000000
B=000000000


PutText() {
    local l:20.1
    expr "$Text" :Text '&quot;' += '"'
    expr "$Text" :Text '&lt;' += '<'
    expr "$Text" :Text '&gt;' += '>'
    expr "$Text" :Text '&amp;' += '&'
    expr "$Text" :Text ' ' += "$1"
    expr "$Text" :Text '\' += '\textbackslash '
    expr "$Text" :Text '''' += '\textquoteright '
    expr "$Text" :Text '`' += '\textquoteleft '
    expr "$Text" :Text '"' += '\textquotedblright '
    expr "$Text" :Text '%^' += '\textasciicircum '
    expr "$Text" :Text '~' += '\textasciitilde '
    expr "$Text" :Text '&' += '\&'
    expr "$Text" :Text '#' += '\#'
    expr "$Text" :Text '%$' += '\$'
    expr "$Text" :Text '%%' += '\%'
    expr "$Text" :Text '_' += '\_'
    expr "$Text" :Text '{' += '\{'
    expr "$Text" :Text '}' += '\}'
    expr "$Text" :Text '%('"$1"'%{1,}%)' + '\verb:%1:'
    expr "$Text" :Text "$1" += ' '
    ifset Text || return 1
    catv Text
    return 0
}
```

```
MkRgb() {
    expr "$HexC" :R '^%(..%)....'
    expr "$HexC" :G '^..%(..%)..'
    expr "$HexC" :B '^....%(..%)'
    let "R=16#$R" "G=16#$G" "B=16#$B"
    let "R=(R*1000+127)/255" %
        "G=(G*1000+127)/255" %
        "B=(B*1000+127)/255"
    [ ${#R} -eq 1 ] && R=0.00$R
    [ ${#R} -eq 2 ] && R=0.0$R
    [ ${#R} -eq 3 ] && R=0.$R
    [ ${#R} -eq 4 ] && R=1.000
    [ ${#G} -eq 1 ] && G=0.00$G
    [ ${#G} -eq 2 ] && G=0.0$G
    [ ${#G} -eq 3 ] && G=0.$G
    [ ${#G} -eq 4 ] && G=1.000
    [ ${#B} -eq 1 ] && B=0.00$B
    [ ${#B} -eq 2 ] && B=0.0$B
    [ ${#B} -eq 3 ] && B=0.$B
    [ ${#B} -eq 4 ] && B=1.000
    return 0
}


RAlez='%( %{1,}%)'
RAtxt='%([^< ]%{1,}%)'
RAfcc='<font color="#%(......%)">'
RAbgc='<span style="background-color: #%(......%)">'
KZ='[%/*#(;"]%{1,2}'



Leerz() {
    local k:.10 rek=$1
    shift
    expr "$rek" :k '.' += '}' || k=
    catv k /\verb: Text /:
    while ifset rek
    do
        catv 1,rek =k:
        expr "$rek" :rek '^.%(.*%)$'
        case "$k" in
            B)  catv ".\colorbox[rgb]{$1,$2,$3}{"; shift 3 ;;
            f)  catv ".\textcolor[rgb]{$1,$2,$3}{"; shift 3 ;;
            b)  catv '.\textbf{' ;;
        esac
    done
    return 0
}
```

Rekursive Shell-Funktion. ▶ 128, 129.

```
Zeile()  {
   local k=. rek=$1
   shift
   while :
   do
      ifset Z || return 0
      expr "$rek" :k '%(.%)$' || k=.
      case "$k" in
        B)  expr "$Z" :Z '^</span>' = '' && k=R ;;
        f)  expr "$Z" :Z '^</font>' = '' && k=R ;;
        b)  expr "$Z" :Z '^</b>'    = '' && k=R ;;
      esac
      [ "$k" == R ] && { catv '.}'; return 0; }
      expr "$Z" :Text "^$RAlez" && {
         Leerz $rek $*
         expr "$Z" :Z "^$RAlez" = ''
      }
      expr "$Z" :Text "^$RAtxt" && {
         PutText
         expr "$Z" :Z "^$RAtxt" = ''
      }
      expr "$Z" :HexC "^$RAbgc" && {
         expr "$Z" :Z "^$RAbgc" = ''
         MkRgb
         catv ".\colorbox[rgb]{$R,$G,$B}{"
         Zeile ${rek}B $* $R $G $B
      }
      expr "$Z" :HexC "^$RAfcc" && {
         expr "$Z" :Z "^$RAfcc" = ''
         MkRgb
         catv ".\textcolor[rgb]{$R,$G,$B}{"
         Zeile ${rek}f $* $R $G $B
      }
      expr "$Z" :: "^<b>" && {
         expr "$Z" :Z "^<b>" = ''
         catv ".\textbf{"
         Zeile ${rek}b $*
      }
   done
   return 0
}
```

Der Aufruf der Funktion Leerz ist hier von besonderer Wichtigkeit.

```
for FILE in $FILES
do
    < $FILE
    while :
    do
        OFILE=
        while readl Z
        do  expr "$Z" :OFILE "$KZ"'@+%(%W%{4,}%)@'"$KZ" && break
        done
        ifset OFILE || break
        print -u2 "%t$DIR/$OFILE.ctex"
        > $DIR/$OFILE.ctex
        catv '/\begin{flushleft}%n\begin{ttfamily}%n'
        while readl Z
        do
            expr "$Z" :: "$KZ@-$OFILE@$KZ" && break
            catv "/\verb:    :"
            Zeile
            catv /\\%n
        done
        catv '/\end{ttfamily}%n\end{flushleft}%n'
        ><
    done
    ><
done

exit 0
```

Die Funktion `Zeile` wird vorstehend ohne Argument aufgerufen. Sie ruft sich anschließend selbst rekursiv auf, dabei aber mit Argumenten. Nichtrekursive Lösungskonzepte wären hier fragil und häßlich. Rekursive Lösungen jedoch sind mit Abstand die besten, wenn verschachtelte Syntax interpretiert und übersetzt werden muß:

```
<span style="background-color: #fffff0"> <!--B-->
<font color="#000000">-qm</font></span> <!--Bf-->
<font color="#000000"><b>&quot;'</b>       <!--fb-->
```

Die Argumente bei rekursiven Aufrufen:

```
Bfb       r g b   r g b
Bf        r g b   r g b
Bb        r g b
b
f         r g b
bfB       r g b   r g b
fBfb...   r g b   r g b   r g b   . . .
```

Es wird sichtbar, daß rekursive Konzepte prinzipiell limitlos sind und stets funktionieren, was hier auch immer an Kombinationen vorliegen mag.

Der Algorithmus im Funktionskörper ist tabellenartig starr und simpel. Bei Erweiterungen und Sonderfunktionen müssen nur die Tabellen vertikal erweitert werden. Die Argumente ziehen sich wie ein roter Faden durch das Ganze und können überall einfach benutzt werden.

Anhand der Variablen `RAxyz` und `Z` (Zeileninhalt), den Argumenten für `expr` und `catv` und den Funktionsargumenten und -parametern `Bfb` wird in der Übersicht klar, was der Algorithmus macht.

Die drei Farben müssen von Hex-Notation `#ffffff` zu Dezimalzahlen zwischen 0.000 und 1.000 konvertiert werden. Das wird von der Funktion `MkRgb` erledigt.

`Z` ist global und wird nach erfolgreichen Suchmusterereignissen jeweils sofort um das Suchmuster gekürzt, so daß stets an deren Anfang gesucht wird.

Das letzte Zeichen im ersten Funktionsargument `'.$'` beschreibt stets den aktuellen Zustand. Beispielsweise bei `B` befindet sich der Ablauf innerhalb einer Konstruktion `<span..` und muß nach dem Abschluß `</span>` suchen. Wird ein Abschluß gefunden, wird die jeweilige Funktionsinstanz verlassen.

Die Zeichen zwischen Beginn und Anschluß bilden den Nutztext. Darin wurde zunächst zwischen Leerzeichen und anderen Zeichen unterschieden und für Leerzeichen die Anweisung `\verb` verwendet.
Aber jedoch:

```
\colorbox[rgb]{1,0,0.5}{\verb..}        % Verboten!
```

Aus diesem Grund wurde die Funktion `Leerz` implementiert, die alle jeweils offenen TₑX-Syntaxkonstrukte schließt, indem soviel Zeichen `'}'` erzeugt und ausgegeben werden wie Zeichen im ersten Funktionsargument enthalten sind: `bfB → }}}`.

Danach erfolgt Ausgabe von `\verb..`, gefolgt von einem Wiedereintritt in alle zuvor geschlossenen Syntaxkonstruktionen in der korrekten Reihenfolge, indem die Zeichen des ersten Funktionsargumentes vom ersten bis zum letzten durchlaufen werden und die jeweils zugeordnete Syntaxkonstruktion geöffnet wird, wobei auch der jeweils zugeordnete Dreisatz von Farbwerten wiederverwendet wird.

Das Konzept der Rekursion beweist auch bei Änderungen seine große Kraft: Es ist redundant, Syntaxkonstruktionen auszugeben, wenn als Farbwerte 0.000 0.000 0.000 vorliegen, da *Schwarz* ohnehin Grundeinstellung ist. Die Lösung dieses Problems besteht darin, einfach ein weiteres Zeichen `F` für das erste Funktionsargument hinzuzufügen, welches das Lesen der Syntax unverändert läßt, jedoch das Ausschreiben der zugehörigen Syntax unterbindet.

In C könnte man folgendermaßen ansetzen:

```
void Zeile(const char *, ...);
```

Es ist voraussehbar, daß allein die Behandlung der Argumente in C aufwendiger sein würde als in `bsh`.

Die erzeugte Datei `init_ad.ctex`:

```
\begin{flushleft}
\begin{ttfamily}
\ \ \ \textcolor[rgb]{0.161,0.541,0.322}{\textbf{static}}
\ \textcolor[rgb]{0.161,0.541,0.322}{\textbf{char}}
\ \textcolor[rgb]{0.322,0.459,0.906}{A}\symbol{91}
\textcolor[rgb]{1.000,0.000,1.000}{4}\symbol{93}=
\ \textcolor[rgb]{1.000,0.000,1.000}
{\symbol{34}abc\symbol{34}};\\
\ \ \ \textcolor[rgb]{0.161,0.541,0.322}{\textbf{static}}
\ \textcolor[rgb]{0.161,0.541,0.322}{\textbf{char}}
\ \textcolor[rgb]{0.322,0.459,0.906}{A}\symbol{91}
\textcolor[rgb]{1.000,0.000,1.000}{4}\symbol{93}=
\ \textbf{\{}\ \textcolor[rgb]{1.000,0.000,1.000}
{\symbol{39}a\symbol{39}}\symbol{44}
\ \textcolor[rgb]{1.000,0.000,1.000}
{\symbol{39}b\symbol{39}}\symbol{44}
\ \textcolor[rgb]{1.000,0.000,1.000}
{\symbol{39}c\symbol{39}}\symbol{44}
\ \textcolor[rgb]{1.000,0.000,1.000}{0}\ \textbf{\}};\\
\ \ \ \ \textcolor[rgb]{0.161,0.541,0.322}{\textbf{const}}
\ \textcolor[rgb]{0.161,0.541,0.322}{\textbf{char}}
\ *\textcolor[rgb]{0.322,0.459,0.906}{cp}\ =
\ \textcolor[rgb]{1.000,0.000,1.000}
{\symbol{34}abc\symbol{34}};\\
\end{ttfamily}
\end{flushleft}
```

Wegen notwendiger Zeilenumbrüche würden zusätzliche Leerzeichen erzeugt, falls der vorstehende Kode übersetzt wird. ▶ 132.

```
%l%tex
%v%\begin{verbatim}
%v%\begin{flushleft}
%v%\begin{ttfamily}
%v%\ \ \ \textcolor[rgb]{0.161,0.541,0.322}{\textbf{static}}
[...]
%v%\ \textcolor[rgb]{1.000,0.000,1.000}
%v%{\symbol{34}abc\symbol{34}};\\
%v%\end{ttfamily}
%v%\end{flushleft}
%v%\end{verbatim}
\input{kap/modern_ca.ctex}
```

Wie vorstehend sieht das in der Quelle `kap\modern.tex` aus.

18.7 Modul-Konzepte (C-Projekte)

Kleine C-Programme bestehen meist aus einer einzigen C-Datei. Da wird der Compiler einfach aufgerufen: `bcc xyz.c` und er erzeugt eine ausführbare Datei: `xyz.exe`.

Größere Programme bestehen leicht aus 20 und mehr einzelnen C-Modulen, schon allein, um Übersicht und Flexibilität zu erhalten. Der Webbrowser Mozilla besteht aus über 10000 Dateien `*.?`. Sobald ein C-Projekt aus mehreren Modulen besteht, gibt es mehrere konzeptionelle Möglichkeiten, die Kompilierung zu handhaben.

Die klassische Methode zu kompilieren besteht darin, den Compiler einfach direkt mit allen C-Dateien aufzurufen:

```
cc -oxyz xyz.c mod/*.c
```

Oder es befindet sich ein maßgeschneidertes Shell-Skript im jeweiligen Projektverzeichnis:

```
cco.bat
cco.cmd
cco
Gcc
Gcc3
```

um komfortabel kompilieren zu können.

18.7.1 Standardkonzept und sein Dogma

Dieses Konzept besteht darin, mehrere C-Dateien zu verwenden und pauschal in jede C-Datei einen C-Header gleichen Namens zu inkludieren.

Das ist gewiß prinzipiell in Ordnung so, jedoch ist manchmal zu beobachten, daß alle Header leer oder fast leer sind und das Projekt in zu viele Dateien aufgeteilt wurde. Das zeigt auf, daß der betreffende Programmierer sich keine eigenen Gedanken zu seinem Projektaufbau gemacht hat, sondern pauschal das machte, was ihm immer überall so erzählt wurde.

Es ist jedoch so, daß der Aufbau eines C-Projektes mit seinen Dateien vollkommen frei wählbar ist. Der Compiler will nämlich nur gültigen C-Kode der Reihe nach lesen, mit rechtzeitigen Deklarationen und Definitionen. Bezüglich eines bestimmten Projektaufbaus haben seine Entwickler nichts implementiert.

18.7.2 Quasi eine Datei

Sinnvoll sein kann oft das folgende Konzept, bei dem ganz einfach die diversen C-Dateien in die Hauptdatei `xyz.c` hinein-inkludiert werden:

```c
/*      xyz.c                2.11.95 */

#       include <stdlib.h>
#       include <stdio.h>

#       include "xyz.h"
#       include "mod/a.c"
#       include "mod/b.c"
#       include "mod/c.c"
#       include "mod/d.c"


struct kle { /* ... */ };


        int  main(int, char **);
static  int  xyz(int, char **);

static int vLEN;

/* ... */
```

Damit kann der Compiler genauso einfach aufgerufen werden wie bei kleinen C-Projekten. Auch bei Benutzung von Hilfsprogrammen, wie C-Browser (cscope), hat man es nur mit einer einzigen Quelldatei zu tun, die angegeben wird. Weiterhin können alle Namen des gesamten Quelltextes mit `static` versehen sein, also privat verkapselt; nur `main` ist das einzige Symbol, das daraus exportiert wird. Es können so prinzipiell keine Konflikte mit Library-Symbolen oder anderen externen Symbolen auftreten.

Der Compiler `gcc` ab Version 3.4.3 hat eine Option `-funit-at-a-time`, die besondere Optimierungen ermöglicht. Dies aber nur in einer einzelnen Datei und überwiegend nur bei Objekten, die per `static` lokal sind.

Der Compiler kann beispielsweise die Parameterübergabe an eine Funktion *nicht* optimieren, wenn diese Funktion *nicht* lokal ist und er daher annehmen muß, daß sie von außerhalb in einer für ihn *nicht sichtbaren* Art und Weise aufgerufen wird.

Nur bei einem Ein-Modul-Konzept kann der Compiler alle *unbenutzten* statischen Objekte melden! Weiterhin sind Irrtümer bei der Verzahnung public <-> `extern` prinzipiell ausgeschlossen, da es solche Verzahnungen ja garnicht gibt. Der Compiler kann nämlich bei einer Objektbeschreibung per `extern` beliebig *angelogen* werden, denn er sieht ja das Anlegen in einem *anderen* Modul garnicht, der bei einem *anderen* Compiler-Lauf kompiliert wird.

Ein solchermaßen konstruiertes C-Projekt läßt sich auch einfacher in ein C++-Projekt umwandeln, einfach durch Änderung der Dateinamen-Endung (▶ 321).

Obwohl bei diesem Konzept nach jeder Änderung des Quellkodes dieser komplett neu kompiliert wird, ist das heutzutage kein Nachteil mehr, denn selbst Programme mit mehreren 10000 Zeilen werden trotz hoher Optimierung in wenigen Sekunden kompiliert. Dazu trägt auch bei, daß alle Header nur einmal gelesen werden. Das Thema »*Vorkompilierte Header*« dürfte bekannt sein ...

Die Grenze für dieses Konzept liegt wohl bei etwa 40 inkludierten Dateien oder 50000 Zeilen. Darüber hinaus leidet die Übersicht und der Zeitbedarf eines Compiler-laufes kann allmählich unbequem lang werden.

Allerdings erreicht man bei Entwicklungen für 16 Bit nicht selten die maximale Größe von 64 KB für den *einzigen* Sammel-C-Modul (Text-Segment), so daß dann gesplittet werden muß.

Eine Separierung ist notwendig, falls mehrere ausführbare Dateien durch ein Projekt erzeugt werden sollen. Die Header können gemeinsam benutzt werden, sofern darin keine Objekte angelegt werden, was ja grundsätzlich unterbleiben soll.

18.7.3 Projekt-Werkzeuge

Allgemein werden oft extra Werkzeuge für das Projektmanagement verwendet, wie make unter UNIX, und die diversen IDEs unter DOS/Win.

Hiermit wird jeder C-Modul *einzeln* kompiliert, woraus jeweils eine Objekt-Datei *.o entsteht, die jeweils nur neu erzeugt wird, falls es Änderungen in dem zugehörigen C-Modul gab. Die Objekt-Dateien sind fertige Module, die nur noch der Linker zusammenbinden muß.

Nachteile sind, daß in jedem C-Modul alle Informationen extra bereitgestellt sein müssen. Desweiteren müssen alle C-Module gemäß EXTERN und PUBLIC bzw. PUBLIC und EXTERN miteinander verzahnt werden. Weiterhin muß man mit den Projektwerkzeugen *arbeiten* und beispielsweise die make Syntax gut beherrschen – und schreiben.

18.7.4 Individuell einzeln

Dieses Konzept ist überschaubar und komfortabel. Grundlage ist das oben beschriebene Standardkonzept, allerdings mit starken Abweichungen hinsichtlich Gliederung und Inkludierung.

decl.h

```
#if !defined(DECL_H)
# define DECL_H

#          include <mb901x340.h>
#          include "../lib/typen.h"

# define RX_ERRn     0x2000u
# define RX_ERRd0    0x4000u
// ...

struct channel {
   UNS4 volatile delay[2], rtc[1], tseq[2];
   UNS2 rxch, lock;
   BYTE nrx, lseq;
};

struct channels {
   struct channel C[16];
   struct { UNS2 enable:1, opener:1, toggle:1, ext:1, seq:1,
               rtc:1, lock:1, tx:1, led:1, safe:1; } flg;
   UNS2 nrxt, rtcw;
};

# define Cx()  C(0) C(1) C(2) C(3) C(4) C(5) C(6) C(7)  \
               C(8) C(9) C(10) C(11) C(12) C(13) C(14) C(15)
// ...
#endif
```

Der zentrale Header, mit Deklarationen als Inhalt, der einen projektübergreifenden Typen-Header inkludiert.

var.h

```
#if !defined(VAR_H)
# define VAR_H

# define EXTERN  extern
#          include "var.c"
# undef EXTERN

#endif
```

Dieser Header inkludiert var.c und schaltet darin auf extern-Deklaration um, damit in var.h nicht alle Datenobjekte noch einmal geschrieben werden müssen.

var.c

```
#         include "decl.h"

#if !defined(EXTERN)
# define EXTERN
# define EXTRN  0
#else
# define EXTRN  1
#endif

EXTERN struct irt        IRt;
EXTERN struct irr        IRr;
EXTERN struct channels Ch;
EXTERN struct i1ms       volatile I1ms;

#if EXTRN == 0
EXTERN char const K11z[]= "%1.1K$";
EXTERN char const K21z[]= "%2.1K$";
#else
EXTERN char const K11z[];
EXTERN char const K21z[];
#endif
```

Dies ist ein normales Projektmitglied, das die Datenobjekte des Projektes anlegt: EXTRN==0, EXTERN==leer. Nur initialisierte Objekte müssen doppelt vorhanden sein.

xyz.c

```
#         include "decl.h"
#         include "prototypen.h"
#         include "var.h"
```

Dies ist ein normales Projektmitglied mit allen notwendigen Inkludierungen.

Dieses Konzept hat auch Gegner, die befürchten, daß in der Datei `var.c` Fehler gemacht werden bei dem Teil der doppelt vorhanden sein müssenden Definitionen. Alle Vereinbarungen in `var.c` ohne `extern` und nochmals in `var.h` mit `extern` sei sicherer, weil der Compiler dann Ungleichheiten erkennen kann. Das kann der Compiler tatsächlich, wenn `var.h` in `var.c` inkludiert ist.

Allerdings kann mit einem geeigneten Editor sehr sicher gearbeitet werden, so daß Komfort, Produktivität und Übersichtlichkeit des Konzeptes schwer in der Waagschale liegen ...

18.8 Speicherzuteilung

18.8.1 Funktion `malloc()`

Die Funktion der Funktionen `malloc`, `realloc` und `free` ist außerordentlich simpel und daher einfach zu verstehen und zu verwenden. Eine ganz kurze Beschreibung reicht (zunächst) aus (▶ 266):

> `malloc` besorgt Speicherplatz, dessen gewünschte Größe in Byte als Argument angegeben wird. `malloc` retourniert die Startadresse des Speicherplatzes, die bei Fehlschlag `0` ist. Nicht mehr benötigter Speicherplatz muß freigegeben werden, indem die zuvor gelieferte Adresse an `free` übergeben wird.

> `realloc` verändert die Größe eines solchen Speicherplatzes. Dazu müssen eine zuvor gelieferte Adresse und die neue Wunschgröße übergeben werden.

18.8.2 Fehler: Beispiel 1

Trotz dieser Einfachheit unterlaufen im Zusammenhang mit diesen Funktionen zur dynamischen Speicherzuteilung häufig viele massive Fehler [9]:

```c
unsigned char *get_line(int fd)
{
    int i;
    unsigned char *line;

    line= (char*)malloc(1);
    for (i=1;  line[i]!='\n' || line[i]!=';';  i++)
    {
        read(fd, &line[i], 1);
        line= (char*)realloc(line, 1);
    }
    return line;
}
```

- Die zugehörige Dokumentation wurde nicht gelesen.

- Der zugehörige Header `<stdlib.h>` wurde nicht angegeben.

- Die daraufhin generierten Warnungen des Compilers »... *makes a pointer from an int*...« wurden durch Typ-Casting *weggedrückt*, weil sie nicht verstanden wurden und daher *störten*.

- Es wurde ein falscher Typ beim Typ-Cast angegeben.

- Die daraufhin erfolgten Warnmeldungen »... *incompatible pointer types*...« wurden ignoriert.

- Der gezwungenermaßen vom Compiler angenommene Ausweichtyp `int` als Rückgabetyp kann ungeeignet sein und zu schweren Fehlern des Programms führen. Der Typ-Cast ändert nichts daran – der repariert hier überhaupt nichts.

- Auch im Aufrufer von `get_line()` war keine Freigabe des Speichers durch `free` vorgesehen.

- In keinem Fall wird die retournierte Adresse auf Fehlschlag geprüft.

- Der Rückgabewert von `read` wird nicht geprüft.

- Der Inhalt des Speicherbereiches wird auf einen bestimmten Inhalt geprüft, bevor dieser überhaupt mit Daten gefüllt wird.

- Der Index beginnt mit `[i=1]` und adressiert ein nichtexistierendes zweites Byte des Speicherplatzes schon zu Beginn.

- Die Schleife läuft ewig, weil `||` statt `&&` verwendet wurde.

- Der Aufruf von `realloc` ist sinnlos, da der Speicherplatz in seiner Größe von bereits 1 Byte nicht verändert wird.

- Der Index adressiert fortlaufend nichtexistierenden Speicherplatz.

- Das Byte, das `read()` einfüllt, wird niemals geprüft, da der Index `i` jeweils zuvor erhöht wird.

- Ein Anfordern von nur ein Byte Speicherplatz ist grundsätzlich grober Unfug.

- Die Verwendung dieser Funktionen zum Lesen einer Zeile ist Unfug, solange die Zeilenlänge nicht wesentlich größer als 30000 Byte sein kann.

18.8.3 Fehler: Beispiel 2

```c
void parse_html2(char *s, int n) {
  int i;
  char *tmp = (char*) malloc(n + 1);
  if (tmp == NULL) {
    fprintf(stderr, "malloc-error: %s\n", strerror(errno) );
    exit(1);
  }
  for (i = 0; i < n; i++) {
    if (s[i] == '>') { ++i;
      while (s[i] != '<') {
        tmp[i] += s[i]; ++i;
      }
      tmp[strlen(tmp) + 1] = 0;
      printf("%s\n", tmp);
    }
  }
}
```

Das Programm brach mit Speicherzugriffsfehler ab, was überhaupt nicht überraschend ist ([9]).

- Der Typ-Cast vor `malloc` sollte unterbleiben. Wenn der passende Header eingebunden ist, ist dem Compiler bekannt, daß `void*` retourniert wird.

- Es fällt auf, daß es keinen Aufruf von `free` gibt. Das ist sehr schlimm.

- `tmp[]` wird nicht initialisiert (`tmp[0]=0;`). Falls nach > sofort < folgt, wird dies ersichtlich.

- Die Terminierung von `s[]` bleibt ungeprüft.

- Falls `tmp[]` initialisiert worden wäre, würde die Zeile mit `tmp[ ]=0;` eine zweite Null hinter die erste schreiben, bei ><.

- Die Verwendung von `strlen` ist extrem ineffizient.

- In der `while`-Schleife wird keine terminierende Null geschrieben (>...<), jedoch nach der Schleife wird `strlen` angewandt.

- Falls `tmp[]` initialisiert worden wäre, würde `strlen` stets Null liefern.

- In der `while`-Schleife wird klar, daß `tmp[i]` und `s[i]` nicht den gleichen Index haben können, denn ein Auszug aus `s[]` soll nach `tmp[]` kopiert werden.

- Die Teilstücke >...< sollten voneinander getrennt werden.

- Ein HTML-Parser ist das nicht, auch nicht, wenn die vorstehenden Fehler beseitigt würden.

Die Fehlerhaftigkeit der obenstehenden Funktion (eines Anfängers) ist eine absolute Totalkatastrophe. Die folgende Funktion ist eine verbesserte Variante [9]:

```c
void parse_html3(char *s) {
  size_t i, j;
  char *res = (char*)malloc(strlen(s) + 1);
  for (i = 0, j = 0; i < strlen(s); i++) {
    if (s[i] == '>') {
      while (s[++i] != '<' && s[i] != 0) {
        if (s[i] == '\n')
          continue;
        res[j] = s[i];
        ++j;
      }
    }
  }
  printf("%s\n", res);
}
```

- Der Typ-Cast vor `malloc` ist immer noch vorhanden.

- Nach wie vor wird der Speicher nicht per `free` freigegeben.

- Eine ineffiziente Verwendung von `strlen` ist beseitigt, dafür gibt es nun eine andere solche. Ein guter Compiler wird allerdings diese Invarianz beseitigen.

- `res[]` wird nicht terminiert per `'\0'`!

- Ein HTML-Parser ist dies immer noch nicht. Zumindest HTML-Kommentare `<!-- ... -->` sollten noch berücksichtigt werden.

Damit sind die Fehler, die besonders im *Dunstkreis* von `malloc` passieren, noch längst nicht alle aufgezählt:

Falls doch eine Speicherfreigabe programmiert wurde, wird nicht eine zuvor gelieferte Adresse an `free` übergeben, sondern die Adresse wurde inzwischen durch Pointer-Arithmetik verändert.

Es werden sogenannte Speicherlecks erzeugt, indem gelieferte Adressen vor der Freigabe durch weitere Aufrufe von `malloc` überschrieben werden. Speicherlecks sind insbesondere bei kommerzieller, kostenpflichtiger Software oft zu beobachten.

Bei der Anforderung von Speicherplatz wird nicht selten als Größe die allgemeine Größe einer Adresse `sizeof(typ*)` anstatt `sizeof(typ)` angegeben.

Manchmal werden in Funktionen gar keine Variablen mit Speicherklasse `auto` angelegt, sondern es wird alles per `malloc` besorgt. Ja sogar isoliert in Schleifen. Da werden bei jedem Durchlauf ein paar Bytes angefordert, dreimal benutzt, freigegeben, und so weiter!

— Die Leute mallocen sich zu Tode. —

Einige Aussagen zu den Funktionen für dynamische Speicherzuteilung:

- Speicherzuteilung mittels `malloc` & Co. geschieht um ein Vielfaches langsamer als mit Objekten der Speicherklasse `auto`.

- `malloc` ist nach Eingabe/Ausgabe (I/O) Flaschenhals Nummer 2.

- Jede Zuteilung benötigt zusätzliche Verwaltungsdaten.

- Es entsteht eine Fragmentierung des Speichers (Flickenteppich).

- Durchaus die Hälfte des Speicherplatzes kann wegen der Fragmentierung ungenutzt bleiben.

- Freigegebener Speicher kann meist nicht von anderen Prozessen genutzt werden.

- Es gibt die Gefahr von Speicherlecks.

- Die Verwendung von `malloc` muß relativ aufwendig durch Programmierung realisiert werden.

- Die Verwendung von `auto`-Objekten hingegen erfordert gar keinen Aufwand: `auto`→Automatisch – und ist absolut sicher.

`malloc` sollte also vermieden werden, wann immer es geht.

Sinnvolle Verwendungen von `malloc` & Co. gibt es selbstverständlich auch.

Folgende Situation sei gegeben:

Es existiert bereits ein Programm, das unter anderem folgende große Objekte definiert hat:

```
static byte  Abuf[256*1024];
static byte *Args[4*1024];
//...
Funktion(ai-x, Args+x);
```

In `Abuf` werden die Inhalte von Zeichenketten aufbewahrt, in `Args` die Adressen auf die Anfänge der Zeichenketten. Es werden Funktionen aufgerufen, die die Zeichenketten auswerten und die Parameter `argc` und `argv` besitzen, so wie `main()`.

Nun ist es leider so, daß das Programm in unvorhersehbarer Weise beliebig viele/wenige und beliebig lange/kurze Argumente produzieren kann: Das eine Mal sind die fixen Objektressourcen nur zu 1 Promille ausgenutzt, ein anderes Mal reichen diese Ressourcen garnicht aus.

Das ist eine Problemsituation, die ideal durch `malloc` lösbar ist. Hier lohnt sich deren Verwendung wirklich und es wird auch keine Verschlechterung der Effizienz des Programmes geben.

Die bisherigen Objekte werden einfach in Adressenvariablen umgewandelt:

```
static byte  *Abuf;
static byte **Args;
// etc.
```

Alles andere bleibt wie zuvor.

Es muß nun allerdings eine Speicherverwaltung implementiert werden:

```
//struct dynmem { void *p, *pold; byte *nam;
//                int sz, max, min;
//                byte zero, elem; };

static void *MemE(int b, int sz)
{
   struct dynmem *mp;
   int i;
   void *p;
   M_isdiff=0;
   if (b<0 && sz<0)  {
     for (mp=Mem,i=0;
          i < sizeof(Mem)/sizeof(*Mem);  ++i,++mp)
     {
        if (mp->p)  free(mp->p), mp->p=0;
     }
     return 0;
   }
```

Freigabe aller Speicherzuweisungen. `free` könnte auch ein NULL-Pointer übergeben werden. `free` beendet in solch einem Fall ohne Aktion.

```
   if (b<0)  {
     b= -b-1; mp= &Mem[b];
     if (!mp->elem)  mp->elem= 1;
     if ( mp->zero)  p= calloc(sz>>4, 16);
     else            p= malloc(sz);
     if (!p)  bsh_Err(LS16|E_NOMEM, "calloc()");
     mp->pold= mp->p ? mp->p : p;
     mp->p   = p;
     mp->sz  = mp->min= M_size= sz;
     M_elem  = sz/mp->elem;
   }
```

Die Speicheranforderungen zu Beginn. `calloc` initialisiert mit 0.

```
else {
    mp= &Mem[b]; p= mp->p;
    if (!mp->elem)  mp->elem= 1;
    M_size= mp->sz;
    if (sz>=4)   sz= (sz+3)&~(4-1);
    if (sz>0)  {
        for (i=1; mp->sz<<i <= mp->sz+sz;  ++i);
        sz= mp->sz<<i;
    }
    else  if (sz<0)  sz= mp->min;
          else       sz= mp->sz<<1;
    if (sz > mp->max)
        if (mp->sz < mp->max)  sz= mp->max;
        else  { M_size=0; return p; }
    if (sz == mp->sz)  return p;
    p= realloc(p, sz);
```

sz wird auf ein Ein- oder Mehrfaches von 4 eingestellt.
Die alte Größe mp->sz wird solange mit 2 multipliziert, bis sie größer ist als die alte Größe plus die zusätzliche Größe.
Oder es wird die Minimalgröße eingesetzt.
Oder es wird das Doppelte der alten Größe eingesetzt.
Es wird auf die Maximalgröße geprüft.
Es wird geprüft, ob eine neue, andere Größe vorliegt.

```
    if (!p)  bsh_Err(LS16|E_NOMEM, "realloc()");
    if (sz>mp->sz && mp->zero)  { ulong *lp= p;
        i  = (sz-mp->sz)/sizeof(*lp);
        lp+= mp->sz/sizeof(*lp);
        for (;  i>0;  --i,++lp)  *lp= 0;
    }
```

Es wird nötigenfalls der zusätzliche Speicher auf 0 gesetzt, da realloc das nicht leistet.

```
    mp->pold= mp->p ? mp->p : p;
    mp->p    = p;
    mp->sz   = M_size= sz;
    M_elem   = sz / mp->elem;
    M_isdiff= mp->p != mp->pold;
    }
    return p;
}
```

Es wird geprüft, ob realloc die Startadresse geändert hat.

Falls eine neue Startadresse für `Abuf` vorliegt, sind alle Adressen in `Args` dadurch ungültig geworden! Eine Korrektur (`MemAbuf`) wird notwendig:

```
static int MemArgs(void)
{
    Args= MemE(M_ARGS, 0);
    if (!M_size)  return 1;
    M_Args= M_elem;
    return 0;
}
```

`sizeof(Args)` kann nicht mehr verwendet werden.

```
static int MemAbuf(void)
{
    register int i;
    byte *a= Abuf, *b= Abuf+M_Abuf;

    Abuf= MemE(M_ABUF, 0);
    if (!M_size)  return 1;
    M_Abuf= M_elem;
    if (M_isdiff)  { byte *ap;
      for (i=0;  i<M_Args;  ++i)  {
        if ((ap=Args[i]) && ap>=a && ap<b)  {
          Args[i]= Abuf + (ap-a);
        }
      }
    }
    return 0;
}
```

Man kann es sich hier nicht einfach machen und die Differenz von alter und neuer Startadresse bilden, denn das ist nicht standard-konform. Oben werden deshalb nur Adressen miteinander verknüpft, die aus ein und demselben Objekt stammen.

Die Verdoppelung der Größe des Speicherbereiches bewirkt, daß der Speicher nur selten vergrößert werden muß. Es sollte mindestens mit 1.5 multipliziert werden.

Die Fehlermeldefunktion verwendet je nach Situation `longjmp` oder beendet das Programm.

Die oben gezeigte Speicherverwaltung ist gemäß dem Titel dieses Buchteils direkt aus der Praxis gegriffen und wurde nicht als Lehrstück präpariert. Der Kode zeigt auf, was konzeptionell berücksichtigt werden muß.

Besser wären: `M.args  M.elem    M.a[i].p  M.a[i].pold`, etc., also eine intensivere Nutzung von Strukturen.

18.8.4 Speicherklasse `auto`

Der C-Standard verlangt, daß bei jedem Funktionsaufruf für die Funktionsparameter und alle Objekte, die in der Funktion mit der Speicherklasse `auto` angelegt werden, dynamisch Speicherplatz bereitgestellt wird.

Außerdem wird uneingeschränkte Rekursionsfähigkeit verlangt, und daß Funktionen mit variabel vielen Argumenten (variadisch) möglich sein müssen.

Diese Forderungen haben zur Folge, daß C-Compiler in einer geeigneten Weise Assembler-Kode für den jeweiligen Prozessor erzeugen müssen. Es mußte folglich ein bestimmtes Modell mit bestimmten Konventionen entworfen werden, das Funktionsaufrufe in einer aufrufenden Funktion und die Verhaltensweise in aufgerufenen Funktionen festlegt.

In den weitaus meisten Fällen konnten die Entwickler der C-Compiler auf das Konzept eines *Stack*[5] zurückgreifen, das nahezu in allen Prozessoren eingebaut ist, unterstützt durch viele stack-orientierte Instruktionen und auch speziell zugeordnete Register.

Der Stack ist ein Speicherbereich, der von einer Basisadresse ausgehend nach unten hin wächst, also hin zu kleineren Adressen (StackTop).

Der aktuelle Stackbedarf ist umso größer, je mehr Funktionen im Moment verschachtelt aufgerufen sind. Dabei spielt es gar keine Rolle, ob Funktionen rekursiv (direkt oder indirekt) sich selbst aufrufen oder nicht: Es gibt da keinen Unterschied.

Die aktuelle Stack-Adresse wird in einem speziellen Register gehalten, dem Stackpointer. In Prozessoren Intel iX86 ist das `esp`, ein 32 Bit breites Register.

Bei Funktionsaufrufen in C werden die Funktionsargumentwerte beginnend mit dem *letzten* Argument in den Stackspeicher geschrieben. Dazu werden spezielle, stack-orientierte Instruktionen `push` benutzt.

Beispielsweise in Pascal werden Funktionsargumente in umgekehrter Reihenfolge in den Stackspeicher geschrieben. Deshalb sind in Pascal keine variadischen Funktionen möglich.

Um einen Wert vom Stackspeicher zu lesen, werden die stack-orientierten Instruktionen `pop` benutzt. `push` subtrahiert 4 vom Stackpointer `esp`, und schreibt dann die Daten auf den Stack. `pop` Liest die Daten vom Stack und addiert dann 4 zu `esp`.

Nachfolgend wird das grundlegende Modell eines *Stack frame*[6] in Assemblersprache gezeigt. Als Framepointer ist das Register `ebp` vorgesehen.

---

[5] Stack → Stapel; wächst nach unten
[6] Frame → Rahmen

```
int F(int a, int b, int c)
{
    volatile char buf[1000];
    int r= a + b + c;
    buf[0]= (char)r;
    return r;
}
```

	Kode	Stackpointer esp	Bemerkungen
1	r= F(a, b, c);	10000	C-Ebene
2	push c	9996	c Arg3
3	push b	9992	b Arg2
4	push a	9988	a Arg1
5	call F	9984	push eip+c ->[9984]
6	push ebp	9980	
7	mov ebp, esp	9980	
8	sub esp, 1000	8980	char buf[1000];
9	push esi	8976	
10	push edi	8972	
11	push ebx	8968	
12	mov eax, [ebp+8]	8968	a [9988]==[9980+8]
13	add eax, [ebp+12]	8968	b [9992]
14	add eax, [ebp+16]	8968	c [9996]
15	mov [esp+12], al	8968	[8980]==[8968+12]
16	mov [ebp-1000], al	8968	[8980]==[9980-1000]
17	pop ebx	8972	
18	pop edi	8976	
19	pop esi	8980	
20	mov esp, ebp	9980	
21	pop ebp	9984	
22	ret	9988	pop eip <-[9984]
23	add esp, 12	10000	
24	mov r, eax	10000	

call sichert den Inhalt des InstruktionsPointers eip plus die Länge von sich selbst (also Kodeadresse (23)) auf den Stack und füllt dann eip mit dem Wert der Sprungmarke (Label) F:, springt also zum Funktionsanfang von F() (6).

Die Instruktionen (6-8) könnten durch enter 1000, 0 ersetzt werden. Compiler verwenden enter meist nicht, weil sie langsam ist und der erste Operand nur 16 Bit breit sein darf.

Die Instruktionen (20-21) könnten durch leave ersetzt werden. Das wird oft getan, falls ebp als Framepointer verwendet wird.

▶ 54, 70.

Die Register (6, 9-11, 17-19, 21) müssen abgesichert werden, wenn sie in einer Funktion verändert werden, denn der Compiler erwartet, daß deren Inhalte über einen Funktionsaufruf hinweg unverändert bleiben.

Alternativ sind (15) und (16).

Gemäß Konvention ist in `eax` der `return`-Wert enthalten. Wenn 32 Bit dafür nicht reichen, wird `edx` zusätzlich verwendet. Gleitkommawerte werden im 80 Bit breiten FPU-Stacktop-Register retourniert.

`ret` füllt `eip` mit der Rücksprungadresse (23) vom Stack. Die Aufruferin korrigiert den Stackpointer aus ihrer Sicht, denn sie hatte zuvor 12 Byte auf den Stack gebracht – die 3 Argumente.

Solange dafür gesorgt wird, daß die notwendigen Registerinhalte erhalten bleiben und `ret` den korrekten Wert des Stackpointers (der auf die Rücksprungadresse zeigt) antrifft, kann man in einer Funktion *machen, was man will*. Das wird angesichts der später gezeigten Funktion `alloca` deutlich.

Es ist erkennbar, daß durch eine einfache Subtraktion vom Stackpointer (8) Speicherplatz zugewiesen wird. Der Compiler addiert den Speicherbedarf aller dynamischen Objekte in einer Funktion und erledigt die Speicherzuweisung stets mit dieser einen Subtraktion. Dabei spielt es keine Rolle, wie groß der subtrahierte Wert ist – die Speicherzuweisung geschieht in Nullzeit im Vergleich zu `malloc` & Co.

Daß der dynamische Speicher nach `return` ungültig geworden ist, ist selten ein Problem. Es muß dann eben konzeptionell anders gedacht werden. Beispielsweise kann eine aufrufende Funktion die Adresse eines dynamisch angelegten Puffers an Funktionen übergeben, wobei dieser Pufferspeicher in sämtlichen verschachtelt aufgerufenen Funktionen gültig ist. Und nirgendwo muß man sich dabei um Speicherzuweisung und -freigabe kümmern. Alles passiert vollautomatisch, ultraschnell und absolut sicher.

Bei Erreichen des Stacklimits wird auf Unix-Systemen das Signal SIGSEGV ausgelöst, das mit einem Signal-Catcher abgefangen werden kann.

Aber das Stacklimit sitzt meist sehr hoch:

```
# ulimit -a
...
data seg size       (kbytes, -d)   524288
stack size          (kbytes, -s)   65536
virtual mem size    (kbytes, -v)   unlimited
...
#
```

Hier liegen 64 MByte vor. Mittels der Funktionen `getrlimit` und `setrlimit` können die Limits gelesen und gesetzt werden. (Dies sind keine Standardfunktionen.)

Der dynamische `auto`-Speicher, wie er bis hierhin beschrieben wurde, wird zur Kompilierzeit in seiner Größe festgelegt. Es besteht natürlich schon lange der Wunsch, dies auch zur Laufzeit des Programms vornehmen zu können.

Dafür wurde die Funktion `alloca` entwickelt, die auch in manchen Compilern fest eingebaut ist als interne Funktion.

Die nachfolgend gezeigte Variante wurde erfolgreich verwendet, um auf einem Betriebssystem, auf dem kein `gcc`-Compiler vorhanden war, diesen aus seinen Quelltexten heraus zu kompilieren. In den Quellen des `gcc` wurde/wird nämlich `alloca` an vielen Stellen eingesetzt.

```
void *alloca(unsigned size);

        mov     eax, [esp+4]
        mov     edx, [esp]
        mov     ecx, eax
        add     eax, 3
        and     eax, 0xfffffffc
        jz      .Jret
        sub     esp, eax
        mov     eax, esp
        push    ecx
        push    edx
.Jret:
        ret
```

Hier werden `size` an `eax` und die Rücksprungadresse für `ret` an `edx` zugewiesen. Der Größenwert wird justiert und vom Stackpointer subtrahiert, sofern er größer Null ist. Der neue Wert des Stackpointers wird als Rückgabewert in `eax` gespeichert. Die Rücksprungadresse (in `edx`) wird für `ret` auf den Stack gebracht. Die beiden `push` werden durch `ret` und die Aufruferin hinsichtlich des Stackpointer-Wertes wieder eliminiert. Die ursprüngliche Rücksprungadresse vom `call` her verbleibt ungenutzt auf dem Stack.

Es muß sichergestellt sein, daß der Compiler in der Aufruferin den Framepointer `ebp` benutzt, nicht den Stackpointer `[esp]`! Denn der Stackpointer wurde ihm ja ohne sein Wissen *weggenommen*. Es sei denn, ein Compiler *kennt* `alloca`.

Der durch `alloca` zugewiesene Stack wird erst am Funktionsende freigegeben. Das gilt *nicht* für die C99 VLAs, wenn diese in einem verschachtelten Block ({ }) angelegt werden. Diese sind also hierbei besser und haben zusätzlich eine elegantere, direkte Array-Syntax, da sie fest in der Sprache C gemäß C99 verankert sind. $\Longrightarrow$

▶70.

```
void F(int m)
{
    char buf[m*4];      // VLA
    //...
    { int ibuf[m/2];    // VLA
      //...
    }
    return;
}
```

Programmieren in Assembler zur Erreichung größerer Effizienz des Kodes lohnt sich nur noch für Mikrokontroller bei elementaren Funktionen. Die Compiler für PC-Programme können hier kaum übertroffen werden.

Ansonsten nur, wenn Instruktionen oder Sequenzen davon verwendet werden sollen, die auf der C-Ebene mit dem Compiler einfach nicht (gezielt) erreichbar sind. Das sind insbesondere Instruktionen für Gleitkommaberechnungen und für die Betriebsystemebene.

Wenn in Assembler programmiert wird, am besten so, wie nachfolgend gezeigt:

```
int Fc(void)
{
    asm("push  eax\n"
"         pop  eax\n"
       );
}
```

Also Funktionskörper vollständig in Assembler programmieren, aber innerhalb einer C-Quelle. Und einmal die Compiler-Ausgabe kontrollieren; da wird festgestellt, daß der Compiler einige Arbeit abnimmt:

```
.globl Fc
        .type   Fc,@function
Fc:
#APP
        push    eax
        pop     eax

#NO_APP
        ret
.Lfe4:
        .size   Fc,.Lfe4-Fc
```

Der Compiler erzeugt von sich aus eine ret-Instruktion. Die Warnung des Compilers wegen fehlender return-Anweisung muß ignoriert werden. Er würde ja sonst den Wert in eax nachfolgend überschreiben; und was sollte da auch angegeben werden.

Andere Compiler verstehen beispielsweise auch dies:

```
//void strpad(void *d0, UNS2 pv, UNS n)
        FOO(strpad)
#pragma asm
        MOVW    RW4, RW0
        MOVW    A, SP
        MOVW    RW5, A
        MOVW    RW0, @RW5+8
        MOVL    A, @RW5+4
        SWAPW
        SWAP
        SCEQ    DTB
        SWAP
        FILS    DTB
        MOVW    RW0, RW4
        RETP
#pragma endasm
```

um Assembler-Kode in größerer Menge zu schreiben. Das ist Assembler für einen 16 Bit Mikrokontroller von Fujitsu. Der Akkumulator A ist 32 Bit breit und kann mit Bit-Breiten von 4, 8, 16, 16+16 und 32 angesprochen werden.

Unübersehbar ist, daß oft der Buchstabe W vorkommt, der für WORD (16 Bit) steht, hier das sogenannte Maschinenwort. Bei 32 Bit Plattformen ist DWORD dem Maschinenwort zugeordnet.

Es ist sinnvoll, zumindest etwas Hintergrundwissen zu Assembler zu haben. Besonders wegen der Feinkörnigkeit und Assembler-Nähe von C. Man erhält eine bessere Vorstellung und kann Problemdinge besser abschätzen.

Beispielsweise wird deutlich, weshalb es in C eine int-Promotion (▶ 95) gibt. Also eine Erweiterung auf Einheiten mit 4 Byte Breite auf einer 32 Bit Plattform.

Hier sind die Elementanzahlen (SubArray) [1] zu beachten:

```
struct bus0_ {
   BYTE kels[_c][1][40+1];
//      sizeof(Bus0.DLS.kels[0][0]) == 41
   BYTE kels[_c][1][40+1];
   BYTE kels[_c][2][16+1];
//      sizeof(Bus0.DVH.kels[0])    == 34
   BYTE kels[_c][1][16+1];
```

Um einheitlichen Typ und einheitliche Verarbeitung zu erhalten (▶ 113).

18.9 Spezielle `sprintf` für Mikrokontroller

Die nachfolgend gezeigte Funktion `sprintf_F` wurde aus mehreren triftigen Gründen selbst entwickelt:

- Die Versionen aus `<stdio.h>` haben einen 10-fach größeren Bedarf an Stack-Speicher. Bei beispielsweise 768 Byte Stack sind 1250 Byte Bedarf ein bißchen viel ...

- Leider hat ein C-Standard nie ein Format `%b` für Dualzahlen eingeführt.

- Integer können mit Dezimalpunkt `5.234` formatiert werden.
  Beispielsweise 5042 hundertstel Volt ergibt `50.42 V`
  per Format `"%,6.2u V"`.

- Eine Zentrierung für Text ist möglich.

- Diese Funktion arbeitet mit `print_uart` und `print_lcd` zusammen und kann den Cursor des LCD Display per Format `%#.#K` oder `%*.*K` positionieren.

▶ 126, 270.

Diese Funktion ist hochgradig portabel, aber vollkommen portabel kann sie wegen des hier unverzichtbaren `FAR` Pointer nicht sein. Allerdings ist `FAR` ein Makro, das zu `__far` expandiert und beliebig angepaßt werden kann. Beispielsweise leer definieren.

```
#              include <stdarg.h>
#              include <limits.h>

# define LINKS  (1u<<0)
# define VPLUS  (1u<<1)
# define VLEER  (1u<<2)
# define V0X    (1u<<3)
# define VNULL  (1u<<4)
# define GLEIT  (1u<<5)
# define LCUT   (1u<<6)
# define NEGAT  (1u<<7)
# define XUPP   (1u<<8)
# define ISWI   (1u<<9)
# define ISPR   (1u<<10)
# define LENH   (1u<<11)
# define LENL   (1u<<12)
# define NOINT  (1u<<13)
# define FARP   (1u<<14)
#.define CENTR  (1u<<15)
# define DIGIT(p)  ((p)<='9'&&(p)>='0')
# define K_VAL  31
# define FAR    __far
```

```
STATic int sprintf_F(void *B, const void *F, ...)
{
    register BYTE *b;
    register const BYTE *f;
    unsigned szB=0xffffu;
    va_list ap, ap0;

    if (!(b=B)||!(f=F))  return (-1);
    va_start(ap,F); ap0=ap;          //va_copy(ap0, ap);
    if (b==va_arg(ap0,BYTE*) && f+1==va_arg(ap0,BYTE*))
        ap= va_arg(ap0,va_list), szB= va_arg(ap0,unsigned);
    va_end(ap0);

    while (*f)  { BYTE ns[sizeof(ulong)*CHAR_BIT+4], fs[4];
                  BYTE FAR *s;
                  register unsigned flg; register int l;
                  unsigned z; int w, p;
        if (*f!='%' || f[1]=='%'&&(++f,1)
                    || f[1]==0            ) { *b++= *f++; continue; }
        for (s=0,++f,w=p=0,flg=z=0;  z<=4&&*f;  ++z)  {
            switch (z) {
              case 0:  NXTF:;
                       switch (*f) {
                         case '-':  flg|= LINKS; break;
                         case '+':  flg|= VPLUS; break;
                         case ' ':  flg|= VLEER; break;
                         case '#':  flg|=   VOX; break;
                         case '0':  flg|= VNULL; break;
                         case ',':  flg|= GLEIT; break;
                         case '|':  flg|=  LCUT; break;
                         case ':':  flg|= CENTR; break;
                         default :  continue;
                       }
                       ++f; goto NXTF;
              case 1:
                       if (*f=='*')
                           flg|=ISWI, ++f, w= va_arg(ap,int);
                       else  if (DIGIT(*f)) { flg|=ISWI;
                           w= atoi_F(f);
                           while (DIGIT(*f))  ++f;
                       }
                       if (w<0)  w=-w, flg|=LINKS;
                       if (*f!='.') { z=3-1; continue; }
                       break;
```

Für volle Portabilität sollte oben `ap0` genau so initialisiert werden wie `ap` oder per `va_copy` (falls vorhanden). Die Zuweisung `ap0=ap;` ist nämlich nicht vollkommen portabel. ▶ 106, 38, 37, 44.

```c
case 2:
        if (DIGIT(*f)||*f=='*')  { flg|=ISPR;
          if (*f=='*')  p= va_arg(ap,int), ++f;
          else          { p= atoi_F(f);
                          while (DIGIT(*f))  ++f; }
        }
        else  continue;
        z=3;
case 3:
        if (*f=='h')  { flg|=LENH; break; }
        if (*f=='l')  { flg|=LENL; break; }
        if (*f=='F')  { flg|=FARP; break; }
        continue;
case 4:
    switch (s=(BYTE FAR*)ns,l=0,  *f)  { long lv; ulong ulv;
      case 'i':
      case 'd':  if (flg&LENL)  lv= va_arg(ap,long);
                 else  if (flg&LENH)
                                lv= va_arg(ap,short);
                      else      lv= va_arg(ap,int);
                 if (lv < 0L )  lv=-lv, flg|=NEGAT;
                 if (flg&LENL)  l= ultoa_F(ns, (ulong)lv);
                 else  if (flg&LENH)
                                l=  utoa_F(ns, (ushort)lv);
                      else      l=  utoa_F(ns, (UNS)lv);
                 break;
      case 'u':
                 if (flg&LENL)  l= ultoa_F(ns, va_arg(ap,ulong));
                 else  if (flg&LENH)
                                l=  utoa_F(ns, va_arg(ap,ushort));
                      else      l=  utoa_F(ns, va_arg(ap,UNS));
                 break;
      case 'x':
      case 'X':
      case 'b':  if (flg&LENL)  ulv= va_arg(ap,ulong);
                 else  if (flg&LENH)
                                ulv= va_arg(ap,ushort);
                      else      ulv= va_arg(ap,UNS);
                 if (*f=='b')  l= ultob_F(ns, ulv);
                 else          l= ultoh_F(ns, ulv);
                 if (*f=='X')  toupp_F(ns), flg|=XUPP;
                 break;
      case 'K':
                 flg|=NOINT; s=0;
                 if (flg&ISPR&&flg&ISWI)  ;
                 else w=va_arg(ap,int), p=va_arg(ap,int);
                 *b++=K_VAL; *b++=(BYTE)w; *b++=(BYTE)p;
                 break;
```

```
              case 'n':  *va_arg(ap,int*)= (int)(b-(BYTE*)B);
                          flg|=NOINT; s=0;
                          break;
              case 's':  if (flg&FARP)
                                  s= va_arg(ap,BYTE FAR*);
                          else  s= (BYTE FAR*)va_arg(ap,BYTE*);
                          if (!s)  s=(BYTE FAR*)"(null)";
                          while (s[l])  ++l;
                          flg|=NOINT;
                          break;
              case 'c':  ns[0]= (BYTE)va_arg(ap,int);
                          flg|=NOINT; l=1;
                          break;
              default :  z=0; goto FERR;
          }
          break;
      default: continue;
    }
    ++f;
}
/*for-z*/
FERR:;
if (s&&z==5)  { int lfs, l0, wfill, sp,spv;
                BYTE FAR*f0;
  spv=sp=wfill=l0=lfs=0;
  if (!(flg&NEGAT))  {
    if (flg& VPLUS)  fs[0]='+', lfs=1;
    if (flg& VLEER)  fs[0]=' ', lfs=1;
  }
  else  fs[0]='-', ++lfs;
  if (flg& V0X)  fs[lfs++]='0', fs[lfs++]= flg&XUPP?'X':'x';

  if ((flg&(GLEIT|NOINT|ISPR))==(GLEIT|ISPR))  {
    if (f0=s,z=p,  p>l)  z=l, sp=p-l;
    for (s+=l       ;  z;  --s,--z)  s[sp]= s[-1];
    for (*s='.',z=sp;  z;      --z)  s[z ]= '0';
    if (p=l+=sp+1,  s==f0)  ++p;
    s=f0; sp=0;
  }

  if (!(flg&NOINT))  { if (flg&ISPR&&p>l)  l0=p-1; }
  else               { if (flg&ISPR&&l>p)  l =p  ; }
  if ((flg&(LCUT|ISWI))==(LCUT|ISWI) && lfs+l0+l>w)  {
    if (l0 =w-(lfs+l ),  l0 <0)  l0 =0;
    if (lfs=w-(l  +l0),  lfs<0)  lfs=0;
    if (l  =w-(lfs+l0),  l  <0)  l  =0;
  }
```

```
      if (flg&ISWI)  wfill= w - (lfs+l0+1);
      if (wfill>0)  {
        if (flg&VNULL)  l0+=wfill;
        else  if (flg&CENTR)  spv=wfill>>1, sp=wfill-spv;
              else  if (flg&LINKS)  sp =wfill;
                    else                spv=wfill;
      }
      while (spv>0)  *b++=' ', --spv;
      for (z=0;  lfs>0;  --lfs)  *b++= fs[z++];
      while (l0 >0)  *b++='0', --l0;
      while (l  >0)  *b++= *s++, --l;
      while (sp >0)  *b++=' ', --sp;
    }
  }
  va_end(ap);
  *b=0;
  return (int)(b-(BYTE*)B);
}
```

▶ 243 (FindS) für die nachfolgende Funktion:

```
static int Find(void)
{
#  define NBF  (sizeof(buf)-sizeof(Str)-32)
   byte buf[20*1024+sizeof(Str)+32];
   const byte *fp;
   int nf, fl, o, ro, nr;
   ulong fnd=0; off_t nd;

   for (Nr=ro=o=nr=0;  (nd=Nmax-Nr,  nd>0)&&(
        nr= read(FDi, buf+ro, nd>=NBF?NBF:(int)nd),  nr>0);  )
   {
      Bnu=(Nr+=nr); nf=nr+ro-o;
      do {
         fp= FindS(buf+o, nf, Str, lStr);
         if (!fp)  { ro=o=0; break; }
         if (fl=(buf+o+nf)-fp,  fl<lStr)  {
           memcpy(buf+(o=32-(fl&31)), fp, fl);
            ro=o+fl; break;
         }
         if (++fnd,  !(01|01|0c))  ; ///A USGABE
         if (!0g)  goto NOg;
         if (!(fl-=lStr))  { ro=o=0; break; }
         o=(fp+lStr)-buf; nf=fl;
      }
      while (1);
   }
   NOg:; if (nr<0)  ; ///E RROR
   return (fnd?1:0);
}
```

18.10 Lösung in auswegloser Situation

Folgende Situation war gegeben: Es existierte eine funktionierende Kommunikationssoftware für Telefonverbindungen per Modem als Skript unter UNIX. Ein Dialer (Wählautomat).

Diese Software wurde von Skriptsprache nach C portiert für eine industrielle Steuereinheit mit Mikrokontroller. Solche Portierungen sind in der Regel leicht möglich, wenn beide Sprachen gut beherrscht werden, und sie können oft nahezu 1:1 vorgenommen werden. Die Software funktionierte dann auch auf Anhieb einwandfrei.

Später wurde diese Software auch in eine erweiterte Monitoreinheit implementiert. Dort zeigte sich der unschöne Effekt, daß bei aktivem Modembetrieb die Einheit wiederholt zeitweise nicht interaktiv bedienbar war. Das wurde durch die verschiedenen Wartezeiten im Dialer verursacht, der in Grenzfällen bis zu 80 Sekunden auf Modemreaktionen wartete. Unter UNIX spielt diese Wartezeit keine Rolle, da dort die Prozesse parallel laufen und die Zustände der jeweils anderen Prozesse nebenbei prüfen.

Es mußte schnell eine auf Anhieb funktionierende Lösung gefunden werden. Die besteht darin, daß die Anweisung goto in ungewöhnlicher und kompromißloser Weise als Problemlöser verwendet wird.

Jeweils am Anfang der Kommunikationsfunktionen wurde eine Sprungtabelle per switch eingerichtet. Von dort wird unmittelbar zu allen Wartestellen in den Funktionen gesprungen. An den Wartestellen wird jetzt jedoch nicht mehr gewartet, sondern nach Prüfung die Funktion gegebenenfalls sofort beendet mit einem Rückgabewert größer Null. Vor dieser Zeitprüfung wird eine der Wartestelle zugeordnete Sprungstellennummer eingetragen, was durch eine kleine Makrodefinition recht übersichtlich und systematisch gehalten wurde. Einige wenige Variablen mußten jetzt statisch angelegt werden.

Diese Lösung hat den großen Vorteil, daß sie schnell, übersichtlich und sicher ist. Der gesamte Kommunikationskode konnte vollständig unverändert bleiben, bis auf diese kleinen, systematischen Hinzufügungen.

Daß solch eine Verwendung von goto von vielen als *ultragrauenvoll* bezeichnet wird, ist vollkommen bedeutungslos. Wenn Industrieanlagen an kurz bevorstehende Auslieferungstermine gebunden sind, zählt nur die schnelle, sichere Lösung – und sonst garnichts!

Nachfolgend wird die innerste Funktion der Kommunikationsgruppe in den Versionen *Vorher* und *Nachher* gezeigt, um die große Problemlösungskraft von C deutlich herauszuheben. Die drei Wartestellen sind Delay() und AGAIN:.

Vorher:

```c
int ModemAT(const uchar *at)
{
   unsigned sec=16*5;
   uchar msg=0;
   int i, r=0;

   M.bit.execat=1;
   for (; ; ++at) {
      switch (*at) {
         default : DFL1:; Putc(*at); break;
         case  0 :
         case ' ':
         case '\r':
         case '\n': KZE:;
            while (*at && at[1]<=' ')  ++at;
            M.t=U.timetick;
            M.msg=M.cmd=0;
            Write("\r\n", 2);
            AGAIN:;                              ///Wait
            while (M.msg==0&&M.cmd==0 && U.timetick-M.t<sec)  {
               if (GetKeyCode()==kESC)  return 1;
            }
            if (M.cmd)  { M.cmd=0; goto AGAIN; }
            if (M.msg==M_RING || M.ring)  {
              M.msg=M.ring=0; goto AGAIN;
            }
            if (M.msg)  {
              if (msg&&M.msg!=msg)  { r=-1; goto RET; }
              break;
            }
            if (msg&&!(M.Bit.cable&&M.Bit.autoansw))  {
              r=-1; goto RET;  //TIMEOUT
            }
            break;
         case '%':
            switch (*++at)  {
               default :
               case '%': goto DFL1;
               case  0 : goto KZE;
               case 'd': Delay(1000);            ///Wait
                         break;
               case 'p': Delay( 250);            ///Wait
                         break;
               case 't': for (sec=i=0;  i<3 && DIGIT(at[1]);  ++i) {
                            sec*= 10, sec+= *++at-'0';
                         }
                         if (sec>=100)  sec+=63, sec>>=6;
```

```
                      else              sec*=16;
                      if (sec<5)   sec=5*1;
                      if (M.Bit.cable)  {
                        if (!M.Bit.autoansw)  {
                              if (sec>=16&&sec<16*15)   sec=16*15;
                        }
                        else  if (sec>16*30)   sec=16*30;
                      }
                      break;
              case '0':  msg=0; break;
              case 'C':  msg=M_CONNECT; break;
              case 'O':  msg=M_OK; break;
              case 'T':  Putc(M.Bit.tonwahl?'T':'P');
                         Writes(M.telefnr);
                         break;
            }
            break;
        }
        if (*at==0)  break;
    }
  RET:
  M.bit.execat=0;
  return (r);
}
```

Nachher:

```
#define JMP(n)  M.jmp[1]=n; JMP##n:

int ModemAT(const uchar *ats)
{
   static unsigned sec;
   static uchar msg;
   static const uchar *at;
   int i, r=0;
   ///N eu>
   if (!(M.req&4))  M.req|=4, M.jmp[1]=0, M.bit.execat=1,
                    sec=16*5, msg=0, at=ats;
   switch (M.jmp[1])  {
     case 1:  goto JMP1;
     case 2:  goto JMP2;
     case 3:  goto JMP3;
   }
   ///N eu<
   for (; ; ++at) {
     switch (*at)  {
       default  : DFL1:; Putc(*at); break;
       case  0 :
```

```
case ' ':
case '\r':
case '\n':  KZE:;
    while (*at && at[1]<=' ')  ++at;
    M.t=U.timetick;
    M.msg=M.cmd=0;
    Write("\r\n", 2);
    JMP(1);                          ///Z IEL
    AGAIN:;
    if (M.msg==0&&M.cmd==0 && U.timetick-M.t<sec)  {
        return 1;
    }
    if (M.cmd)  { M.cmd=0; goto AGAIN; }
    if (M.msg==M_RING || M.ring)  {
      M.msg=M.ring=0; goto AGAIN;
    }
    if (M.msg)  {
      if (msg&&M.msg!=msg)  { r=-1; goto RET; }
      break;
    }
    if (msg&&!(M.Bit.cable&&M.Bit.autoansw))  {
      r=-1; goto RET;  //TIMEOUT
    }
    break;
case '%':
    switch (*++at)  {
      default :
      case '%':  goto DFL1;
      case 0 :  goto KZE;
      case 'd':  //Delay(1000);
                 M.t= U.timetick;
                 JMP(2);              ///Z IEL
                 if (U.timetick-M.t<16ul)  return 1;
                 break;
      case 'p':  //Delay( 250);
                 M.t= U.timetick;
                 JMP(3);              ///Z IEL
                 if (U.timetick-M.t<4ul)  return 1;
                 break;
      case 't':  for (sec=i=0;  i<3 && DIGIT(at[1]);  ++i) {
                     sec*= 10, sec+= *++at-'0';
                 }
                 if (sec>=100)  sec+=63, sec>>=6;
                 else               sec*=16;
                 if (sec<5)  sec=5*1;
                 if (M.Bit.cable)  {
                   if (!M.Bit.autoansw)  {
                       if (sec>=16&&sec<16*15)  sec=16*15;
                   }
```

```
                         else  if (sec>16*30)  sec=16*30;
                       }
                       break;
              case '0':  msg=0; break;
              case 'C':  msg=M_CONNECT; break;
              case 'O':  msg=M_OK; break;
              case 'T':  Putc(M.Bit.tonwahl?'T':'P');
                         Writes(M.telefnr);
                         break;
             }
             break;
         }
         if (*at==0)  break;
     }
   RET:
   M.bit.execat=0;
   M.req&=~4;     ///Neu
   return (r);
 }
```

▶ 238 (Find) für die nachfolgende Funktion:

```
static const byte *
FindS(const byte * const buf, int const lbuf,
      const byte * const str, int const lstr)
{
   register const byte *b=buf, *s=str;
   register int l=lbuf;
   const byte * const be=b+l;
   const byte *fp=0;
   byte c;
   if (l>0 && lstr>0 && b && s)  {
     for (;  1;  b=fp+1,fp=0,s=str)  {
         c=*s;
         while (b<be && *b!=c)  ++b;
         if (b>=be)  break;
         fp=b++; ++s; l=lstr;
         while (--l>0 && b<be && *b==*s)  ++b,++s;
         if (l<=0 || b>=be)  break;
     }
   }
   return (fp);
 }
```

Diese Funktion sucht sehr effizient eine Byte-Folge (str) innerhalb einer anderen Byte-Folge (buf) und retourniert die Fundposition fp. Die Aufruferin justiert den Puffer und kopiert den Vorderteil der Suchfolge zum Pufferbeginn, falls hier nur ein Vorderteil, nicht aber die gesamte Suchfolge gefunden wird. Es ist ein oft vorkommendes Problem, daß zwei Teile einer Byte-Folge ohne Gegenmaßnahmen in zwei verschiedenen Pufferinhalten enthalten wären.

18.11 Secure Hash Algorithm SHA256

Nachfolgend wird der C-Quellkode eines vollständigen und kompilierbaren Programms aufgelistet. Dies Programm berechnet Hash-Werte gemäß dem Algorithmus SHA256 des National Institute of Standards and Technology (NIST).

```
126]  /u/bin/sha256 -s ""
SHA256 ("") = e3b0c44298fc1c149afbf4c8996fb924
              27ae41e4649b934ca495991b7852b855
127]  /u/bin/sha256 -s az
SHA256 ("az") = 9c0ada37bf74aeefae949fdfc90db0cf
                6eaf90192eff67d65887771f0585e055
```

Die vorstehenden Hash-Werte wurden wegen ihrer Länge in die nächste Zeile umgebrochen. Der erste Wert gehört zur leeren Zeichenkette, der zweite Wert zur Zeichenkette az.

```
sha256 [-s string] [file ...]
```

Ohne Argumente liest das Programm von der Standard-Eingabe stdin. Abschluß durch CNTL+D oder CNTL+Z.

Programm sha256.c:

```c
#if !defined(BSD) && !defined(WIN)
# define WIN
#endif


#               include <sys/types.h>
#if defined(BSD)
#               include <unistd.h>
#endif
#if defined(WIN)
#               include <io.h>
#endif
#               include <fcntl.h>
#               include <stdlib.h>
#               include <stdarg.h>
#               include <limits.h>
```

Diese C-Quelle verzichtet konzeptionell auf stdio.h, da das Programm (leicht modifiziert) auch auf Plattformen jenseits von PCs laufen soll.

```
#if defined(BSD)
# define BYTE  unsigned char
# define UNS4  unsigned
# define UNS8  unsigned long long
# define NL  "\n"
# define O_BINARY  0
#endif
#if defined(WIN)
# define BYTE  unsigned char
# define UNS4  unsigned long
# define UNS8  unsigned __int64
# define NL  "\r\n"
#endif
# define BUFSZ  (300*64)



            int main(int, char**);
    static  int bufdata(int, BYTE const*, int);
    static void sha256(BYTE *);
    static  int cathash(BYTE *);
    static  int writes(char *, ...);
    static  int u4toh(BYTE *, UNS4);
    static void*memset_F(void *, int, unsigned);
    static void*memcpy_F(void *, const void *, unsigned);
    static unsigned strlen_F(const char *);



static UNS4 H0,H1,H2,H3,H4,H5,H6,H7;



static void set_hash(void)
{
   H0=0x6A09E667; H1=0xBB67AE85;
   H2=0x3C6EF372; H3=0xA54FF53A;
   H4=0x510E527F; H5=0x9B05688C;
   H6=0x1F83D9AB; H7=0x5BE0CD19;
   return;
}
```

Unter FREEBSD: amd64 sind long long als auch long 64 Bit breit. Das Programm benötigt für UNS8 einen 64 Bit breiten Typ.

```
static void Err(int m, int e, char *a)
{
  char const *s="ERROR";
  switch (e)  {
    case -1:  s="algorithm error"; break;
    case -2:  s="read() error"; break;
    case -3:  s="length error"; break;
    case -4:  s="open() error"; break;
  }
  if (m=='s')  writes("SHA256 (\"...\") : ", s, NL, NULL);
  else  if (m=='0')
              writes("SHA256 (stdin) : ", s, NL, NULL);
        else  writes("SHA256 (", a, ") : ", s, NL, NULL);
  return;
}



int main(int C, char **A)
{
  BYTE buf[64+1];
  size_t asz;
  int r=0, e=0, fd=0, m=0;

  if (C<1)  return EXIT_FAILURE;
  if (++A, --C==0)  m='0';
  else  if (A[0][0]=='-'&&A[0][1]=='s'&&!A[0][2]&&C>=2)  {
    if (--C,++A,asz=strlen_F(*A),  asz>=BUFSZ)  r=-1, e=-3;
    else  r|=e= bufdata(-1, (BYTE*)*A, (int)asz);
    if (e<0)  Err('s', e, *A);
    else  cathash(buf),
          writes("SHA256 (\"", *A, "\") = ", buf, NL,NULL);
    --C,++A;
  }
  for (;  m=='0'||C>0&&*A;   --C,++A)  {
    if (!m)  fd= open(*A, O_RDONLY|O_BINARY);
    if (fd>=0)  r|=e= bufdata(fd, 0, 0), close(fd);
    if (fd<0)  e=-4;
    if (e<0)  Err(m, e, *A);
    else  cathash(buf),
          writes("SHA256 (", !m?*A:"stdin", ") = ",
                 buf, NL, NULL);
    if (m)  break;
  }
  return r<0?EXIT_FAILURE:EXIT_SUCCESS;
}
```

```c
static int bufdata(int fd, BYTE const *arg, int asz)
{
    BYTE buf[BUFSZ], *bp;
    UNS8 l;
    unsigned n, z;
    int nr;
    set_hash();
    for (l=0;  (nr= !arg?(int)read(fd,buf,sizeof(buf))
                       :(memcpy_F(buf,arg,asz), asz),
                                 nr>=0);  ) {
        for (l+=nr,bp=buf,n=nr;  n>=64;  n-=64,bp+=64)
            sha256(bp);
        if (nr<sizeof(buf))  {
            if (n&&bp>buf)  memcpy_F(buf, bp, n);
            l*=8;
            z= 512-(l+1+64)%512;
            if (z>=512)  z=0;
            if ((z+1)%8)  return -1;
            memset_F(buf+n, 0, (z+1)/8);
            buf[n]=0x80; n+=(z+1)/8;
            buf[n+7]=(BYTE)(l>> 0); buf[n+6]=(BYTE)(l>> 8);
            buf[n+5]=(BYTE)(l>>16); buf[n+4]=(BYTE)(l>>24);
            buf[n+3]=(BYTE)(l>>32); buf[n+2]=(BYTE)(l>>40);
            buf[n+1]=(BYTE)(l>>48); buf[n+0]=(BYTE)(l>>56);
            if (n+=8, n%64)  return -1;
            if (n>=64)  sha256(buf);
            if (n> 64)  sha256(buf+64);
            break;
        }
    }
    if (nr<0)  return -2;
    return n;
}


# define CH(x,y,z)  (((x)&(y))^(~(x)&(z)))
# define MAJ(x,y,z)  (((x)&(y))^((x)&(z))^((y)&(z)))
# define ROTR(x,n)  ((x)>>(n)|(x)<<32-(n))
# define SUM0(x)  (ROTR((x),2)^ROTR((x),13)^ROTR((x),22))
# define SUM1(x)  (ROTR((x),6)^ROTR((x),11)^ROTR((x),25))
# define S0(x)  (ROTR((x),7)^ROTR((x),18)^((x)>>3))
# define S1(x)  (ROTR((x),17)^ROTR((x),19)^((x)>>10))
```

```c
static UNS4 const K[64]= {
    0x428A2F98, 0x71374491, 0xB5C0FBCF, 0xE9B5DBA5,
    0x3956C25B, 0x59F111F1, 0x923F82A4, 0xAB1C5ED5,
    0xD807AA98, 0x12835B01, 0x243185BE, 0x550C7DC3,
    0x72BE5D74, 0x80DEB1FE, 0x9BDC06A7, 0xC19BF174,
    0xE49B69C1, 0xEFBE4786, 0x0FC19DC6, 0x240CA1CC,
    0x2DE92C6F, 0x4A7484AA, 0x5CB0A9DC, 0x76F988DA,
    0x983E5152, 0xA831C66D, 0xB00327C8, 0xBF597FC7,
    0xC6E00BF3, 0xD5A79147, 0x06CA6351, 0x14292967,
    0x27B70A85, 0x2E1B2138, 0x4D2C6DFC, 0x53380D13,
    0x650A7354, 0x766A0ABB, 0x81C2C92E, 0x92722C85,
    0xA2BFE8A1, 0xA81A664B, 0xC24B8B70, 0xC76C51A3,
    0xD192E819, 0xD6990624, 0xF40E3585, 0x106AA070,
    0x19A4C116, 0x1E376C08, 0x2748774C, 0x34B0BCB5,
    0x391C0CB3, 0x4ED8AA4A, 0x5B9CCA4F, 0x682E6FF3,
    0x748F82EE, 0x78A5636F, 0x84C87814, 0x8CC70208,
    0x90BEFFFA, 0xA4506CEB, 0xBEF9A3F7, 0xC67178F2,
};


static void sha256(BYTE *buf)
{
    UNS4 W[64];
    UNS4 a,b,c,d,e,f,g,h, t1,t2;
    int i, j;

    for (j=i=0;  i<16;  i+=1,j+=4)  {
        W[i]= (UNS4)buf[j+3]<< 0|(UNS4)buf[j+2]<< 8|
              (UNS4)buf[j+1]<<16|(UNS4)buf[j+0]<<24;
    }
    for (i=16;  i<64;  ++i)  {
        a= W[i-2]; e= W[i-15];
        W[i]= S1(a)+W[i-7]+S0(e)+W[i-16];
    }
    a=H0, b=H1, c=H2, d=H3, e=H4, f=H5, g=H6, h=H7;
    for (i=0;  i<64;  ++i)  {
        t1= h+SUM1(e)+CH(e,f,g)+K[i]+W[i];
        t2= SUM0(a)+MAJ(a,b,c);
        h=g, g=f, f=e, e=d+t1;
        d=c, c=b, b=a, a=t1+t2;
    }
    H0+=a, H1+=b, H2+=c, H3+=d;
    H4+=e, H5+=f, H6+=g, H7+=h;
    return;
}
```

```
static int cathash(BYTE *Buf)
{
   BYTE buf[10];
   int l, i, o;
   UNS4 h[8];
   h[0]=H0; h[1]=H1; h[2]=H2; h[3]=H3;
   h[4]=H4; h[5]=H5; h[6]=H6; h[7]=H7;
   for (o=i=0; i<8; ++i) {
      l= u4toh(buf, h[i]);
      memcpy_F(Buf+o, "00000000", 8-l); o+=8-l;
      memcpy_F(Buf+o, buf, l); o+=l;
   }
   Buf[o]=0;
   return o;
}



static int u4toh(BYTE *Buf, UNS4 u)
{
   BYTE buf[(sizeof(u)*CHAR_BIT)/4+2];
   register BYTE *bp= buf;
   do { register unsigned c;
      c= (unsigned)u&0x0Fu;
      if (c<=9)  *bp= (BYTE)(c+'0');
      else       *bp= (BYTE)(c-10+'a');
   }
   while (++bp, u>>=4);
   { register int l=0;
     while (bp>buf) Buf[l++]= *--bp;
     Buf[l]= 0;
     return l;
   }
}
```

```c
static int writes(char *S, ...)
{
   register char *a;
   register int n=0;
   va_list ap;
   va_start(ap, S);
   for (a=S;  a;  a=va_arg(ap,char*))
      n+= write(1, a, strlen_F(a));
   va_end(ap);
   return n;
}


static void *memset_F(void *d0, int v0,
                      register unsigned n)
{
   register unsigned char *d= d0;
   register unsigned char v= (unsigned char)v0;
   if (n&&(--d,1))  do  d[n]=v;  while (--n);
   return d0;
}


static void *memcpy_F(void *d0, const void *s0,
                      register unsigned n)
{
   register unsigned char *d=d0;
   register const unsigned char *s=s0;
   if (n)  do  *d = *s, ++d,++s;  while (--n);
   return d0;
}


static unsigned strlen_F(const char *s0)
{
   register const char *s=s0;
   while (*s)  ++s;
   return (int)(s-s0);
}
```

19

Unmoderne C-Programmierung

19.1 MISRA (-C)

MISRA® – The Motor Industry Software Reliability Association [1]

Diese Organisation hat Statistiken erstellt über Fehler, die von C-Programmierern besonders oft gemacht werden, und daraus Regelwerke geschaffen, beispielsweise mit 127 Regeln, wie in C programmiert werden soll, um fehlerhafte Programmierung zu vermeiden.

Das ist sicher verdienstvoll. Leider jedoch werden diese Regeln in der Praxis als strikt zu befolgende Anordnungen festgelegt. Genau das ist sehr bedenklich, angesichts der nachfolgenden Listen.

Diese Listen führen verbotene und mißbilligte C-Syntaxverwendungen auf. Beim Lesen dieser Verbote und Mißbilligungen traut man mitunter seinen Augen nicht – aber die MISRA-Regeln lauten wirklich so.

C wird durch diese Regeln zu einer Primitiv-Sprache degradiert, mit erheblichen Einbußen an ihrer potentiellen Problemlösungskraft. Von **C** kann eigentlich garnicht mehr gesprochen werden unter dem Deckel dieser Regelwerke. ▶ 157.

Die zweite Liste ist eine Kopie der ersten, jedoch mit ausführlichen und *gepfefferten* Stellungnahmen.

---

[1] http://www.misra.org.uk

19.1.1 Verboten oder mißbilligt sind unter anderem:

- Pointer-Arithmetik (z. B. `ptr+4`, `ptr[4]`, `ptr+=2`).

- Mehr als zweifache Dereferenzierung (`*ptr[]`, `**ptr`).

- Temporäre Makros in einem Block.

- Funktionen mit variabler Argumentanzahl (`, ...`).

- Rekursive Funktionsaufrufe (▶ 128, 129, 212).

- Voraussetzung eines Rangs der Operatoren.
  → Alles explizit klammern!

- Komma-Operator.

- Oktal-Konstanten.

- Schlüsselwörter `goto`, `continue`, `break`.
  (Nur `break` im `switch` erlaubt.)

- Verwendung der Typen `char`, `short`, `int`, `long`, `float`, `double`.
  (Es sollen stattdessen eigene Typen definiert werden.)

- Weglassen redundanter Blockklammern `{ }`.

- `if`-Anweisung ohne redundanten `else`-Zweig.

- Seiteneffekte nach `&&` und `||`.

- Mehrfache Verwendung von `#` oder `##` in einem Makro.

- Makro `offsetof()`

- `setjmp()`, `longjmp()`.

- Alle Funktionen aus `<stdio.h>`.

Viele weitere Regeln führen bei ihrer Nichtbeachtung ohnehin zu Fehlermeldungen des Compilers und Abbruch der Kompilierung, oder zu Warnmeldungen des Compilers. Falls nicht, wäre der Compiler *kaputt*. Die restlichen Regeln sind Selbstverständlichkeiten, deren Bekanntheit und Beachtung bereits von Anfängern verlangt werden muß.

Die MISRA-Regeln als Liste von Verboten sind eine MISRAtene Angelegenheit. Die Sprache C gemäß solcher Listen ist gar kein C mehr, sondern eher als MISRA-c-- zu bezeichnen.

Wenn eine Programmiersprache ihrer Kernbestandteile beraubt wird und insgesamt deren Merkmale und Möglichkeiten auf etwa ein Drittel reduziert werden, muß beträchtlich mehr Kode erzeugt werden, um die anstehenden Probleme zu lösen: Uneleganter, aufgeblähter Kode, auch verpönte und gefährliche Mehrfachkodierungen, und so weiter. Dadurch wird statt des erhofften ein gegenteiliger Effekt erzielt.

Sinnvoller wären folgende Empfehlungen:

- Die Sprache C lernen bzw. deren Kenntnis verbessern.

- Konzentriert und mit offenen Augen programmieren.

- Die Warnmeldungen des Compilers nicht abschalten oder ignorieren.

- Oder ganz andere Programmiersprachen verwenden (weder C noch C++).

19.1.2 Beweisführung wider die MISRA-Regeln

- Pointer-Arithmetik

  Mißbilligt sind also:

  ```
  arr+4;  *(arr+4);  arr[4];   //array
  adr+4;  *(adr+4);  adr[4];   //adresse
  adr+=2;    adr++;
  ```

  Es ist vollkommen unsinnig, solche grundlegenden, nützlichen, einfachen und leicht zu begreifenden Ausdrücke zu mißbilligen (▶ 142 : p, end, buf).

- Mehr als zweifache Dereferenzierung.

  Folgende, völlig normale und unproblematische Konstruktionen

  ```
  arr[page][row][col];
  *SKa->link[i];
  ```

  sind also mißbilligt. Es entsteht der Eindruck, die MISRA-Verfasser wissen nicht so recht, wo überall Pointer-Arithmetik vorliegt, und daß der Operator [] dereferenziert, genauso wie *.

- Funktionen mit variabler Argumentanzahl (, ...).

  Es wird also der maximal mögliche Bedarf an Argumenten geschätzt und eine entsprechende Funktion mit fester Anzahl definiert. An 350 Stellen wird dann funk(dre, kal, 1, 0,0,0,0,0,0,0); kodiert. Und falls die damalige Schätzung zu gering ausgefallen war, werden alle 350 Aufrufstellen nachgebessert ...

  Oder es werden 10 verschiedene Funktionen angelegt. Eine für 1 Argument, eine für 2 Argumente, ..., und eine für 10 Argumente.

  Oder es wird eine Struktur übergeben, die jedoch überall korrekt mit Werten gefüllt werden muß. Eine globale Struktur als Übergabevehikel wäre problematisch, überall lokale Vehikelstrukturen ebenso.

  Welch ein Unsinn. Und ein Schritt in Richtung unsicherer Programmierung.

- Rekursive Funktionsaufrufe.

  Rekursion ist ein sehr mächtiges Programmierwerkzeug. Sehr viele Probleme verlangen dringend danach, rekursiv gelöst zu werden. Die rekursiven Lösungen sind dann sehr viel natürlicher, übersichtlicher und vor allem sicherer als alle Alternativen. Es ist grober Unfug, Rekursion zu verbieten.
  ▶ 128, 129, 212.

- Voraussetzung eines Rangs der Operatoren.

  Es sollte also ausgiebig geklammert werden:

  ```
  ++(SB1.(p->p));
  ++(pSB->i);
  (SB1.(saA[3]).i) = 2;
  (SB1.(saA[3]).(ca[2])) += 4;
  (pSB->(saA[1])) = (pSB->(saA[0]));
  ```

  Eine solch pauschale Mißbilligung ist unangebracht, da in C lediglich der Rang der Operatoren & ^ | im Zusammenhang mit den Vergleichsoperatoren ungeeignet ist.

- Komma-Operator.

  Dieses Verbot ist ein Schritt in Richtung von mehr Unsicherheit, da der Komma-Operator besonders im Zusammenhang mit Makros wichtig ist. Makros, die ein Semikolon enthalten, können in keinem Ausdruck verwendet werden. Folglich verbietet dieses Verbot damit auch viele Makros, die Übersicht und Sicherheit schaffen könnten:

  ```
  #define PLACE(h)  \
          (0x##h&1?(pc_(1),pp_(0x##h)):(void)0,  \
           0x##h&2?(pc_(2),pp_(0x##h)):(void)0)

  #define READRINGBUF(b,v)  (void)  \
      ( !Mes.b.n  \
        ?(RIBERR(b))  \
        :((Mes.b.r>=sizeof(Mes.b.buf))  \
          ?(Mes.b.r=1, v=Mes.b.buf[0], --Mes.b.n)  \
          :(v= Mes.b.buf[++Mes.b.r-1], --Mes.b.n)  \
        )  \
      )

  return (K=abr,r=abr+4,  r);
  ```

  Der Komma-Operator ermöglicht auch örtlich sinnvolle Kodeteile. Auffallend ist hier die Ähnlichkeit mit dem Kopf der for-Schleife. Was bitte ist so schwierig am Komma-Operator? Er wurde von den C-Erfindern aus gutem Grund implementiert und ist nicht als Scherz gemeint.

- Oktal-Konstanten.

  Warum dieses Sprachmittel verbieten? Wann immer je 3 Bits sinnvoll gruppiert werden können, sind Oktalkonstanten – sinnvoll.

- Schlüsselwörter goto, continue, break.

  Nur break erlaubt und dies nur im switch!
  Das ist Unfug gröbster Sorte, denn daraus resultiert u. a. zwangsläufig:

```
for (brek=0,i=0;  i<sizeof(buf) && brek==0;  ++i) {
```

Und das ist verpönt und verpönt und verpönt.

Im Übrigen ist es eine Unverfrorenheit und Dummheit, einer Programmiersprache Kernbestandteile zu stehlen und sie unerträglich zu verstümmeln, denn das rächt sich immer in schädlicher Weise! Die Entwickler einer Programmiersprache wissen genau, warum sie ein Sprachmittel implementieren. Es ist anmaßend zu glauben, man könne das besser.

Ein Beweis: Die legendäre BOURNE-Shell enthält *nicht* das Sprachmittel goto, jedoch *deshalb* einen teilweisen aber auskömmlichen Ersatz:

```
while :
do
   while :
   do
      #...
      continue 2
      #...
      break 2
      #...
   done
done
# break 2
```

STEPHEN BOURNE implementierte diese Sprachmittel, weil er genau weiß, daß die Funktion eines goto manchmal der letzte Rettungsanker ist.
▶ 193, 142, 145; Sachverzeichnis.

Wenn *sämtliche* Sprunganweisungen (außer return) fehlen, entsteht als Ausweg meistens eine komplexe Zustandsmaschine, die keineswegs übersichtlicher, besser verständlich oder sicherer ist. Auch extrem tief verschachtelter Kode als Ausweg ist nicht besser. Im Gegenteil – Jeder Ersatz von verbotenen oder mißbilligten Sprachmitteln ist eine schlechtere Lösung! Denn Programmiersprachen sind in aller Regel – von großen Könnern – zielgerichtet *als Ganzes* homogen und *rund* konzipiert.

- Verwendung der Typen `char`, `short`, `int`, `long`, `float`, `double`.

  Sicherlich ist es sinnvoll, eigene Typen zu vereinbaren, beispielsweise mit einer bestimmten und am Typ erkennbaren Bit-breite. Aber gegen die Verwendung von `char` und `int` ist in vielen Fällen garnichts einzuwenden: Zustandsanzeige, Index, Laufvariable …

  Besser wäre die Empfehlung gewesen, beispielsweise für Meßwerte und Ähnliches einen Typ INT2 zu vereinbaren: vorzeichenbehaftet, 2 Byte lang. Und so weiter. (BOOL BYTE INT1 INT2 INT4 INT8 UNS1 UNS2 UNS4 UNS8 FLOAT6 FLOAT15 FLOAT19 FLOAT33)

- Weglassen redundanter Blockklammern { }.

  Verboten:

  ```
  if (!Comm.U0r.n)   Comm.U0r.r= 0;
  if (!Comm.U0t.n)   Comm.U0t.r= 0;
  if (!Comm.U2r.n)   Comm.U2r.r= 0;
  if (!Comm.U2t.n)   Comm.U2t.r= 0;
  ```

  Es ist nicht nachvollziehbar, warum solche Anweisungen verboten sind.

- `if`-Anweisung ohne redundanten `else`-Zweig.

  Verboten bzw. mißbilligt:

  ```
  if (!Comm.U0r.n)   Comm.U0r.r= Comm.U0r.w=0;
  if (!Comm.U0t.n)   Comm.U0t.r= Comm.U0t.w=0;
  if (!Comm.U2r.n)   Comm.U2r.r= Comm.U2r.w=0;
  if (!Comm.U2t.n)   Comm.U2t.r= Comm.U2t.w=0;
  ```

  Erlaubt und gebilligt:

  ```
  if (!Comm.U0r.n)   { Comm.U0r.r= Comm.U0r.w=0; }
  else               {                     ;     }
  if (!Comm.U0t.n)   { Comm.U0t.r= Comm.U0t.w=0; }
  else               {                     ;     }
  if (!Comm.U2r.n)   { Comm.U2r.r= Comm.U2r.w=0; }
  else               {                     ;     }
  if (!Comm.U2t.n)   { Comm.U2t.r= Comm.U2t.w=0; }
  else               {                     ;     }
  ```

  Aua!

• Seiteneffekte nach && und ||.

C-Power:

```
if (r=0, a==6&&(r=1,1) || a==9&&(r=2,s=4,1))  vel=vd;
```

MISRA:

```
if (a==6)  {
  r=1;
  vel=vd;
}
else  {
  if (a==9)  {
    r=2; s=4;
    vel=vd;
  }
  else  { r=0; }
}
```

Effizienter wird der obere Kodeabschnitt kaum sein, aber 1 Kodezeile ist aus Gründen der Übersichtlichkeit doch besser als 11.

C ist nun mal C, und C enthält nun mal aus sehr gutem Grund KO-Logik als Arbeitsweise bei den logischen Operatoren && und ||, die auch deshalb Sequenzpunkte sind und die ebenso absichtlich auch mal if-else ersetzen können. Wem das nicht paßt oder wer nachhaltig damit nicht klarkommt, sollte sich mit einer anderen, kraftloseren Programmiersprache beschäftigen, bei der nicht erst ein kleinerer gemeinsamer Nenner durch Verbote hergestellt werden muß (▶ 92).

• Temporäre Makros in einem Block.

Dieses Verbot ist außerordentlich unsinnig, denn temporäre Makros schaffen Übersichtlichkeit und Sicherheit und helfen, verpönten Mehrfachkode zu eliminieren. Desweiteren kann dadurch maximal effizienter Kode erzeugt werden, da mit Konstanten gearbeitet wird, die der Compiler zur Kompilierzeit bewerten kann. Außerdem werden durch konstante Makro-Argumente Bitfelder adressierbar!

Es ist sogar sehr sinnvoll, in geeignetem Kontext temporäre Makros, mit immer dem gleichen Namen, zum Prinzip zu erheben:

```
# define Qx()  Q(0)  Q(1)  Q(2)  Q(3)  Q(4)
//...
#define Q(q)   ...==q+1...[q]...[q+1]...##q...;
      Qx()
#undef Q
```

- Mehrfache Verwendung von # oder ## in einem Makro.

Dann wäre folgender, besonders auf Mikrokontrollern sehr vorteilhafter Kode verboten:

```c
# define LIMa(i,_,OK,BIT)  \
    /* ...##...##..##. */  \
    case 13:  \
        if (Vd._[i].manu_oc? Vd._[i].oc:ein)  \
            opto##OK=0, Abit.BIT=1, Vd._[i].oc=1;  \
                \
        if (Vd._[i].manu_oc?!Vd._[i].oc:aus)  \
            opto##OK=1, Abit.BIT=0, Vd._[i].oc=0;  \
        break;  \
    }  \
}  \
else  Vd._[i].tim[0]=Vd._[i].tim[1]=0,  \
        Vd.outp=0, opto##OK=1;

LIMa(0,lv,LIV,lvdoc0)
LIMa(0,li,LIM1,lidoc0)
LIMa(1,li,LIM2,lidoc1)
LIMa(2,li,LIM3,lidoc2)
LIMa(3,li,LIM4,lidoc3)
#undef LIMa
```

Dieser Kode verstößt in massivster Weise gegen eine ganze Reihe von MISRA-Regeln – und das ist auch gut so.

Andernfalls wäre der (gesamte) Kode extrem aufgeblasen, unübersichtlich, fehlerträchtig, ineffizient, kaum wartbar, und so weiter, so daß die Hardware des dahinterstehenden Industrieprodukts nicht mehr ausreichte. Die Alternative wäre eine neue, teurere Hardware – sofern die wegen der vorgegebenen Abmessungen überhaupt machbar wäre – so daß das Produkt nicht mehr verkaufbar wäre. Bravo.

Die erste Alternative hier wäre 5-fach vorhandener Mehrfachkode, mit den jeweiligen kleinen Abweichungen, die die Makroargumente vorgeben. Mehrfachkode ist aus gutem Grunde verpönt! Denn neben der mangelnden Übersichtlichkeit und dem Potential, Verwirrung zu stiften, ist Mehrfachkode bei Änderungen besonders fehlerträchtig.

Die zweite Alternative wären 5 Funktionsaufrufe. Nur, wie adressiert man dann 55 Bitfelder? Indirekt mit einem switch mit 55 case?!... Davon abgesehen litte die Effizienz sehr erheblich.

C ist mit *allen* ihren Sprachmitteln standardisiert: Iso/Iec, Ansi, Din...

• Makro `offsetof()`

Frage: Warum fordert der C-Standard die Existenz dieses Makros?
Antwort: Weil es manchmal benötigt wird!:

```
//                      *s0,offs,  val, jmpwidth, n
UNS getposl(const void *, UNS, UNS4, UNS, UNS);

n= getposl(CFGdat, offsetof(struct cfgdat, ident),
           ident, sizeof(struct cfgdat), CFGdat_ne);
```

Beispielsweise wenn eine bestimmte Strukturkomponente in einem Array aus Strukturen kammartig abgefragt werden soll, wobei dies von einer effizienten Funktion durchgeführt wird, der eben solch ein Offset übergeben werden muß.

• `setjmp()`, `longjmp()`.

Frage: Warum fordert der C-Standard die Existenz dieser Funktionen?
Antwort: Weil sie manchmal benötigt werden!

Beispiele:

Bei Bedieneinheiten mit mehrfach verschachtelten Menüs wird verlangt, daß nach einer bestimmten Zeit ohne Tastaturaktivität ein Rückfall in das Hauptmenü erfolgt – und zwar aus Sicherheitsgründen. Dazu benötigt man diese Funktionen. Verwendet man diese Funktionen nicht, ist das Produkt nicht verkäuflich.
Ersatzkode ist praktisch nicht möglich. Wie sollte man aus einer Tastaturabfrage heraus an hunderten Stellen einen stufenweisen Rückfall ohne nennenswerten Zusatzkode bewirken?!

In komplexen Programmen gibt es hunderte bis tausende Fehlersituationen. Bei Auftreten eines Fehlers sollte der Ablauf des Programms in eine sichere Startsituation zurückfallen. Auch dazu benötigt man diese Funktionen.

Bei den oben genannten Anwendungsbeispielen besteht die jeweilige Lösung darin, die Funktionen `setjmp` und `longjmp` an jeweils nur *einer* Stelle aufzurufen! Das ist eine vielfach bessere und sicherere Lösung als jede Alternativlösung ohne diese Funktionen.

`longjmp` befindet sich also einmal *innerhalb* der Tastenabfrage, so daß außerhalb gar kein Kode (hundertfach) notwendig ist und kein spezieller Tasten-Rückfallwert spezifiziert sein muß.
`longjmp` befindet sich ebenso nur einmal innerhalb einer Fehlerbehandlungsfunktion, die alle Unterscheidungen trifft und differenziert reagiert.

C-Compiler warnen übrigens, falls kritische dynamische Variablen am Ort des Aufrufs der Funktion `setjmp` nicht mit `volatile` qualifiziert sind.

- Alle Funktionen aus `<stdio.h>`.

  Zumindest diese Funktion ist sogar auf Mikrokontrollern sehr nützlich:

  ```
  l+= sprintf(buf+1, "\t%u %5i: %8lu\r\n", f, i, v);
  ```

  Aber Pointer-Arithmetik (`buf+1`) ist ja mißbilligt ... und variadische Funktionen sind ohnehin verboten.

- Variadische Funktionen & Makros

  Der aktuelle C-Standard C99 hat sogar das Merkmal von variadischen Makros neu aufgenommen:

  ```
  #define PRINT(p, ...)  fprintf(p, __VA_ARGS__)
  ```

  Dies gewiß nicht, um etwas Unnützes zu tun – völlig konträr zu den Verboten und Mißbilligungen gemäß MISRA. ▶ 14, 61.

19.1.3 Fazit

Analogie: Wer beim Autofahren Fehler macht, merkt sich das, lernt aus seinen Fehlern und wird allmählich ein guter, routinierter Fahrer. Jedoch gemäß MISRA muß der Fahrer nicht dazulernen, sondern das Auto wird auf 15 km/h gedrosselt und muß vor jeder Kurve erst einmal anhalten ... und in Innenstädten muß stets eine Person mit einer gelben Warnlampe vor dem Auto herlaufen ...

Es wäre viel besser, die MISRA-Regeln als Listen von *Warnungen* und *Wichtige Warnungen* zu berücksichtigen. Verbote sind in diesem Kontext immer schlecht.

Als sattelfester und disziplinierter C-Programmierer erschrickt man zutiefst beim Lesen aller 127 MISRA-Regeln, denn die Grundlage für deren Erstellung sind ja Fehler von Programmierern.

Diese C-Programmierer, auf deren Fehler man sich bezieht, scheinen infolgedessen überwiegend *blutige* C-Anfänger zu sein ... Eine andere Deutung ist kaum möglich – höchstens gröbste Nachlässigkeit beim Programmieren.

Diejenigen Firmen, die die MISRA-Regeln eingeführt haben, sollten sich konsequenterweise zusammenschließen und eine ganz eigene Programmiersprache entwickeln. Die Compiler sollten dann aber ebenso konsequenterweise weder in C noch in C++ entwickelt werden.

Das werden diese Firmen aber nicht tun, da es dann auch Programmierer geben müßte, die diese neue Sprache erlernt haben. Solche Programmierer würde es aber nicht oder nicht in genügender Anzahl geben ...

A

Allgemein zu diesem Buch

A.1 Begriffe, kurz erklärt

Begriffe können nicht immer exakt zutreffend und trennscharf verwendet werden. Die vorliegende Komplexität ist dazu meist zu hoch. Je nach Kontext kann es zu Verwischungen kommen.

C-Datei	Datei, deren Inhalt aus C-Syntax besteht. C-Quelle, C-Quelltext, C-Quelltextdatei, C-Text, C-Kode.
C-Modul	C-Datei oder durch `#include` mehrere C-Dateien, die durch Kompilieren zu nur einer Ausgabedatei führen. Der C-Standard definiert das Wort *Modul* allerdings nicht. Dennoch wird es oft verwendet – auch im Zusammenhang mit C.
Header	Kopf-Datei, `<uvw.h>`, `"xyz.h"`, mit Deklarationen als Inhalt.
C-Programm	C-Datei(en) eines C-Projektes.
Programm	Aufrufbares/Ausführbares Programm, Executable, Kommando.
Plain text	Generell *.txt, aber auch eine C-Datei *.c
Deklaration	Beschreibung, Vereinbarung; beispielsweise Typ-Beschreibung, Funktions-Prototyp, etc.
Definition	Beschreibung, Vereinbarung, mit gleichzeitigem Anlegen eines Objekts und Belegung von Speicherplatz dafür.
Scope	Sichtbarkeit/Bekanntheit/Gültigkeitsbereich von Objekten.
Global	Wenn ein Objekt in allen C-Dateien eines Projektes oder wenigstens in einer von vorne an bekannt ist, spricht man häufig von einem *globalen* Objekt.

C-Compiler	Programm, das aus einem C-Quelltext eine ausführbare Datei erzeugt – ein Programm eben.
Preprocessor	Präprozessor, Vorprozessor eines C-Compilers.
Kompilierung	Einen Compiler arbeiten (laufen) lassen.
Kompilation	Resultat eines Compiler-laufes.
Library	Lib; Bibliothek, Funktions-Bibliothek.
Linker	Binder. Verknüpft Symbole und baut die ausführbare Datei, aus Objekt-Dateien, die der Assembler erzeugte.
Code	Kode; Kodierter Text.
Array	Feld, Vektor. Die Worte Array und Battery stammen aus dem Militärbereich, wobei Array die Schlachtordnung auf dem Schlachtfeld bezeichnet.
Typname	Typangabe, Typbezeichnung: `(int)`, `(struct kfc *)`, …
Element	Array-zelle.
Pointer	Zeiger, Adresse.
Integer	Ganze Zahl.
Struktur	struct; Zusammensetzung.
Union	union; Vereinigung, Variante.
Mitglied	Member, Komponente in Strukturen und Unionen.
Alternative	Member, Komponente in Unionen.
Etikett	`struct etikett` bilden einen Strukturtyp. (`struct` *tag*)
Alignment	Ausrichtung von Objekten im Speicher, so daß deren Basisadresse teilbar ist a/s *ohne* Divisionsrest.
Offset	Resultierende_Adresse = (Basis)adresse+offset
Byte	C-Byte. Anzahl Bits: `CHAR_BIT`. Mindestens 8 Bit breit.
Oktet	Byte, 8 Bit breit. (Allgemein in der EDV)
Plattform	Prozessor + Betriebssystem + Compiler.
Implementation	C-Compiler, Entwicklungssystem
Allocation	Zuteilung (von Speicher).
Assembler	Montierer
Tutorial	Kleines Ratgeber-Buch.
Kompendium	Abriß, kleines Lehrbuch.

Die Semantik der Begriffe *Deklaration* und *Definition*, die im deutschsprachigen Bereich im Zusammenhang mit C üblich ist, ist durchaus nicht unproblematisch. Es heißt ja beispielsweise `typedef` und `#define`. Jedoch eine Typdefinition legt niemals ein Objekt im Speicher an und ebenso eine Makrodefinition nicht …

A.2 Hinweise

Selbstverständlich sind die meisten (aber nicht alle!) der in diesem Buch gezeigten (kleineren) Kodeabschnitte nicht direkt kompilierbar, wenn sie dem Buch isoliert entnommen werden, denn es fehlt im Regelfall der notwendige Kontext.

Kodeabschnitte sind grundsätzlich als Fragmente aus einem vollständigen C-Modul anzusehen, die ein Mindestmaß an Sachverstand bedürfen, sollen sie konkret verarbeitet werden. Viele kleine Kodeabschnitte für Erklärzwecke ergäben kompiliert ohnehin keinen sinnvollen Algorithmus.

Kodeabschnitte können nur vertikal, nicht aber horizontal gebildet werden: Wenn zwischen zwei Kodestücken in einer Zeile beispielsweise das Wort *entspricht* steht, dürfte klar sein, daß das kein gültiges Schlüsselwort in C ist.

Damit Kodeabschnitte weder zu breit noch zu lang werden, wurden viele übliche, abgekürzte Typbezeichnungen verwendet, die keine in C definierten Schlüsselwörter sind. Es dürfte klar sein, daß beispielsweise `uchar`, `byte` und `BYTE` jeweils für `unsigned char` stehen, worüber punktuell auch konkret informiert wird.

Kompakte (absichtlich kompaktierte) Kodeabschnitte sind möglicherweise im gedruckten Buch (schwarz/weiß) nicht optimal übersichtlich, denn sie wurden unter der Wirkung von *Syntax-Highlighting* geschrieben. Hier kann `code.html` (siehe Vorwort) mit den Kodeabschnitten in Farbe hilfreich sein.

Dieses Buch beschreibt die Sprache C gemäß dem aktuellen C-Standard C11. Dessen neue Merkmale sind allerdings abgetrennt aufgeführt und/oder als solche gekennzeichnet. Sie wurden also nicht unerkennbar in die Beschreibungen der altbekannten Eigenschaften einsortiert. Jedoch subtile, vernachlässigbare Unterschiede in der Semantik wurden möglicherweise nicht in jedem Fall extra herausgestellt.

Wenn in diesem Buch (exklusive) Eigenschaften von C beschrieben werden, so gilt das oft auch für C++. Darauf wird meist nicht explizit hingewiesen.

In diesem Buch wird im Bedarfsfall die weitverbreitete Plattform Intel i386 (oder höher) angenommen. Dies gilt natürlich nur für Darstellungen, die tatsächlich plattformspezifisch sind und eine jeweilige Entscheidung für einen bestimmten Prozessor notwendig gewesen wäre. Bei Beispielen mit konkreten Zahlenwerten ist dies oft unumgänglich. Es wird jeweils darauf hingewiesen, wenn eine Darstellung nicht *strikt konform* ist. Zu wiederholten Vorkommnissen wird aber nicht immer wieder der gleiche Hinweis notiert.

Bei Angaben der Arbeitsgeschwindigkeit von Programmierungen ist eine Plattform zugrundegelegt mit einem Prozessor INTEL PIII/700.

Im Buchtext sind 148+30 Seitenreferenzen (▶) enthalten (bsh):
```
cat kap/*.tex | tr -cs '[a-z]' '[\10*]' | grep -c pageref
```

B

Die Standard-Library

Die Programmiersprache C ist sehr *schlank* und enthält eingebaute sprachliche Mittel nur dafür, um Kode- und Datenobjekte anlegen zu können, diese Daten manipulieren und berechnen und Algorithmen programmieren zu können. Ein Indiz dafür ist schon die geringe Anzahl von nur 32 Schlüsselwörtern (C99: 37, C11: 44).

Die Sprache C enthält also beispielsweise keinerlei eingebaute Funktionen, mit zugehörigen Schlüsselworten, die eine Eingabe/Ausgabe vornehmen können.

Aber, für all diese Zwecke – und noch mehr – sind Funktionen standardisiert worden, die von außerhalb, aus Funktions-Bibliotheken (Libraries), beliebig – und sehr einfach – hinzugefügt werden können. Diese Hinzufügungen beschränken sich nicht auf Funktionen, sondern es werden beispielsweise auch systemspezifische Fehlermeldungstexte bereitgestellt.

Dieses Konzept ist extrem flexibel. Beispielsweise können beliebig eigene Libraries entwickelt werden ... In der Regel stehen hunderte von externen Funktionen zur Verfügung, wobei es nach oben kaum eine Grenze gibt.

Die Standard-Bibliothek gemäß Ansi/Iso/Iec enthält zwar nicht hunderte von Funktionen, aber die Sprache C wird durch diesen Funktionssatz doch so sehr erweitert, daß man nur geringfügig und/oder selten auf beispielsweise die Funktionen des Posix-Standards zugreifen muß.

B.1 Kurzbeschreibung einiger Funktionen

malloc

```
#include <stdlib.h>

void *malloc(              size_t size);
void *realloc(void *ptr, size_t size);
void  free(    void *ptr          );
```

Mit `malloc` kann zur Laufzeit des Programms dynamisch statischer Speicherplatz vom Betriebssystem zugeteilt werden. Dieser Speicherplatz ist bis zu dessen expliziter Freigabe gültig. `malloc` und `realloc` liefern die Startadresse auf einen solchen Speicherbereich, die NULL ist bei Fehlschlag.

```
int(*Buf)[8*1024];

Buf= malloc(sizeof(int[2][8*1024]));

if (!Buf)  PrintErr("Speichermangel"), exit(2);
//...
i= Buf[1][k];
//...
free(Buf);
```

Mit genau derjenigen Adresse, die zu einem Speicherbereich zuletzt geliefert wurde, muß `free` aufgerufen werden, um diesen Speicherbereich wieder freizugeben, falls er nicht mehr benötigt wird.

Mit `realloc` kann ein bereits bestehender Speicherbereich vergrößert oder verkleinert werden. Es ist möglich, daß dabei ein anderer Adressenwert geliefert wird als die zuvor gültige Adresse, da `realloc` den alten Bereich in einen neuen umkopiert, falls der alte Bereich nicht vergrößerbar ist oder falls aus anderen Gründen zu einem neuen Bereich gewechselt wird.

Selbstverständlich ist der reservierte Speicherbereich global gültig. Die Zugreifbarkeit in der C-Quelle hängt nur davon ab, wo die Adressenvariable, die die gelieferte Adresse aufnimmt, sichtbar ist.

In C muß die gelieferte void*-Adresse nicht explizit per Typ-Cast umgewandelt werden – im Gegensatz zu C++.

▶ 220.

setjmp

```
#include <setjmp.h>

static jmp_buf jBuf1;

int    setjmp(jmp_buf jBuf1);

void longjmp(jmp_buf jBuf1, int val);
```

setjmp speichert alle in Frage kommenden Prozessor-Daten in eine Struktur und liefert 0 bei Erfolg. Irgendwo später kann longjmp aufgerufen werden, mit dieser Struktur und einem Integer-Wert >0, und longjmp kehrt nicht zurück, sondern springt quasi ins Innere der zuvor aufgerufenen setjmp-Funktion, die nun jedoch diesen Wert >0 zurückgibt.

Ein longjmp-Aufruf kommt also an der zugehörigen setjmp-Stelle wieder heraus. longjmp ist also eine Art globaler Super-goto.

Alle nichtstatischen dynamischen Objekte zwischen setjmp ... longjmp werden durch longjmp → setjmp eliminiert.

Regeln:

- Alle dynamisch angelegten Variablen in derjenigen Funktion, die setjmp aufruft, die zwischen dem Aufruf von setjmp und einem zugehörigen Aufruf von longjmp verändert werden, sollen mit volatile qualifiziert sein.

- Bei einem Aufruf von longjmp darf diejenige Funktion, die die zugehörige setjmp aufrief, nicht verlassen sein.

▶ 7, 259.

<string.h> (<memory.h>)

Die Funktionen aus diesen Headern ergänzen sehr die Möglichkeiten und ersetzen fehlende interne Merkmale der Sprache C. Beispielsweise beliebiges (Byte-)Kopieren beliebiger Inhalte von Objekten und Teilen davon.

Die Funktionen, die mit den drei Zeichen **str** beginnen (z. B.: strlen), arbeiten mit null-terminierten Zeichenketten (strings).

Die Funktionen, die mit **mem** beginnen (z. B. memcpy), funktionieren völlig inhaltsunabhängig, sie benötigen daher eine Byte-Anzahl als Argument.

Die Menge dieser Funktionen ist sehr groß. Etwa 4...8 der wichtigsten haben Compiler meistens intern fest eingebaut: *intrinsic, inline*.

Die von früher bekannte <memory.h> ist jetzt in <string.h> enthalten.

signal

```
#include <signal.h>

typedef void(*sig_t)(int);

void (*signal(int sig, void(*func)(int)))(int);

sig_t  signal(int sig, sig_t func);
int    raise(int sig);
```

Der übersichtschaffende Typ `sig_t` ist nicht standardisiert.
► 176, 149, 8.

```
void SigCatch(int);
static sig_atomic_t Sig;          // In der Regel: int

signal(SIGSEGV, SigCatch);
signal(SIGFPE , SigCatch);
signal(SIGTERM, SigCatch);
signal(SIGINT , SigCatch);
signal(SIGABRT, SIG_DFL );
signal(SIGILL , SIG_DFL );

void SigCatch(int sig)
{
   if (SIG_ERR == signal(sig, SIG_IGN))  /*...*/;
   else  switch (Sig=sig,  sig) {
           case SIGSEGV:  /*...*/ break;
           case SIGTERM:  /*...*/ break;
           case SIGINT :  /*...*/ break;
           //...
        }
   signal(sig, SigCatch);
   return;
}
```

Die Funktion `signal` retourniert jeweils den *alten* Handler/Catcher – oder aber SIG_ERR. Der voreingestellte Handler ist SIG_DFL. Die Variable `Sig` enthält die Signalnummer, falls im Handler nur ganz minimaler Kode sein muß oder soll. Unter UNIX jedoch kann man sich sogar erlauben, `printf` im Handler aufzurufen, was aber nicht heißen soll, daß das dort ausgiebig getan werden sollte. Anspruchsvoller Kode in Signal-Handlern ist auf jeden Fall nicht voll portabel. Das Abfangen von Signalen funktioniert unter UNIX bestens, unter DOS beispielsweise fast garnicht, jedenfalls nicht mit den portablen Mitteln des C-Standards. Unter UNIX existieren nicht nur 6, sondern in der Regel etwa 30 Signalnummern, und eine größere Anzahl von Funktionen namens `sigxxxxxx`.

fopen

```
#include <stdio.h>

FILE *fopen(const char *filename, const char *mode);

int fclose(FILE *stream);
```

Mit diesen Funktionen werden Dateien geöffnet und wieder geschlossen.
fopen liefert einen Dateizeiger vom Typ FILE*, der NULL ist bei Fehlschlag.
Nach dem Öffnen können Funktionen wie z. B. fprintf() benutzt werden.

mode	Bedeutung
"r"	Datei zum Lesen öffnen.
"w"	Datei erzeugen oder aber auf Größe 0 schneiden; zum Schreiben öffnen.
"a"	Datei event. erzeugen; zum Schreiben öffnen, jedes Schreiben geschieht ans Ende.

Die Zeichen + und/oder b können jeweils hinzugefügt werden, zum Lesen+Schreiben bzw. Schreiben+Lesen, und Öffnen im Binär-Modus.
Z. B.: "r+b"   "rb+"   "w+"   "w+b

Binär-Modus bewirkt, daß später die Ein- und Ausgabe-Funktionen keine Umwandlungen \n → \r\n und umgekehrt vornehmen. Es finden keine Umwandlungen hinsichtlich des Zeilenvorschubs statt.

b wird unter UNIX ignoriert, da es dort ohnehin nur \n gibt.
(Der Bildschirm-Treiber fügt \r hinzu.)

Die drei Dateizeiger stdin, stdout, stderr sind vordefiniert und beim Programmstart bereits geöffnet.

FILE*	File-Handle	Gerät	Bemerkungen
stdin	0	Tastatur	
stdout	1	Bildschirm	
stderr	2	Bildschirm	
stdprn		Drucker	DOS (nicht STANDARD)
stdaux		RS232	DOS (nicht STANDARD)

Z. B. printf(entspricht fprintf(stdout,.

Die Funktions-Familie, die mit FILE* zusammenarbeitet, verwendet interne Ein-/Ausgabe-Puffer.

Siehe: fflush(), setbuf(), setvbuf().
▶ 8.

fprintf

```
#include <stdio.h>

int fprintf(FILE *stream, const char *format, ...);
int  printf(           const char *format, ...);

int sprintf(char *s,       const char *format, ...);
```

Diese Ausgabe-Funktionen können binär gespeicherte Zahlen in außerordentlich vielfältiger Form in lesbare Zeichenketten umwandeln und ausgeben. Bei sprintf() erfolgt die Ausgabe in einen char-Puffer s. ▶ 43.

```
printf("---%d, %c, %010u\n+++\n",  111, 'A', 567);

---111, A, 0000000567
+++
```

Diese Funktionen arbeiten mit variabel vielen Argumenten (...), deren jeweiliger Typ mit den Angaben in der format-Zeichenkette übereinstimmen muß!

Rückgabewert: Anzahl ausgegebener Zeichen; <0 bei Fehler.
Pro Argument maximal 4095 Zeichen als Ausgabe.

format: [[...][arg_ident][...]]... (Zeichenkette)

Argument-Identifizierer:

%[flags][min_breite][.präzision][längen_mod]**konv_spez**

-	*	*	hh	d i
+	dez_zahl	dez_zahl	h	u
leerz			l	o
#			ll	x X
0			L	f F
			j	e E
			z	g G
			t	a A
				c
				s
				p
				n
				%

%% Erzeugt 1 Zeichen %
[...] Optional
  *   Info aus *zusätzlichem* Int-Arg,
      Angabe(n) *vor* dem eigentlichen Arg.
  *   min_breite: neg. Int-Arg-Wert entspricht '-'flag

		Darstellung	**Arg-Typ**	hh	h	l	ll	L	j	z	t
	C99			.		.			.	.	.
d	i	[-]Dezimal	+/-Integer	*	*	*	*		i	s	p
u		Dezimal	us-Integer	*	*	*	*		i	s	p
o		Oktal	Integer	*	*	*	*		i	s	p
x	X	Hexadezmal	Integer	*	*	*	*		i	s	p
f	F	123.456789	Gleitkomma					*			
e	E	123.45e-12	Gleitkomma					*			
g	G	fF eE	Gleitkomma					*			
a	A	Hexadez(C99)	Gleitkomma					*			
c		Zeichen	Integer/'x'			wi					
s		Zeichenkette	char*			wc					
p		Hex(meist)	void*								
n		nZeichen →	&int	*	*	*	*		i	s	p

```
        i:[u]intmax_t    s:size_t    p:ptrdiff_t
        wi:wint_t        wc:wchar_t


        hh: [unsigned] char
         h: [unsigned] short
         l: [unsigned] long
        ll: [unsigned] long long
         L: long double
```

flags

```
-        Linksbündig innerhalb Ausgabe-Breite
+     +          vor Darstellung bei pos. Arg-Wert
leerz Leerzeichen vor Darstellung bei pos. Arg-Wert
#        0x|0X  vor Hex-Darstellung, 0  vor Oktal-Darst.
#        .  ist stets vorhanden bei Gleitkomma
0        Breite wird mit führenden Nullen 0 aufgefüllt
         anstatt mit Leerzeichen.
```

präzision

Mindestanzahl Ziffern bei `diuoxX`

Ziffern nach `.` bei `fFeEaA`

Maximalanzahl signifikante Ziffern bei `gG`

Maximalanzahl Zeichen bei `s`

fscanf

```
#include <stdio.h>

int fscanf(FILE *stream , const char *format, ...);

int  scanf(              const char *format, ...);

int sscanf(const char *s, const char *format, ...);
```

Diese Eingabe-Funktionen sind ein ziemlich genaues Spiegelbild der Ausgabe-Funktionen fprintf, etc. Alle Argumente müssen *Adressen* von Objekten sein, damit die umgewandelten Eingaben dort hinein geschrieben werden können!

Alle Eingaben müssen zu den Angaben in der format-Zeichenkette passen, damit erfolgreich Zuweisungen zu den Argumenten vorgenommen werden können. Es müssen dem Format entsprechende Argumente vorhanden sein, denn sonst schreiben diese Funktionen gehorsam dem falschen Format folgend falsch in den Speicher hinein!

Sobald eine Eingabe nicht (mehr) zum aktuell geltenden Argument-Identifizierer paßt, wird abgebrochen, wobei unpassende Zeichen im Input-Stream verbleiben und eventuell bei einem weiteren Aufruf erneut zu lesen und zuzuordnen versucht werden. Angaben außerhalb von Argument-Identifizierern sind möglich und müssen ebenfalls passen.

Rückgabewert: Anzahl Arg-Zuweisungen (>=0), oder EOF.

format: [[...][arg_ident][...]]... (Zeichenkette)

Argument-Identifizierer:

%[*][max_breite][längen_mod]**konv_spez**
                                 [zeichenklasse]
                                 [^zeichenklasse]

*   Keine Zuweisung, kein Arg angeben

Ansonsten siehe fprintf.

Konversions-Spezifizierer [zeichenklasse]:
Argumenttyp: char*
Alle Eingabezeichen sind passend, die in [abc...] vorkommen.
Alle Eingabezeichen sind passend, die nicht (^) in [^abc...] vorkommen.

max_breite:
Genau die angegebene Anzahl bei c.

Bei s und [klasse] muß als zugehöriges Argument eine Pufferadresse angegeben werden, wobei der Puffer groß genug sein muß, um alle Eingabezeichen plus ein abschließendes '\0'-Zeichen aufnehmen zu können.

Bei jedem Argument-Identifizierer wird zunächst über eventuell vorhandene Zwischenraumzeichen hinweggelesen, danach muß die Eingabe zum jeweiligen Argument-Identifizierer passen. Außerhalb von Argument-Identifizierern angegebener Zwischenraum führt – explizit – zum gleichen Zwischenraum-Verhalten. Außerhalb angegebene Zeichen ungleich Zwischenraum und ungleich % müssen in der Eingabe ganz genau so auftauchen, damit die Funktion weiterliest.

```
scanf(" abc%d", &i);
```

TAB   ENTER   abc   7

Die angegebene Eingabe paßt zum Format, 7 wird erfolgreich an i zugewiesen und es wird 1 retourniert.

C

Die Posix-Library

Die C-Standard-Library ist in der Posix-Library enthalten. Der Posix-Standard ist also übergeordnet und enthält viel mehr Funktionen (etwa 1800).

Man kann sagen, daß Posix® alle Funktionen zur Verwendung in C-Programmen zur Verfügung stellt, damit man alles – und noch mehr – programmieren kann, was in der Kommandozeile des jeweiligen Betriebssystems mit dessen diversen Kommandos bewirkt werden kann:

Beispielsweise Verzeichnisinhalte lesen, Verzeichnisse anlegen und löschen, Dateisysteme erzeugen, montieren, abmontieren, aktuelles Verzeichnis feststellen, Systemzeit lesen und setzen, sehr erheblich erweiterte Ein-/Ausgabe-Möglichkeiten, Prozesse und Parallel-Prozesse starten, etc.

Nahezu alle Unix-Systeme sind Posix-Systeme. Zum Beispiel Borland-Compiler für DOS/Win enthalten ebenfalls viele Posix-Funktionen.

```
http://pubs.opengroup.org/onlinepubs/9699919799/
https://www2.opengroup.org/ogsys/catalog/t101
http://www.unix.org/version4/
```

Vorstehend einige Internetadressen zum Thema.

Posix == Portable Operating System Interface for Unix
Susv4 == Single UNIX Specification Version 4

C.1 Kurzbeschreibung einiger Funktionen

open/close

```
#include <fcntl.h>

int open(const char *path, int oflags, ...);

int close(int fd);      // fd: file descriptor (handle)
```

Funktionen zum Öffnen und Schließen von Dateien. Jeder erfolgreiche Aufruf von open liefert einen Handle (fd = filedescriptor) mit einem jeweils eigenständigen damit assoziierten Dateipositionszeiger.

Rückgabewert <0 bei Fehler.

Die Handles 0, 1, 2 sind beim Programmstart bereits geöffnet:

```
fd:0 Standard-Eingabe (stdin)
fd:1 Standard-Ausgabe (stdout)
fd:2 Standard-Fehlerausgabe (stderr)
```

oflags:

```
O_RDONLY  O_WRONLY  O_RDWR    // Hiervon genau eines
O_CREAT   O_TRUNC   O_APPEND
// ...
// beliebig oder-ierbar
#if defined(UNIX)
# define O_BINARY  0
# define O_TEXT    0
#endif

fdo= open(ofnam, O_RDWR|O_CREAT|O_TRUNC|O_APPEND, 0644);

if (fdo<0)  PrintErr("Öffnen fehlgeschlagen"), exit(2);
//...
close(fdo);
```

Wenn O_CREAT angegeben ist, muß ein Dateimodus angegeben werden, damit bei eventuellem Neuanlegen einer Datei auch sogleich ihr Modus festgelegt werden kann. Bei bereits existierender Datei werden ein angegebener Modus als auch O_CREAT ignoriert.

Siehe: chmod()

O_CREAT: Erzeugt Datei mit Größe 0, falls diese nicht bereits existiert.
O_TRUNC: Bringt Datei auf Größe 0, falls diese existiert. Nicht bei O_RDONLY.

read/write

```
#include <unistd.h>   /*<io.h>*/

ssize_t  read(int fd,          void *buf,   size_t nbyte);
    int  read(int fd,          void *buf, unsigned nbyte);

     int write(int fd, const void *buf, unsigned nbyte);
```

Diese Funktionen lesen/schreiben aus/in Dateien und schreiben/lesen die Bytes in/aus dem Puffer `buf`. Die gewünschte (`read`: maximale) Anzahl Bytes wird mittels `nbyte` angegeben. Retourniert wird die Anzahl tatsächlich gelesener/geschriebener Bytes, oder ein Wert <0 bei Fehlern.

Unter UNIX werden diese Funktionen von `fscanf()` und `fprintf()` benutzt. Siehe: `fread()`, `fwrite()`

Der Dateizeiger (siehe `lseek`) wird durch Lesen/Schreiben um die Anzahl der jeweiligen Bytes weiterbewegt, so daß sich der jeweils nächste Vorgang bündig anschließt.

Tip: Wenn eine Datei einmal zum Lesen und gleichzeitig zusätzlich zum Schreiben geöffnet ist, stehen *zwei* voneinander unabhängige Dateizeiger zur Verfügung. Ein und dieselbe Datei kann vielfach gleichzeitig geöffnet sein, so daß entsprechend viele voneinander unabhängige Dateizeiger zur Verfügung stehen. (Siehe `open()`)

lseek

```
off_t lseek(int fd, off_t offset, int whence);
 long lseek(int fd,  long offset, int whence);
```

Diese Funktion setzt einen Dateipositionszeiger auf eine gewünschte Position. Die resultierende Position, vom Dateibeginn an gemessen, wird danach retourniert. `offset` kann auch negativ sein und wird dann entsprechend berücksichtigt.

whence:
SEEK_CUR: Bewegt von der aktuellen Position ausgehend um `offset` Bytes.
SEEK_SET: Bewegt vom Dateibeginn ausgehend.
SEEK_END: Bewegt vom Dateiende ausgehend.

```
filesize= lseek(fd, 0L, SEEK_END);
```

Liefert bei normalen Dateien die Dateigröße. (`0L` bei einer leeren Datei.) Die Endposition befindet sich hinter dem letzten Datei-Byte! Die Anfangsposition ist 0.

Unter iX86 (32 Bit) und dem UNIX FREEBSD hat `off_t` eine Breite von 64 Bit!

stat/fstat

```c
#include <sys/types.h>
#include <sys/stat.h>


int  stat(const char *path, struct stat *sp);


int fstat(int fd,           struct stat *sp);
```

Diese Funktionen liefern einen vollständigen Informationssatz über Dateien. Die Infos werden in eine Struktur geschrieben, deren Adresse übergeben wird. Bei Erfolg wird 0 retourniert.

`sp->st_mode`: Dateityp, Zugriffserlaubnisse.

Nachfolgend die Mitglieder der Struktur:

```c
dev_t   st_dev;       // Filesystem-ID
ino_t   st_ino;       // i-node Nummer
mode_t  st_mode;      // Datei-Modus
nlink_t st_nlink;     // Anzahl Links
uid_t   st_uid;       // User-ID
gid_t   st_gid;       // Gruppen-ID
dev_t   st_rdev;      // Geräte-ID
off_t   st_size;      // Dateigröße in Bytes
time_t  st_atime;     // Zeit: letzter Zugriff
time_t  st_mtime;     // Zeit: letzte Modifikation
time_t  st_ctime;     // Zeit: Kreation, Status
```

Zeiten in Sekunden GMT.
`off_t`, `time_t`: meist `long`

Ein Aufruf:

```c
struct stat Stat;
if (stat(datei, &Stat)!=0)  /* Fehler */;
```

Zur Auswertung von `st_mode` sind Makros in `<sys/stat.h>` vorhanden.

Dateiparameter können geändert werden u. a. mit:

```c
chmod(),chown(),chgrp(),
chsize(),truncate(),ftruncate(),
utime()
```

dup/dup2

```
int  dup(int fd);

int dup2(int fd, int fd2);
```

dup dupliziert einen Handle (file descriptor).

Es wird stets der wertmäßig niedrigste noch verfügbare Handle geliefert <_NFILE. Ein Dateipositionszeiger wird *nicht* dupliziert, sondern den teilen sich die Handles.

dup2 gestattet die Angabe eines *gewünschten* Handle-Wertes: fd2.

Falls fd2 bereits belegt ist, wird die zugehörige Datei vor der Duplizierung von fd geschlossen. fd2 wird also mit derjenigen Datei verknüpft, mit der fd bereits verknüpft ist.

fd muß natürlich ein gültiger Handle sein, beispielsweise von open(). Bei Fehlschlag/Fehlern wird <0 retourniert.

isatty

```
int isatty(int fd);
```

Dieser Funktion wird ein Filedescriptor (Handle) übergeben und es wird TRUE retourniert, falls dieser Filedescriptor mit einem Terminal verknüpft ist (Bildschirm bzw. Tastatur).

Falls ein Programm/Kommando folgendermaßen aufgerufen wird:

```
cmd  > Datei
cmd  < Datei
cmd  | ...
...  | cmd
cmd  < Datei1 > Datei2
```

sind die fd 1, 0, 1, 0, 0+1 eben *nicht* mit einem Terminal verknüpft – solange cmd läuft. Mittels dieser Information können sinnvoll unterschiedliche Verhaltensweisen von Kommandos programmiert werden.

C.2 Kurzübersicht Posix-, X/Open- und sonstige C-Funktionen

(SCO OpenServer 5.0.5)

Ausgewählt aus etwa 2000 Funktionen der man S-Kategorie.

Viele Funktionen dieser Liste arbeiten mit zugehörigen Strukturen, die (jeweils) eine Menge verschiedenartigster Manipulationen erlauben.

Beispielsweise:

```
ioctl(), mallinfo(), sigaction()
termios, directory/dirent.h:.
```

Suchwort- und/oder Informationsdienste unter Unix sind:

man	Manual-Pages
info	Manuals (anderes Format)
whereis	Kommandos/Programme
which	Kommandos/Programme
locate	Dateinamen
whatis	Begriffe
apropos	Begriffe
whois	Domain-Info (Internet)
man man	Informiert über man
info info	Informiert über info

```
man printf
man qsort
man signal
man perror
man errno
...
```

Liste der Funktionen: $\Longrightarrow$

a64l l64a	convert between long integer and base-64 ASCII
a64l	gets long from base-64 representation
abort	generate an abort fault
abs	return integer absolute value
acceptable_password	determine if password is cryptic
access eaccess	determine accessibility of a file
addwstr	write a character string with attributes to the
adf_gttok	convert word to token
adf_gtwrd	get next word from string and copy to buffer
adf_gtxcd	get next text code from string and copy to buff
advance	pattern match given a compiled regular expressi
alarm	set a process alarm clock
altzone	difference in seconds between UTC and alternate
ascftime	convert date and time to string
asctime	converts a tm structure to a 26-character strin
atexit	register function to be called at termination
atof	converts ASCII to floating point numbers
atoi	converts ASCII to integers
atol	converts ASCII to long integer numbers
j0 j1 jn y0 y1 yn	bessel functions
brk sbrk	change data segment space allocation
bsearch	binary search a sorted table
bcopy bcmp bzero	bit and byte string operations
calloc	allocate unused space for an array
cftime	convert date and time to string
chdir fchdir	change working directory
chdir	change working directory using pathname
chmod fchmod	change mode of file
chmod	change mode of file using pathname
chown lchown fchown	change owner and group of a file
chown	change owner and group ID of a file
chroot	change root directory
chsize	changes the size of a file
clock	report CPU time used
close	close a file descriptor
closedir	closes the named directory stream and frees the
compile	compile string for use with advance or step
creat	create a new file or rewrite an existing one
create_file_securely	create a file using an attribute specification
creatsem	creates an instance of a binary semaphore
crmode	put terminal into CBREAK mode

`ctime localtime gmtime asctime tzset`	convert date and time t
`ctime`	converts UNIX epoch time to local time
`ctype`	character handling routines
`curses`	CRT screen handling and optimization package
`cuserid`	get character login name of the user
`daylight`	set to non-zero value if alternate time zone ex
`dial`	establish an outgoing terminal line connection
`difftime`	computes the difference between time values
`closedir opendir readdir rewinddir seekdir telldir`	directory operations
`drand48 erand48 jrand48 lcong48 lrand48 nrand48 mrand48 srand48`	pseudo random number generators and initialization routines
`drand48`	returns non-negative double-precision floating-
`dup`	duplicate an open file descriptor
`dup2`	duplicate an open file descriptor
`eaccess`	check file accessibility using EUID
`ecvt fcvt gcvt`	convert floating-point number to string
`elf`	object file access library
`encrypt`	encrypts a password
`end etext edata`	last locations in program
`endgrent`	closes group file when processing is complete
`endpwent`	closes password file when processing is complet
`environ`	array of character pointers to the environment
`erf erfc`	error function and complementary error function
`errno`	system error messages
`execl execv execle execve execlp execvp`	execute a file
`exit _exit`	terminate process
`fchdir`	change working directory using file descriptor
`fchmod`	change mode of file using file descriptor
`fchown`	change owner and group ID of a file using a fil
`fclose fflush`	close or flush a stream
`fclose`	writes buffered data and closes stream
`fcntl`	file control
`ffs`	find first set bit
`fgetgrent`	returns pointer to next group structure
`fgetpasswd`	read or clear a password from a file
`fgetpwent`	gets pointer to next matching passwd structure
`field`	FIELD library routines

fileno	returns integer file descriptor
flushinp	discard current typeahead characters
fnmatch	find matching filename or pathname
fork	create a new process
form	create and display a form
forms	character-based-forms package
frexp frexpl ldexp ldexpl logb logbl modf modff modfl nextaft	convert floating-point number to fractional and integral components
fstat	returns information about an open file
fstatfs	get file system information
fstatvfs	report on a filesystem using a file descriptor
fsync	synchronize changes to a file
ftime	return time in a structure
ftok	standard interprocess communication package
ftruncate	set a file to a specified length using a file d
ftw	walk a file tree
getc getchar fgetc getw	get character or word from a stream
getch	read character from terminal associated with a
getchar	return next character from stdin
getcwd	get pathname of current working directory
getdate	convert user format date and time
getenv	return value for environment name
gethz	return the frequency of the system clock in tic
getitimer setitimer	get and set value of interval timers
getpasswd fgetpasswd bigcrypt bigcryptmax	read or clear a password
getpid getpgrp getppid getpgid	get parent or calling process or process group identification
getprpwuid	searches for numerical user ID matching uid
getpw	get user info from UID
gettimeofday settimeofday	get or set the date and time
getuid geteuid getgid getegid	get real user effective user
getwd	get current working directory pathname
glob globfree	generate pathnames matching a pattern
gmtime	convert time to UTC
gsignal	raises signal identified by its argument

`hsearch hcreate hdestroy`	manage hash search tables
`hypot`	euclidean distance function
`iconv_open iconv_close iconv`	convert characters from one cod
`ioctl`	I/O control command
`isastream`	test a file descriptor
`isatty`	test for a terminal device
`item`	CRT menu-item routines
`itimer`	interval timers
`kill`	send a signal to a process or a group of proces
`killchar`	return the user's kill character
`l3tol ltol3`	convert between 3-byte integers and long intege
`lchown`	change owner and group ID of a symbolic link
`link`	link to a file
`localtime`	converts time pointed to by clock to tm structu
`logname`	return login name of user
`longjmp`	restores last saved environment
`lsearch lfind`	linear search and update
`lseek`	move read/write file pointer
`lstat`	returns information about a symbolic link
`ltol3`	converts long integers to three-byte integers
`mallinfo`	report allocated space usage
`malloc free realloc calloc cfree mallinfo mallopt`	allocat
`malloc`	allocate space for an object
`mallopt`	control the space allocation algorithm
`memmove`	copies characters between objects
`memccpy memchr memcmp memcpy memset`	memory operations
`menus`	character based menus package
`mkdir`	make a directory
`mkfifo`	make a FIFO special file
`mknod`	make a directory or a special or ordinary file
`mktemp`	make a unique filename
`mktime`	converts local time to calendar time
`mount`	mount a filesystem
`nap`	suspends execution for a short interval
`napms`	make the cursor sleep for ms milliseconds
`nice`	change priority of a process
`open`	open for reading or writing
`opendir`	opens a directory

opensem	opens a semaphore
panels	character based panels package
passlen	determine minimum password length of an account
pause	suspend process until signal
perror	system error messages
pfmt vpfmt	display error message in standard format
pipe	create an interprocess channel
popen pclose	initiate a pipe to or from a process
psiginfo	produce system signal messages
psignal psiginfo	system signal messages
psignal	produce system signal messages
ptrace	process trace
putenv	change or add value to environment
putpwent	write password file entry
pw_nametoid	map between use
pw_idtoname	
gr_nametoid	
gr_idtoname	
qsort	quicker sort
raise	send signal to the execution program
random	better random number generator
random srandom	better random number ge
initstate setstate	
randomword	generate a pronounceable password
rdchk	checks to see if there is data to be read
read	read from a file
readdir	returns a pointer to the next active directory
readlink	reads a symbolic link
readv	read from a file using multiple buffers
realloc	change the size of a memory object
regcomp regexec	regular expression matching
regerror regfree	
regex	execute a compiled regular expression against a
regexp	regular expression compile and match routines
remove	removes filename
rename	changes filename
resetty	restore terminal to previous state
rewind	sets position of next I/O operation but does no
rewinddir	resets the named directory stream to the beginn
rindex	character string operation
rint	returns nearest integer value to floating point
rmdir	remove a directory

savetty	save current state of terminal to a buffer
sbrk	add bytes to the break value
scalb	returns the quantity `value*2^exp`
sc_init	scancode Application Programming Interface (API
sc_raw	turns off scancode translation and returns the
seekdir	sets the position of the next readdir operation
setitimer	sets the specified interval timer
setjmp longjmp	non-local goto
setlocale	set or read international environment
settimeofday	set system date and time
setuid setgid seteuid setegid setreuid setregid	set use
sigaction	detailed signal management
signal	set a signal action
sigset sighold sigrelse sigignore sigpause	signal manageme
sigsetjmp siglongjmp	non-local jumps
sigsuspend	wait for signal(s)
sleep	suspend execution for interval
srandom	seed the better random number generator
ssignal gsignal	software signals
stat fstat lstat statlstat	returns file status
statfs fstatfs	get file system information
statvfs fstatvfs	get filesystem information
stime	set time
strcoll strncoll strnxfrm strxfrm	handles collation of st
strftime cftime ascftime	convert date and time to string
strcat strchr strcmp strcpy strcspn strdup strlen strnc	string operations
strncoll	collates two strings until nth character is rea
strptime	date and time conversion
strxfrm	transforms the string from
symlink	creates symbolic link to a file
sync	update super block
sysfs	get file system type information
system	issue a shell command

`tcdrain tcflow` `tcflush tcsendbreak`	line control functions
`tdelete`	deletes a node from a binary search tree
`telldir`	returns current location associated with named
`tempnam`	creates a filename in a named directory
`termattrs`	return video attributes supported by the termin
`tcgetattr tcsetattr` `tcsendbreak tcdrain` `tcflush tcflow`	termios: general terminal line discipline
`tfind`	searches for a datum in the tree and returns a
`time ftime`	return time
`times`	get process and child process times
`timezone`	difference in seconds between UTC and local tim
`tmpfile`	create a temporary file
`tmpnam tempnam`	create a name for a temporary file
`truncate ftruncate`	set a file to a specified length
`tsearch tfind tdelete` `twalk`	manage binary search trees
`ttyname`	get terminal device pathname
`tzname`	contains time zone names
`tzset`	changes values of time variables
`umask`	set and get file creation mask
`umount`	unmount a file system
`uname`	get name of current system
`ungetc`	push character back into input stream
`ungetch`	return a character to the input queue to be re
`unlink`	remove directory entry
`usleep`	suspend execution for an interval
`ustat`	get file system statistics
`utime`	set file access and modification times
`utimes`	set file times
`vfork`	spawn new process in a virtual memory efficient
`vidattr`	display the specified characters with video att
`vidputs`	display the specified characters with video att
`wait`	wait for child process to stop or terminate
`waitpid`	wait for child process to change state
`wordexp wordfree`	perform word expansions
`write`	write to a file
`writev`	write to a file using multiple buffers

D

Verschiedenes

D.1 C im Vergleich

Der Verfasser hatte vor längerer Zeit die Resultate von drei Compilern für die Programmiersprachen C, PASCAL und COBOL verglichen. Plattform war das Betriebssystem DOS, 16 Bit. Es wurde ein und derselbe elementare Algorithmus (ohne Dateioperationen) in jeder dieser Sprachen auf jeweils effizienteste Weise programmiert.

Zeitbedarf des Algorithmus:

C	1
PASCAL	5
COBOL	80

Angesichts des Ergebnisses kann der Gedanke aufkommen, daß im Bereich der Groß-EDV (COBOL) in immenser Weise Ressourcen verschwendet werden – Der Umstieg auf eine andere, effizientere Sprache ist schwer ...

Natürlich wird bei COBOL der Unterschied in der realen Praxis nicht so groß sein wie oben angegeben. Aber selbst bei einem Faktor von 20 würde eben vielfach mehr Rechnerleistung gekauft (und verkauft) als eigentlich nötig ist.

Man kann eben nicht alles gleichzeitig haben: Den Komfort der Eingabemasken und Datensatzoperationen bei COBOL, die größere pauschale Sicherheit bei PASCAL, und die Effizienz, Ressourcenschonung, Feinkörnigkeit, Flexibilität und überaus große Portabilität von C.

C ist durch ihre Eigenschaften *die* Universalsprache schlechthin. C wird immer das Maximum aus den jeweiligen Prozessoren *herauskitzeln* können, für immer schlank und sehr portabel bleiben und daher immer modern und weit verbreitet sein.

COBOL hingegen ist eine uralte Spezialsprache aus dem Jahre 1957 für kaufmännische Anwendungen. Für den Programmierer von solchen Anwendungen ist sie sehr komfortabel, aber allgemein keineswegs universell oder effizient. $\Longrightarrow$

D.1.1 Bewertung von 19 Programmiersprachen

`http://www.wikiservice.at/dse/wiki.cgi?ProgrammierSprachAuswahl` ist eine Internet-Seite, die vom Verfasser mitgestaltet wurde und 19 Programmiersprachen vergleicht, mit Hilfe einer Vielzahl von Kriterien, und wissenschaftlichen Ansprüchen genügen dürfte. Die Bewertungen münden in einer Tabelle mit Punktevergabe.

Betrachtete Eigenschaften:

- Ausgereiftheit
- Herstellerunabhängigkeit
- Kosten (schulischer, nicht-kommerzieller, kommerzieller Einsatz)
- Modernität (wie sehr entspricht die Sprache heutigen Spracherwartungen?)
- Performance
- Platzbedarf (inkl. Runtime; was muss man auf eine CD packen?)
- Portabilität 1 (auf wievielen Systemen läuft das Programm unverändert?)
- Portabilität 2 (für wieviel Systeme gibt es jeweils Compiler?)
- Stabilität (wird das Programm in X Jahren auch noch laufen?)
- ...

Anwendungsperspektiven:

- Akademische Softwareentwicklung
- Datenbankanwendungen / Kommerzielle Anwendungen
- Erhöhung der Chancen am Arbeitsmarkt (Marktgängigkeit)
- Grafikprogrammierung und Bildverarbeitung
- Internet-Programmierung / Web-Anwendungen
- Konservative prozedurale Programmierung
- Kostenminimierung
- Mikrokontroller-Programmierung (Embedded software)
- Moderne OO Programmierung
- Performance-Maximierung
- Portabilität und Standardisierung
- Produktivitätsmaximierung
- Programmiersprachentwicklung und Entwicklungs-Tools
- Schulische Verwendung / Lerntauglichkeit
- Spiele-Programmierung

- Stabilität
- Systemnahe Programmierung / Bibliotheken
- Technische Systeme / Meßsysteme / Militärische Anwendungen
- Universelle Einsetzbarkeit
- Windows Applikationen
- Windows - Linux portable GUI-Applikationen
- Wissenschaftliche Programmierung

Punktetabelle:

Sprache	Punkte	Punkte-Balken (Punktesystem: 10 8 6 5 4 3 2 1)
C	136	
C++	110	
Python	68	
Java	59	
Ada	57	
Pascal	37	
Smalltalk	36	
Basic	35	
Perl	30	
C#	25	
Fortran	15	
Eiffel	10	
Lisp	8	
Assembler	8	
Ruby	6	
PHP	6	
PEARL	5	
JavaScript	4	
COBOL	3	

Die Punktetabelle wurde erstellt, einige Zeit *nachdem* die bewertenden Einordnungen der verschiedenen Programmiersprachen vorgenommen wurden. Der Sieger ist diejenige Sprache, die bei den verschiedenen Kriterien entsprechend häufig genannt und dabei entsprechend oft (weit) vorne positioniert wurde.

Die Einordnungen bei den Kriterien wurden von hauptberuflichen Programmierpraktikern mit vielschichtiger Erfahrung und wissenschaftlicher Ausbildung vorgenommen, und sind somit kaum oder garnicht angreifbar. Die Kriterien sind ausgewogen und groß in der Anzahl. Lamentieren gegen die Punktetabelle liefe in's Leere. ▶ 92.

The Tao gave birth to machine language. Machine language gave birth to the assembler. The assembler gave birth to the compiler. Now there are ten thousand languages. Each language has its purpose, however humble. Each language expresses the Yin and Yang of software. Each language has its place within the Tao. But do not program in COBOL if you can avoid it. – Geoffrey James, "The Tao Of Programming".

D.2 Hinweise / Wissenswertes / Tricks

Operatoren

Stets den Rang von Operatoren beachten, und auch die zugehörige Zusammenfassungsrichtung!:

```
int i[2], *ip=i, j;
++*ip;
*++ip= 6;

j= ++*ip++;      // alternativ: ++ip++[0]   ++(ip++)[0]
j= ++*++ip;      // alternativ: ++(++ip)[0]
j= (*++ip)++;    // alternativ: (++ip)[0]++
                 // Fehler!   : *++ip++  *(++ip)++
```

Der Inhalt von i[0] wurde (indirekt) inkrementiert, um 1 erhöht. In der dritten Zeile wurde *zuerst* die in ip befindliche Adresse von i um 1 erhöht und dann diesem int-Speicherplatz 6 zugewiesen: i[1]=6;

Es wird hier die Wirkungsweise beschrieben. Die wirkliche Aktualisierung des Inhalts von ip kann erst beim nächsten Sequenzpunkt erfolgen. Dies ist zu beachten, wenn ip *öfter* als einmal innerhalb eines Ausdrucks (zwischen zwei Sequenzpunkten) verwendet wird.

Beschreibung vierte bis sechste Zeile: ▶ 19.

Der Fehler in der siebten Zeile ist ein Syntaxfehler, da auf den *einzelnen* Inhalt von ip *zwei* Operationen ++ *gleichzeitig* wirken. Ein Sequenzpunkt-Fehler, unerwartete Resultate betreffend, ist das nicht. Es wäre das jedoch, wenn es – zuvor – *kein* Syntaxfehler wäre.

Bei Betrachtung eines jeden Ausdrucks überlegen: Welchen Typ hat dieser Ausdruck? Was will ich (damit) erreichen? Wie kann ich das Gewünschte – möglichst voll portabel – erreichen?

Stets an die positiven und ggf. negativen Zahlenwertbereiche der Datentypen denken! Können Wert-Bits verloren gehen, durch Überlauf, Zuweisung, Typ-Casting?

Vorzeichenbehaftete Werte werden vorzeichenerhaltend erweitert, auch wenn sie in einen breiteren *vorzeichenlosen* Typ umgewandelt werden! Zur Vermeidung ist ein Typ-Cast notwendig (▶ 21).

[char-Index]

```
char c='ü';
i= A[c];
```

Hier wird in der Regel etwas *Wunderbares* geschehen! Das Ausdruckresultat ist bei einem Index implizit `int` – hier schon wegen Integer-Promotion. Deshalb resultiert aus einem negativen `char`-Wert auch ein negativer Index, der *vor* das erste Byte des Arrays zeigt. Die Falle dabei ist, daß Buchstaben und andere Zeichen unwillkürlich als positiv angesehen werden, mit Zeichensatzwerten von `0..255`. Das sind sie auch – jedoch nicht mehr alle in einem vorzeichenbehafteten `char` gespeichert.

```
unsigned char c='ü';        //oder
i= A[(unsigned char)c];
```

Die vorstehende Programmierung ist besser.

Stets an die impliziten Typ-Umwandlungen des Compilers denken! Diese sind grundsätzlich sehr angenehm und komfortabel, aber ganz vergessen darf man sie nicht.

Andere Programmiersprachen verbieten solches von Grund auf und verlangen, daß alles von vorherein perfekt und einengend bestimmungsgemäß zusammenpaßt, verweigern hartnäckigst die Kompilierung und erzwingen massive, oft zeitraubende Umgehungsmaßnahmen. Dies ist zwar pauschal gesehen sicherer, bewirkt jedoch eine (sehr viel) geringere Effizienz im Vergleich mit C.

Das Vertrackte bei diesem Fall mit den Zeichenkonstanten und dem Typ `char` (Character = Zeichen) ist, daß keine Zeichensatztabelle den einzelnen Zeichen negative Werte zuordnet, sondern stets von 0 bis 127 oder 0 bis 255 durchnumeriert. Und aus dem Tabellenwert 246 wird dann im Programm unvermutet der Wert -10…

Beispiel aus der Praxis:

Man beachte die Erweiterungen von `(u)int` auf UL (`unsigned long`):

```
sec= SPT*(365UL*(j-1970)+(nsj+MA[t[2]]+t[3]-1+(cjsj&&t[2]>=3)))
    + (t[4]*3600UL) + (t[5]*60+t[6]);
```

Die meisten geklammerten Teilausdrücke werden hier im `(u)int`-Bereich in der Regel effizienter berechnet, falls die beiden Typen unterschiedlich breit sind. Erweiterungen wirken nicht von außen in Klammerungen hinein, sondern nur aus Klammern heraus oder auf der gleichen Ebene (▶ 50).

Überlaufverhalten

Ein Überlauf bei vorzeichenbehafteten Werten sollte tunlichst vermieden werden. Bei `unsigned`-Typen jedoch garantiert der STANDARD, daß ein Überlauf nur zu dem bekannten Auto-Kilometerzählereffekt führt: nach 99999 kommt 00000, und umgekehrt.

`unsigned char`:

```
11111111 +   1 ==                00000000
     255 +   1 == 256-256        ==   0

11111111 + 100 ==                01100011
     255 + 100 == 355-256        ==  99
01100011 - 100 ==                11111111
      99 - 100 ==  -1+256        == 255
```

Wenn also ein Überlauf durch Addition passiert, wird $2^8 == 256$ abgezogen, und zwar von einem *gedachten* Ergebnis, das außerhalb des Zahlenbereichs (0..255) liegt. Bei einem Unterlauf wird 256 addiert (▶ 95).

```
154#  bsh -E
prints s4s4s16  $(( 355)) '' $((2#, 355))
 355           101100011

prints s4s4s16  $(( 355%256)) '' $((2#, 355%256))
  99            1100011

prints s4s4s16  $((-355)) '' $((2#,-355))
-355           1111111010011101

prints s4s4s16  $((-355%256)) '' $((2#,-355%256))
 -99           1111111110011101
```

Es ist erkennbar, daß ein Abschneiden herab auf 8 Bit im positiven als auch im negativen Bereich als einfache Operation ausreicht, um bei Prozessoren mit 2er-Komplement den Anforderungen des C-Standards gerecht zu werden.

Duales Zahlensystem

$$Wert = b_{n-1} * 2^{n-1} + ... + b_2 * 2^2 + b_1 * 2^1 + b_0 * 2^0$$

Bei 8 Bit:

$$b_7 * 2^7 + b_6 * 2^6 + b_5 * 2^5 + b_4 * 2^4 + b_3 * 2^3 + b_2 * 2^2 + b_1 * 2^1 + b_0 * 2^0$$

$$b_7 * 128 + b_6 * 64 + b_5 * 32 + b_4 * 16 + b_3 * 8 + b_2 * 4 + b_1 * 2 + b_0 * 1$$

```
2: Zahlenbasis
b: BITn: Werte: [0, 1]
n: Anzahl Bits
```

Zahlensystem, universell

$$Wert = S_{n-1} * B^{n-1} + ... + S_2 * B^2 + S_1 * B^1 + S_0 * B^0$$

```
B: Zahlenbasis
S: STELLEn: Werte: [0, B-1]
n: Anzahl Stellen
```

X^0 ist immer 1.
X^1 ist immer X.

```
187#  bsh -E
echo $((36#aa)) $((36#ab)) $((36#zz))
370 371 1295

echo $((10*36+10*1)) $((10*36+11*1)) $((35*36+35*1))
370 371 1295
```

Zu sehen ist, daß Formel und Praxis übereinstimmen. Der Skript-Interpreter bsh kann mit den Zahlenbasen 2...36 und 256 rechnen (▶190). Das ist beispielsweise nützlich, um Dateinamen mit fortlaufenden Nummern aa bis zz (Basis 36) zu ergänzen. Immerhin ergeben sich so etwa 1000 zweistellige Zahlen. (36 Stellenwerte: 0123456789abcdefghijklmnopqrstuvwxyz)

Trick mit d_name[1]

```
struct dirent {
    __uint32_t d_fileno;
    __uint16_t d_reclen;
    __uint8_t  d_type;
    __uint8_t  d_namlen;
    char       d_name[1];
};
```

▶ 63

Wie ist es möglich, daß d_name[1] Dateinamen, bestehend aus Hunderten von Zeichen, liefert?:

```
#include <dirent.h>
DIR *dirp;
struct dirent di, *dip;

dip= readdir(dirp);
printf("%s\n", dip->d_name);
```

Dem Anwender wird nur ein Zeiger auf die Struktur geliefert. Der Lieferant retourniert eben eine Adresse einer solchen Struktur, die intern allerdings abweichend mit beispielsweise d_name[512] definiert ist. Deshalb ist d_name auch das letzte Mitglied in der Struktur, weil die Struktur vorne unbedingt passen muß.

Die Probleme sind, daß sizeof(*dip) je nach Betrachtungsweise auch eine falsche Information liefert und daß folglich bei di = *dip; nur das erste Zeichen des Dateinamens kopiert wird (drei weitere wegen Füll-bytes), denn der Compiler kennt ja nur die Strukturdeklaration mit d_name[1].

Natürlich gibt es Implementationen, die diesen Trick *nicht* anwenden. Dort muß dann aber pauschal die maximal vorkommende Stringlänge+1 definiert sein, in Abhängigkeit von der Sammlung jeweils unterstützter Dateisysteme.

Der Header ist *kein* Standard-Header, ist aber sehr weit verbreitet und gut portabel, zumindest was die Benutzung von d_name als String-Behälter angeht.

Nebenbei bemerkt ist zu sehen, daß Namen mit zwei oder mehr Unterstrichen zu Beginn (__...) reserviert sind (▶ 3).

Plattformen mit Prozessoren X86 (Intel, AMD, ...)

Diese Prozessoren sind für Compiler-Entwickler und C-Programmierer außerordentlich *bequem*. Sie sind anwenderfreundlich konzipiert und korrigieren selbsttätig:

- Korrektes Alignment ist nicht erforderlich. Der Prozessor korrigiert nötigenfalls automatisch, was im Falle des Falles 'lediglich' bis zu drei Takte zusätzlich kostet.

- Überlauf ist bei Integer `unsigned` als auch bei `signed` beliebig möglich.

- Bitweises Schieben ist vollkommen beliebig möglich. Beispielsweise können Werte `100` Bits nach links geschoben werden, auch negative Werte – wenn's Spaß macht. Der Prozessor schneidet intern auf `6` Bits (<=63) ab.

- Negative Integer-Werte werden im 2er-Komplement dargestellt. Das ermöglicht einfachste Konversionen einfach durch Abschneiden/Auffüllen der Bits. Das vermeidet Komplikationen mit einer negativen Null, wie bei 1er-Komplement.

- Alle Datentypen, auch Gleitkomma, haben beim Wert `0` auch tatsächlich alle Bits auf `0`. Das ermöglicht sehr einfaches Löschen und sehr einfache Speicherzuteilung von nichtinitialisierten Objekten und deren Null-Setzen beim Programmstart.

- Der reale NULL-Pointer-Wert hat tatsächlich alle Bits==`0`.

- Sämtliche Integer-Typen und sämtliche Adressen dürfen jede beliebige Bit-Kombination enthalten, jedes Bit ist erreichbar und beliebig manipulierbar. ▶ 72.

- Ein Vorzeichen-Bit unterscheidet sich von anderen Bits garnicht! Insbesondere ist es kein Padding-Bit! Lediglich die Information über den Wert eines Vorzeichen-Bits wird zu mehr Stellen geleitet als dies bei anderen Bits der Fall ist: Die Instruktionen `js` und `jns` bedeuten: `jump if sign=1` und `jump if sign=0`. Für den Übertrag (carry/borrow) wird die Information des Vorzeichen-Bits ebenfalls gebraucht, etc.

- Bei den Instruktionen `add` und `sub` gibt es keine Trennung in Operationen mit oder ohne Vorzeichen. Das Sign-Flag wird stets pauschal vom obersten Bit (Vorzeichen) gesetzt, welches anschließend genutzt wird oder auch nicht. Alles ganz einfach und unproblematisch.

- Es gibt keine ominösen *gefährlichen* Überläufe. Alle Operationen, die (theoretische) Bit-Werte erzeugen, die jenseits der Werte der Bits der Register (und der Carry-Bits) liegen, führen dazu, daß diese Bit-Werte verlorengehen, wodurch in den real vorhandenen Bits eine Wertverfälschung (in Bezug auf erwartete Werte) stattfindet. Es passiert das Unvermeidliche. Mehr passiert nicht.

- Adressenvariablen dürfen jede beliebige Adresse enthalten. (Zugriff darf natürlich nur erfolgen, wenn die jeweilige Adresse gültig zum Programm gehört.)

- Ein Byte hat `8` Bit.

- Die Byte-Breiten der Typen sind Potenzen von `2`, nur mit Ausnahme von `long double` (10 Byte): `1, 2, 4, 8`.

- Alle Adressen haben `int/unsigned`-Breite, `long/ulong` bei `far/huge` DOS16.

- Die Wertigkeit der Bytes von Objekten entspricht linear den Byte-Adressen: Auf der niedrigsten Adresse liegt auch das niederwertigste Byte, usw.

- Alle Adressentypen können in beliebige andere Typen konvertiert werden und anschließend kann damit beliebig zugegriffen werden. (Funktions-Adressen können natürlich nicht in Daten-Adressen konvertiert werden, und umgekehrt, mit nachfolgendem Zugriff.)

- Bitfelder werden mit allen Integer-Typen bis `int/unsigned` so angelegt, wie man das von der Logik her vermutet, also bündig der Reihe nach von jeweils Bit_0 bis Bit_{max}.

- Der STANDARD nennt bei annähernd 200 Manipulationen: *Undefined behaviour* (Undefiniertes Verhalten) als Folge dieser Manipulationen. Auf x86-Plattformen gilt zwar fast nichts davon, jedoch für voll portable Programmierung muß man das eben annehmen.

Auf Plattformen mit anderen Prozessoren muß man davon ausgehen, daß einige, viele oder alle der oben genannten Punkte nicht zutreffen! Andere Prozessoren sind also (teils erheblich) anspruchsvoller, ohne allerdings – in entsprechendem Maße – schneller zu sein. (Richtig zugeordnet; Preis, Komplexität und Aufwand berücksichtigt, etc.)

Das ist auch der Grund dafür, daß etwa ab 1979 Intel-Prozessoren bei den Ingenieuren und Programmierern (oftmals Assembler) mehr und mehr gewonnen haben, gegenüber den Motorola-Prozessoren, obwohl der MC68000 aus dieser Zeit als erster intern komplett 32-bittig war und Intel mit dem i386 erst sechs/sieben Jahre später folgte. Das ist keine Information vom Hörensagen her.

Ein Prozessor mit Padding-Bits würde es sicher sehr schwer haben, große Verbreitung zu finden. Vielleicht hätte auch kein Compiler-Entwickler Lust, für eine solche Plattform – mühsam – einen C-Compiler zu entwickeln ...

Der STANDARD verfolgt konsequent das Ziel, so wenig wie nur möglich festzulegen/vorzuschreiben. Er läßt vieles einfach offen, damit C auch auf der denkbar exotischsten Plattform laufen kann – mit dem Prädikat STANDARD-*C-Konform*. Es wird also eine C-Welteroberungsstrategie verfolgt, die 100 exotischen Prozessoren den Vorrang vor 800 Millionen (?) Intel-Prozessoren einräumt und die ganze Last den C-Programmierern aufbürdet, sofern diese strikt konform programmieren wollen oder müssen.

Letzteres wird aber in der Praxis kaum getan, um einfacher und produktiver programmieren und effizientere Programme produzieren zu können. Denn die Wahrscheinlichkeit, daß ein größeres Programm, das für Intel-Plattformen vorliegt, irgendwann einmal auf einen exotischen Prozessor portiert werden muß, ist extrem gering. Größere, leistungsfähige Programme sind eigentlich nie strikt konform.

Irrtümliche, restriktive Interpretationen des C-Standards

Es werden im Internet auch undefinierte Verhaltensweisen C-Programmierungen zu-geordnet, die in Wahrheit eben nicht undefiniert sind.

Nachfolgend sollen die beiden Zuweisungen an i (die rechte Seite) undefiniert sein, weil Zeiger nur ein Element hinter das letzte Array-Element gültig sind und ge-nau das auch für Sub-Arrays gelte, auch wenn diese innerhalb des gesamten Array-Adressraumes liegen und obwohl es ein 1-dimensionaler Adressentyp ist.

```
int A[3][4], *ip, i;

i= (&A[0][0])[5];
ip= &A[0][0];              // Typ: int*
i= ip[5];

        *     *
 000011112222    [3]
 012301230123    [4]
 .......... .
.0123456789 11   [12]      // 1-dimensional: 3x4==12
```

Da ist der Verfasser anderer Meinung, weil im Standard (beim Operator ==) ver-merkt ist, daß die Adresse hinter dem letzten Element eines Sub-Arrays (*) *gleich ist* mit der Adresse des ersten Elements des nachfolgenden Sub-Arrays. Wenn nun aber diese Adressen gleich sind, dann kann es nicht sein, daß Zugriff mit der einen *un*definiert ist und gleichzeitig Zugriff mit der anderen definiert ist, denn es ist ja ein und dieselbe Adresse. Der Standard sagt weiterhin, daß Arrays und auch Sub-Arrays lückenlos sind. Außerdem können malloc()-Adressen in jeden beliebigen Array-Adressen-Typ umgewandelt werden.

```
i= ip[0];
i= ip[1];
/* ... */
i= ip[11];
ip+=12;
```

Folglich müssen die obenstehenden Zugriffe und zum Schluß der Zeigerinhalt auf [12] gültig sein.

D.3 Wünsch dir was

Nach Verabschiedung des C-Standards C99 wurden erneut einige Wünsche von C-Programmierern laut, die sie gerne verwirklicht gesehen hätten als Neuheiten.

> Eine Programmiersprache hat nur einen einzigen Zweck: daß Programmierer damit programmieren.

Es handelt sich um Verlautbarungen in Newsgroups (Usenet) im Internet und um Wünsche und Vorstellungen des Verfassers. Diese Wünsche wären zumeist wesentlich weniger aufwendig realisierbar als die Neuheiten, die C99 tatsächlich brachte und die von den C-Programmierern teilweise als ziemlich entbehrlich angesehen werden, im Sinne einer Prioritätensetzung.

- Aufteilung in Basic-C und Full-C. Für Mikrokontroller beispielsweise nur Basic-C.

- Full-C: Ein neuer Typ `string` kann sinnvoll sein, mit Längeninformation in den ersten 4 Bytes.

- Full-C: Ein `switch` mit Stringliteralen: `case "abc"`

- Ein Compiler-Schalter, der die Ränge von `&` `^` `|` über die der Vergleichsoperatoren erhebt.

- Neue Schlüsselwörter `local` und `public`, wobei letzteres redundant ist, so wie der unäre +. Und `static` außerhalb von Funktionen mißbilligen.

- Die neuen Schlüsselworte `_Bool`, `_Complex`, `_Imaginary` sehen bizarr aus. Nur weil z. B. ein Makro `bool` bereits benutzt wurde? Der Standard selbst verlangt die Existenz eines Makros `bool`, das zu `_Bool` expandieren soll. Compiler könnten auch warnen, wenn ein neues Schlüsselwort `bool` existierte und gleichzeitig `bool` als Makro definiert sein sollte.

- Warum wurde bei `_Bool` nicht verlangt, daß speichermäßig Bitfelder angelegt werden müssen? Der Wertebereich von $[0;1]$ legt dies nahe. Dieser Typ soll laut Standard wie ein Bitfeld verarbeitet werden. Gleichzeitig verwenden Compiler jedoch ein `char` dafür, in dem 0 oder 1 gespeichert wird. Das gibt es aber doch schon (`c= !!x;`), und Bitfelder aus 1 Bit gibt es ebenfalls schon immer. Man könnte sich haufenweise Kode wie `if (flg & KS_MODE)` und `flg |= KS_MODE;` bei bleibend hoher Effizienz ersparen.

- Warum denn keine Dualzahlen: `0b110011100110`? Das wäre doch völlig konfliktfrei. Es wäre auch keine Notation für Zeichenkonstanten und Stringliterale notwendig.

- Bitfeld-Arrays `uint bfArr:4[150];`, auch außerhalb von Strukturen. Der Operator `:` ist ja konfliktfrei, da er nicht einem `?` folgt.

- Ein neuer Range-Operator `..` hätte das Tor zu mehr Komfort aufstoßen können. Beispielsweise, um Arrays inhaltlich in allen Situationen manipulieren und festlegen zu können: `von..bis`, `von..:anzahl`, wobei `:` ein neuer unärer Operator ist.

- `strlen()` alternativ ersetzen durch `lengthof`.

- Die vorhandene Verkettung von Stringliteralen: `"aabb"` `"uy"` erweitern auf `char` Array-Namen.

- Ein voller Satz von Rundungsfunktionen oder -makros:
  `round()`, `roundup()`, `rounddown()`, `roundzero()`.

- Makros `equal()`, `not_equal()`, `...` für den Vergleich von Gleitkommazahlen.

- Ein logisches XOR `^^`

- Eine Potenzier-Operation: `a**3`

- Auch anders herum: `a>2?a:b = x;`

- Ein Schlüsselwort `align` oder alternativ `long arr[0];` virtuell anlegen, um ein `long`-Alignment zu erzeugen.

- Keine Padding-Bits innerhalb der für den C-Anwender zugänglichen Bit-Repräsentation der Integer-Typen! Der Standard hätte in nichtnormativen Teilen (Fußnoten, Anhang) auf die Möglichkeit von solchen Bits hinweisen können – jedoch eine Standardisierung für in der Zukunft vielleicht 0.0001 % aller Prozessoren ist doch sehr störend angesichts der zerstörerischen Wirkung der Padding-Bits.

- Hilfsmittel im Zusammenhang mit den Padding-Bits. Beispielsweise Funktionen zu deren Entfernung, wenn Daten in eine Datei zur Nutzung auf einer anderen Plattform geschrieben werden.

- ...

D.3.1 Typ-Schlüsselwörter

Die Bitbreitenbestimmung für ein Objekt ist in C leider ein riesiges Durcheinander,
ein Tohuwabohu. Bei jedem Plattformwechsel verschiebt sich fast alles. Es existieren viele Datenmodelle (LP64, LLP64, ILP64, SILP64, LP32, ILP32), bei denen die
verschiedenen Bitbreiten jeweils unterschiedlich auf die C-Typen verteilt sind. Das
wird verursacht durch das C-Typen-Konzept und die einzelnen Definitionen dazu.

`bool`	1 Bit
`char`	1 Byte signed
`byte`	1 Byte unsigned
`sint8`	8 Bit signed
`uint8`	8 Bit unsigned
`sint16`	16 Bit signed
`uint16`	16 Bit unsigned
`sint32`	32 Bit signed
`uint32`	32 Bit unsigned
`sint64`	64 Bit signed
`uint64`	64 Bit unsigned
`sint`	volle Registerbreite
`uint`	volle Registerbreite
`float32`	32 Bit Gleitkomma
`float64`	64 Bit Gleitkomma
`float128`	128 Bit Gleitkomma
`float`	volle Registerbreite (z.B. Intel 10 Byte)
`adresse`	egal; wie benötigt

Die vorstehende Tabelle ist ein Wunsch des Verfassers. Damit gäbe es nur 1
Datenmodell – für alle Zeiten. Desweiteren wären die Breiten **festgelegt**. Und
`sint# uint# float#` wären reserviert. Kein Typ wäre optional (in einer *hosted
implementation*). Ein Test `sizeof(float) < sizeof(float128)` gäbe Aufschluß darüber, ob `float128` ineffizient verarbeitet wird.

`char`	Basistyp signed [8]
`byte`	Basistyp unsigned [8]
`float`	Basistyp Gleitkomma [32]
`double`	Doppelt
`quad`	Vierfach
`machine`	Maschinen-Breite

Die vorstehenden Multiplikatoren wären auch ein Ordnung und Eindeutigkeit schaf-
fendes Konzept. Beispielsweise `double double` entspräche `quad`. `double char`
entspräche etwa `short`. `double quad byte` entspräche etwa
`unsigned long long`, mit dem Unterschied, daß es eben stets 8 Byte wären, nicht
mindestens 8 Byte. `sizeof(typ)==0` bei nicht existierendem Typ. Falls ein Byte
32 Bit hat, muß dafür `quad byte` angegeben werden.

Jeder Algorithmus hat einen bestimmten Bedarf an Wertebereich. Und man möchte dort Typen verwenden, die unter allen Umständen passen, auch in der Zukunft und auf jeder denkbaren Plattform, ohne besondere jeweilige Maßnahmen. Genau das geht in C leider nicht oder kaum. Glücklicherweise können in C Typen quasi selbst definiert werden, mittels #define und typedef. Aber diese Definitionen bedürfen einer jeweiligen Überarbeitung, sobald sich irgendetwas Relevantes ändert! Dies deshalb, weil es sich nicht wirklich um Typ-Definitionen handelt, sondern um Aliasnamen, mit Bezug auf die real vorhandenen, im Compiler eingebauten Typen.

D.3.2 *Tote* switch-Bereiche

```
switch (expr) {
    int i = 4;
    f(i);
    case 0:  i = 17;              //fällt durch
    default: printf("%d\n", i);
}
```

Der Standard schreibt dazu [6] :

> Das Objekt, dessen Bezeichner i ist, existiert mit automatischer Speicherdauer (innerhalb des Blockes), wird jedoch niemals initialisiert, und deshalb, wenn der kontrollierende Ausdruck einen Wert ungleich Null hat, wird der Aufruf der Funktion printf() auf einen unbestimmten Wert zugreifen. Ähnlicherweise kann der Aufruf der Funktion f() nicht erreicht werden.

Der Grund für dieses Verhalten ist sicherlich, daß die Abarbeitung des Programmkodes den Bereich zu Beginn des Blockes { niemals erreicht, sondern vom Kontrollausdruck stets zu einem Label: oder hinter den Block springt.

D.4 Reguläre Ausdrücke

Die sogenannten *Wildcards*, um mehrere Dateinamen auf einen Schlag zu adressieren, dürften wohl den meisten Lesern (einigermaßen) bekannt sein:

? Steht für ein beliebiges Zeichen

* Steht für beliebig viele (>=0) beliebige Zeichen

[ ] Steht für ein Zeichen aus einer Auswahl von Zeichen (Zeichenklasse)

[!] Steht für ein Zeichen *nicht* aus einer Auswahl von Zeichen

* Paßt folglich zu allen Namen (DOS: *.*).

Reguläre Ausdrücke sind komplexer und stellen ganz erheblich mehr Möglichkeiten zur Verfügung. Es gibt zwei portable Varianten und eine Gruppe von Sondervarianten:

BRE   Basic Regular Expressions

ERE   Extended Regular Expressions

XRE   BRE + ERE + X + Substitution: In Editoren und Skript-Sprachen

BRE:

. Steht für ein beliebiges Zeichen

* Gibt eine beliebige Anzahl eines wählbaren Zeichens an

[ ] Steht für ein Zeichen aus einer Auswahl von Zeichen

[^] Steht für ein Zeichen *nicht* aus einer Auswahl von Zeichen

.* Paßt folglich zu allen Zeichenfolgen, auch leere Zeichenfolge

Hier sind also ein (bestimmtes) Zeichen und dessen Anzahl separat definierbar. Genauer: Die Anzahl eines Ausdrucks, der einzeln ein Zeichen repräsentiert, kann durch eine Anzahlangabe dahinter bestimmt werden, wobei das repräsentierte Zeichen aus einer Auswahl von Zeichen stammen kann und ebenso die Anzahl aus einer Auswahl von Anzahlen stammen kann:

`a*`	Paßt zu beliebig vielen a
`[abd]`	Paßt zu einem a oder b oder d
`[^abd]`	Paßt zu einem Zeichen, das nicht a oder b oder d ist
`[]a-zA-F-]`	Paßt zu einem] oder einem Zeichen aus a...z oder A...F oder einem -
`[aA]*`	Paßt zu beliebig vielen a oder A
`[aA]\{2,230\}`	Paßt zu 2...230 a oder A
`a\{2,\}`	Paßt zu 2 oder mehr a
`a\{20\}`	Paßt zu genau 20 a

Die folgenden Anker-Zeichen müssen am Anfang bzw. Ende des Regulären Ausdrucks stehen, falls sie als Anker verwendet werden:

^   Fixiert den Beginn des Regulären Ausdrucks auf den Beginn der zu untersuchenden Zeichenfolge.

$ Fixiert das Ende des Regulären Ausdrucks auf das Ende der zu untersuchenden Zeichenfolge.

Die folgende RE-Syntax zeigt eine Bereichsmarkierung für die zu untersuchende Zeichenfolge und ein Bereichsbezugssymbol:

`\(...\)`   Bereichsmarkierung

`\1xyz\6`   Zwei Bereichsbezüge 1 und 6

Es können maximal 9 Bereichsmarkierungen angegeben werden, wobei diese nacheinander und/oder verschachtelt plaziert werden dürfen. Dazu passend können 1 bis 9 Bereichsbezüge angegeben werden.

`^\(..*\)\1$`

Der obenstehende RE paßt zu allen Zeichenfolgen, die aus genau gleichen Hälften und aus mindestens 2 Zeichen bestehen:

```
kk
dhgf-dhgf-
....
```

Besonders in Editor-Programmen werden Bereichsbezüge bei Ersetzungen verwendet: »Wo steht: /a\(yy*\)/, soll hin: /++@\1@,@\1@++/«

`\{m,n\}`   Die Zeichenfolgen `\{` und `\}` sind speziell. Geschweifte Klammern ohne `\` davor sind gewöhnliche Zeichen.
$m <= n;\ m, n : 0...255$

`\{m,n}`   In XRE ist diese Weglassung oft möglich.

Die folgenden Zeichen sind durch ihre Position speziell bzw. nicht speziell:

```
^  $          Anker
^  ]  -       Zeichenklasse
```

Der Backslash `\` ist speziell und ist das General-Maskierzeichen, das durch Voranstellen die Spezialbedeutung eines Zeichens aufhebt.

In Zeichenklassen sind nur `^` `-` `]` speziell.
Der `*` ist ganz vorne in einem RE nicht speziell.

ERE:

> *   Gibt eine beliebige Anzahl eines wählbaren Zeichens an
>
> ?   Gibt die Anzahl 0 oder 1 an
>
> +   Gibt die Anzahl 1 oder mehr an
>
> {m,n}   Wie bei BRE – nur ohne \ davor

Die Zeichen ( ) | sind ebenfalls speziell:

> `((and|und) ?)+`   »and und and and und und«

Es gibt allerdings *nicht* die Bereichsmarkierungen und -bezüge der BRE!

XRE:

Beispielsweise Editor `gvim` (▶ 186, 313):

```
\(\(and\|und\) \?\)\+      »and und and and und und«
\w                        [a-zA-Z_0-9]
\W                        [^a-zA-Z_0-9]
\1 ... \9                 Bezüge!
```

In diesem Editor sind diejenigen Zeichen der ERE, die ohne \ davor in den ERE speziell sind und in den BRE nicht speziell sind, nur speziell, wenn \ davor steht:

> `* \( \) \| \{ \} \? \+`

Dieser Editor beherrscht die BRE unverändert und zusätzlich die ERE in modifizierter Form und zusätzlich weitere Syntax.

Allgemein:

Es gibt oft eine Erweiterung der Zeichenklasse:

> `[= =]    [: :]    [. .]`
>
> `[[=a=]b]          [äåâàb]`
> `[[:lower:]]`
> `[[.ch.]]`

Die Zeichenmengensequenzen.

> Reguläre Ausdrücke versuchen stets, zu einem maximal langen Teil-
> stück einer zu untersuchenden Zeichenfolge zu passen!

▶ 188, 313.

D.5 Kurzbeschreibung vi-Kommandos

Editor vi (▶ 186)

i	→ Schreib-Modus:	links einfügen (#i)
I	→ Schreib-Modus:	springt zum sichtb. Zeilenanfang, dann wie i
a	→ Schreib-Modus:	rechts anhängen (#a)
A	→ Schreib-Modus:	springt zum Zeilenende, dann wie a (#A)
r	→ Schreib-Modus:	ein Zeichen überschreiben
3r	→ Schreib-Modus:	eingegebenes Zeichen 3-mal
R	→ Schreib-Modus:	beliebig viele Zeichen überschreiben
4R	→ Schreib-Modus:	eingegebene Zeichenfolge 4-mal
o	→ Schreib-Modus:	Anfang nächste Zeile
O	→ Schreib-Modus:	Anfang Zeile darüber
cc	→ Schreib-Modus:	löscht Zeile und geht zum Anfang (#cc)
cw	→ Schreib-Modus:	ändert Wort (3cw = 3 Worte)
cW	→ Schreib-Modus:	dito - Trennzeichen nur noch ' '
C	→ Schreib-Modus:	ändert bis Zeilenende (#C)
c$	→ Schreib-Modus:	ändert bis Zeilenende (#c$)
c0	→ Schreib-Modus:	ändert bis Zeilenanfang
c^	→ Schreib-Modus:	ändert bis sichtbaren Zeilenanfang
c4_	→ Schreib-Modus:	ändert die nächsten 4 Zeichen (_ = space)
4c_	→ Schreib-Modus:	ändert die nächsten 4 Zeichen (_ = space)
cfz	→ Schreib-Modus:	ändert bis Einschließlich nächstes z
2cfz	→ Schreib-Modus:	ändert bis Einschließlich übernächstes z
c2fz	→ Schreib-Modus:	dito
ctz	→ Schreib-Modus:	ändert bis Ausschließlich nächstes z
s	→ Schreib-Modus:	ersetzt 1 Zeichen (5s = 5 Zeichen)
S	→ Schreib-Modus:	ändert 1 Zeile (5S = 5 Zeilen)
.	→ temp. Sch.Mo.:	wiederholt letzten Schreibvorgang

<Esc>	→ Kommando-Modus

<Ctrl><u>	Beginnt Schreibvorgang neu (im Schreibmodus!)
<Ctrl><w>	Beginnt Schreibvorgang neu (im Schreibmodus!)
<Ctrl><d>	Cursor links bei autom. Zeicheneinfügung
	(set autoindent)
<Ctrl><v>,<Enter>	schreibt z. B. ^M. So werden Steuerzeichen geschrieben, die sonst aktiv würden.
<Ctrl><g>	Gibt Information über aktuelle Datei (:f)

Auf Vielfältige Möglichkeiten, Kommandos Zu Kombinieren, Achten.
Zahlen lassen sich vor nahezu alle Kommandos setzen, auch wenn hier nicht unbedingt überall angegeben (#). Es handelt sich um Wiederholungsanzahlen oder (Zeilen-)Adressierungen. <Esc> im Kommandomodus löscht Wiederholungszahl. Viele Kommandos wirken nur in der aktuellen Zeile (z. B. #ctz).

x	löscht Zeichen (5x = Fünf Zeichen)
X	löscht Zeichen, jedoch links vom Cursor (5X)
dw	löscht Wort (4dw)
dW	dito – Trennzeichen nur noch ' '
dd	löscht Zeile(n) (3dd = Drei Zeilen)
D	löscht Zeile bis Zeilenende, ab Cursor
d$	löscht Zeile bis Zeilenende, ab Cursor (#d$)
d0	löscht Zeile bis Zeilenanfang, ab Cursor
d^	löscht Zeile bis sichtbaren Zeilenanfang, ab Cursor
d5_	löscht 5 Zeichen/Zeilen durch \<Space\>, \<BackSp\>, j oder k
5d_	löscht 5 Zeichen durch \<Space\>
dtS	löscht analog zu ctz, yfs, etc. – also bis ausschl. nächstes S
d/wu	löscht bis ausschließlich 1. Vorkommen von wu

:34d	Löscht Zeile 34
:12,14d	Löscht Zeilen 12 bis 14
:'a,'bd	Löscht Zeilen zwischen den Marken (s. u.) a und b.
:12,$d	Löscht ab Zeile 12 bis Datei-Ende
:.,$d	Löscht ab aktueller Zeile bis Datei-Ende
:1,$d	Löscht gesamte Datei
:%d	Löscht gesamte Datei (% = 1,$)
:g/ABC/d	Löscht alle Zeilen, die ABC enthalten
:g/^$/d	Löscht alle Leerzeilen
:12,76s/ABC//g	Löscht sämtliche ABC in den Zeilen 12 bis 76
:g/ABC/s///	Löscht jeweils das erste ABC in allen Zeilen
:%s/ABC//	dito
:g/ABC/s///g	Löscht sämtliche ABC
:%s/ABC//g	dito

J	Zeile unter der aktuellen wird an aktuelle angehängt
1J,2J	dito, verketten 2 Zeilen
4J	Jetzt werden 4 verkettet, also 3 an die aktuelle gehängt.
	\<Enter\> beim Schreiben ist Zeilenbrechen
	und damit Rückgängigmachung (siehe auch \<r\>\<Enter\>)
~	Ändert von Kleinschreibung zu Großschreibung und umgekehrt
8~	dito - jetzt aber 8 Zeichen
.	Wiederholt letzten Schreib- oder Löschvorgang inklusive \<Esc\>
	(auch z. B. "aP; Wirkung nach u beachten) (#.)
3.	Wiederholt 3-mal
u	Rückgängigmachung (Text löschen oder erzeugen)
U	Restauriert die aktuelle beliebig (oft) bearbeitete Zeile

`$`	Geht zum Zeilenende
`0`	Geht zum Zeilenanfang
`^`	Geht zum ersten sichtbaren Zeichen der Zeile
`12|`	Geht zum 12. Zeichen in aktueller Zeile
`w`	Geht zu Wortanfängen (`#w`)
`W`	Geht zu Wortanfängen (`#W`) `(andere Stop-Bewertung)`
`b`	Geht zu Wortanfängen, rückwärts (`#b`)
`B`	Geht zu Wortanfängen, rückwärts (`#B`) `(andere Stop-Bewertung)`
`e`	Geht zu Wortenden (`#e`)
`E`	Geht zu Wortenden (`#E`) `(andere Stop-Bewertung)`
`fx`	Geht zum nächsten x (`#fx`)
`Fx`	Geht zum nächsten x, rückwärts (`#Fx`)
`tz`	Geht bis vor nächstes z (`#tz`)
`Tz`	Geht bis vor nächstes z, rückwärts (`#Tz`)
`; ,`	betreffen f, F, t, T : springen zu weiteren Antreffen (`#; ,`)

`%`	Geht zu Klammern, wenn man dazwischen oder drauf ist. () [] {}
`( )`	Geht zum Anfang/Ende von Sätzen, die mit . ? ! und ' ' enden.
`{ }`	Geht zum Anfang/Ende von Paragraphen (leere Zeilen, u.a.)
`[[ ]]`	Geht zum Anfang/Ende von Sektionen (^L oder { am Zₐ, u.a.)

`123G`	Geht zur Zeile 123
`G`	Geht zum Datei-Ende
`100+`	Geht 100 Zeilen vor
`100-`	Geht 100 Zeilen zurück
`:1`	Geht zur ersten Zeile (Datei-Anfang) (`:0` dito)
`:123`	Geht zur Zeile 123
`:$`	Geht zum Datei-Ende

`ma`	markiert aktuelle Stelle und benamt sie mit a (a-z)
`'a`	springt zur markierten Stelle a
`'a`	springt zur markierten Stelle a, jedoch zum Zeilen-Anfang
`"`	springt stets zum letzten Aufenthaltsort
`"`	springt stets zum letzten Aufenthaltsort, jedoch zum Zₐ

`z.`	Stellt Cursor-Position auf Bildschirm-Mitte und zieht Text mit.
`z8.`	Reduziert Fenster auf 8 Zeilen und stellt Cursor auf Bildmitte.

`<Pfeil>`	Vier Pfeiltasten zur Bewegung, AUCH im Schreib-Modus.
`4<Pfeil>`	Bewegung um 4 Zeichen/Zeilen.
`<BackSp>`	oder h Bewegt nach links
`<Space>`	oder l Bewegt nach rechts
`<Enter>`	oder + Bewegt nach unten, aber Cursor immer am ersten Zeichen
j	Bewegt nach unten
k	Bewegt nach oben
-	Bewegt nach oben, aber Cursor immer am ersten Zeichen
6-	Bewegt 6 Zeilen aufwärts
`<Page Up>`	Eine Seite hoch
`<Page Down>`	Eine Seite runter
`<Ctrl><b>`	Eine Seite hoch
`3<Ctrl><f>`	Drei Seiten runter
`4<Ctrl><u>`	(Halbe) Seite hoch (Zahl davor bleibt in Erinnerung!)
`8<Ctrl><d>`	(Halbe) Seite runter (")
`<Home>`	Cursor nach links oben in die Ecke (`<H>` = dito)
4H	Wie Home, jedoch in die vierte Bildzeile von oben
7L	Wie H, jedoch in die siebte Bildzeile von unten
M	Cursor auf mittlere Bildzeile

n	Geht zum nächsten Suchmuster
N	Geht zum nächsten Suchmuster, rückwärts
`/suchmuster`	Geht zum suchmuster
`:/suchmuster`	Geht zum suchmuster
`:/such muster`	Geht zum such muster
`:/such muster/`	Geht zum such muster
`/such muster/2+3`	Geht zum 2. Vorkommen und dann 3 Zeilen tiefer
`?such muster?`	Geht zum such muster , aber sucht rückwärts
`:?such muster?`	Geht zum such muster , aber sucht rückwärts
`:g/suchmuster/p`	Druckt alle Zeilen mit suchmuster
`:23,44g/suchmuster/p`	dito, aus Zeilen 23-44
`:g!/suchmuster/p`	Druckt alle Zeilen, mit NICHT suchmuster
`:v/suchmuster/p`	dito

Bei /... und ?... ist zuvor `<:>` (ex-Editor) nicht nötig! Suchmuster bleibt während vi-Sitzung erhalten. (n N :n)

yy	Kopiert aktuelle Zeile in unbenamten Speicher 0 (yy == 1yy)
12yy	Kopiert 12 Zeilen ab und einschl. akt. in unbenamten Speicher 0
y3j	Kopiert akt. Zeile und 3 darunter in unbenamten Speicher 0
y3+	dito
y4k	Kopiert akt. Zeile und 4 darüber in unbenamten Speicher 0
y4-	dito
3yw	Kopiert 3 Worte in Speicher 0
y3w	Kopiert 3 Worte in Speicher 0
yL	Kopiert akt. Zeile und alle bis Bildende in unbenamten Speicher 0
y'o	Kopiert Zeile mit Marke o bis akt. Zeile bzw. umgekehrt
y`o	Kopiert Zeichen von Marke o bis akt. Zeichen bzw. umgekehrt
"byH	Kopiert akt. Zeile und alle bis Bildanfang in den Speicher b
by'o	Kopiert in den Speicher b (siehe y'o und ma)
"ay3+	Kopiert 4 Zeilen in mit a benamten Speicher
"a4yy	Kopiert 4 Zeilen in mit a benamten Speicher
"A2yy	Kopiert 2 Zeilen in a. Hängt hinten an! (a-z) >>(A-Z)

p	Kopiert yy-Zeile(n) hinter aktuelle Zeile, aus dem Speicher 0
P	Kopiert yy-Zeile(n) vor aktuelle Zeile, aus dem Speicher 0
"ap	Kopiert yy-Zeile(n) hinter aktuelle Zeile, aus dem Speicher a
"aP	Kopiert yy-Zeile(n) vor aktuelle Zeile, aus dem Speicher a
"4p	Kopiert yy-Zeile(n) hin. aktuelle Zeile, aus dem Speicher 4 (1-9)
"6P	Kopiert yy-Zeile(n) vor aktuelle Zeile, aus dem Speicher 6 (1-9)

Nur die Inhalte von a-z bleiben erhalten, solange man im vi ist! Löschspeicher 0 und 1-9 sind permanent vorhanden, aber man sollte nicht in sie schreiben, weil es ein Stack ist, der sich laufend verändert. Aber man kann vor einigen Aktionen Gelöschtes wieder auffinden.

@a	Meldet, falls Speicher a leer ist, sonst undefiniertes Verhalten. (a-zA-Z). Undokumentiert! Sollte nicht benutzt werden!

`:m16`	Bewegt aktuelle Zeile hinter Zeile 16.
`:19m16`	Bewegt Zeile 19 hinter Zeile 16.
`:12,14m17`	Bewegt Zeilen 12 bis 14 hinter Zeile 17
`:m+`	Vertauscht aktuelle Zeile mit der darunter.
`:m-2`	Vertauscht aktuelle Zeile mit der darüber.
`:m3+2`	Bewegt aktuelle Zeile hinter Zeile 5.
`:g/^X.*D.*[0-9]/m0`	Die Zeilen, die mit X beginnen, dann nach beliebigen Zeichen D und dann nach beliebigen Zeichen eine Ziffer 0 bis 9 enthalten, werden nach Zeile 0 bewegt.
`:'a,'bm.`	Zeilen von a- bis b-Marke (<m><a> <m><b>) werden hinter die aktuelle Zeile bewegt.
`:12,14co0`	Kopiert Zeilen 12 bis 14 hinter Zeile 0, also vor 1.
`:g/xABCy/co28`	Alle Zeilen, die `xABCy` enthalten, werden hinter Zeile 28 kopiert.
`:3,72g/xABCy/co$`	dito, beschränkt auf Zeilen 3-72, co>> Dateiende.
`:12p`	Zeigt Zeile 12
`:12,23p`	Zeigt Zeilen 12 bis 23

Unterschied zwischen Vorwärts- und Rückwärts-Kopieren (`co0`, `co$`): nämlich die dann vorliegende Reihenfolge der Zeilen (`co$` behält bei). Es GIBT DIE ZEILE 0 = Puffer-Anfang. EIN PUNKT '.' (`:.`) adressiert stets die aktuelle Zeile!

`:>`	Schiebt aktuelle Zeile um `shiftwidth` nach rechts
`:>>>>`	Um 4mal `shiftwidth` (i.d.R. = 8; siehe `:set all`)
`:<<<<`	dito, nach links
`:108>`	Zeile 108 nach rechts
`:44,69>`	Zeilen 44 bis 69 nach rechts
`>4j`	Aktuelle und 4 weitere Zeilen darunter nach rechts
`4>j`	dito (siehe: `c`, `y`, `j`, `k`, etc.)
`4>+`	dito (siehe: `c`, `y`, `j`, `k`, etc.)
`4>>`	Vier Zeilen nach rechts, ab aktueller
`4<<`	dito, nach links

`:12,17s/ABC/CBA/`	Ersetzt in Zeilen 12 bis 17 ABC durch CBA (nur jeweils erstes Vorkommen in den Zeilen)
`:12,17s/ABC/CBA/g`	Ersetzt in Zeilen 12 bis 17 ABC durch CBA (g = jeweils jedes Vorkommen in den Zeilen)
`:2,333s/^/** /`	Fügt an den Zeilenanfängen 2 bis 333 '** ' ein.
`:g/^/s// w /`	Fügt an allen Zeilenanfängen ' w ' ein.
`:g/$/s// w /`	Hängt an alle Zeilenenden ' w ' an.
`:g/xyz$/s//XYZ/`	Ersetzt alle xyz durch XYZ, aber nur die xyz direkt an Zeilenenden. (Spezielle Bedeutung von '^' und '$')
`:g/ABC/s//CBA/g`	Ersetzt in der ganzen Datei ABC durch CBA
`:45,$s/ABC/CBA/g`	Wie zuvor, jedoch erst ab Zeile 45.
`:g/ABC/s//CBA/gp`	Ersetzt in der ganzen Datei ABC durch CBA (p = Zeilen dabei herzeigen) (jeweils jedes Vorkommen in den Zeilen)
`:g/ABC/s//CBA/gc`	Ersetzt in der ganzen Datei ABC durch CBA (jeweils jedes Vorkommen in den Zeilen) (und mit Erlaubniseinholung jeweils) (<Delete> bricht ab)
`:g/QQQ/s/CBA/WWW/g`	In allen Zeilen, in denen QQQ vorkommt, wird jedes CBA durch WWW ersetzt.
`:4,79g/QQ/s/CB/WW/c`	dito, beschränkt auf Zeilen 4-79
`:%s/ABC/xx&&&yy/g`	Macht überall aus ABC xxABCABCABCyy. '&' steht (rechts) für das, was links resultiert. ABC (links) könnte auch `/ *[^s]printf/` sein.
`:g//s//~/gc`	'~' wirkt wie '&', erinnert sich jedoch an den Ersatztext (rechts), der zuvor eingesetzt wurde. g// setzt vorhergehendes Suchmuster ein.
`:g/[^S]TUV/p`	Alle Zeilen mit TUV aber nicht S davor werden angezeigt.
`:g/\<TUV/p`	Alle Zeilen mit TUV, aber nur, wo TUV der Anfang eines Wortes oder Zeilenanfang ist.
`:g/TUV\>/p`	Alle Zeilen mit TUV, aber nur, wo TUV das Ende eines Wortes oder Zeilenende ist.
`:/[abcf]xyz`	Sucht xyz mit einem der Zeichen a,b,c oder f davor.
`:/[a-h]xyz`	Hier mit einem der Zeichen a bis h.
`:/a[^bcd]z`	Hier alle a.z, aber nicht abz, acz und adz.
`:/[^A-Z]`	Hier alle Zeichen, aber keine Großbuchstaben.
`:/[h-k]*swq/`	Hier kann das, was [] beschreibt, beliebig oft vorkommen, also auch null-mal.
`:/[h-k][h-k]*swq/`	Hier kann das, was [] beschreibt, $\geq$1-mal vorkommen.
`:/qas...sdd`	Hier stehen die Punkte für drei beliebige Zeichen.
`:g/[0-9][0-9].*XYZ/s// XYZ/`	Überall, wo zwei Zeichen '0-9' und danach beliebige Zeichen (.) in beliebiger Menge (*) stehen, gefolgt von XYZ, kommt hin: ' XYZ'
`:%s/^$/^M^M/`	Wo vorher 1 Leerzeile war sind jetzt 3. ('^M')

Spezial-Operatoren: \(\) \1 \2 ... \9	
abcdefghijklm :178s/a\(bcd\(ef\)gh\)i/A\1B\1C\2\2\2D	steht in Zeile 178.
AbcdefghBbcdefghCefefefefDjklm	Dieses Kommando zuvor macht ← daraus!
	Das hat mit der 1. und 2. Klammerebene zu tun (bis 9 Ebenen). Die Klammerpaare müssen nicht verschachtelt sein. Auch bei nebeneinander stehenden zählt die öffnende Klammer \(jeweils um eins weiter:
FTp[ix++][2]; FTp[NFND][0]; FTp[ifno][1]; :g/FTp\[\(....\)\]\[\(\[012\]\)\]/s//FTp[\2][\1]/g	
FTp[2][ix++]; FTp[0][NFND]; FTp[1][ifno];	ist das Ergebnis.

▶ 304, 188.

ed und sed können auch:
s/\([^]\)\1\1\1/\1/g   (\1 linksstehend!)
Alle Zeichen !=' ' 4-fach-gleich (z.B. **AAAA**) werden vereinzelt: →'**A**'
Weiterhin: \{n\} \{n,\} \{n,m\} – (x-mal 1-char-expr.)

:%s/Hier/\UHier/	Macht aus Hier HIER. '\U' schaltet auf A-Z.
:%s/Hier/\U&/	dito
:%s/HIER/\Uh\LIER/	Macht aus HIER Hier. '\L' schaltet auf a-z.
	'\u' und '\l' müssen von einem Buchstaben direkt gefolgt werden, für den das gelten soll. '\E' oder '\e' schaltet '\U' und '\L' ab.

Steuerzeichen: ^ $ / & [ ] \ . * ~ ?
Diese müssen – links stehend – mit \ maskiert werden. Das heißt, wenn sie als normale Zeichen aufgefaßt werden sollen. (also: '\$'='$', usw.) Für \ & ~ / gilt das auch rechts.

Mit // und ?? kann man sich auf ein vorangegangenes Muster beziehen. Dabei ist das einzige oder aber das linke Muster gemeint. Also g//p wiederholt g/abc/p oder auch andere Sequenzen mit /abc/.

Bei Eingabefehlern (:asbw76@4#,): <Delete> oder mit <Backsp> zurück bis über ':' hinweg. Bei dd z.B. kann das erste d noch mit <Esc> gelöscht werden, wenn man es sich anders überlegt hat.

`:w`	Bisherigen Zustand zur Festplatte schreiben. Die wirkliche aktuelle Datei wird (zwischendurch) aktualisiert. Quasi wie :x - jedoch ohne vi zu verlassen.
`:w!`	Bisherigen Zustand zur Festplatte schreiben. Überwindet Schreibschutz (Read only)!
`:w b`	Wenn Editor mit vi a gestartet wurde, wird der Inhalt des vi-Puffers in b geschrieben, wobei b dazu erzeugt wird. Wenn nur mit vi begonnen wurde, wird b erzeugt. Wenn b bereits existiert, gibt es eine Warnung!
`:w! b`	Wenn b bereits existiert, wird b überschrieben! Überwindet also Warnungen!
`:w>>b`	Hängt vi-Puffer-Inhalt an existierenden Dateiinhalt von b an. (Es darf auch ein Leerzeichen vor b stehen.)
`:w !cmd`	Schreibt Puffer-Inhalt zu einem Unix-Kommando.
`:160,175w b`	Schreibt Puffer-Zeilen 160 bis 175 in b.
`:160,175w>>b`	Schreibt Puffer-Zeilen 160 bis 175 ans Ende von b.
`:160,175w !cmd`	Schreibt Puffer-Zeilen 160 bis 175 zu einem Unix-Kommando.
`:1,15w !more`	Beispiel: übergibt Zeilen 1 bis 15 an more
`:160,185 !cmd`	Übergibt die Zeilen an cmd, löscht diese Zeilen (!), und fügt die Ausgabe von cmd dort ein.
`:50,70 !sort`	sortiert die Zeilen 50 bis 70. (Argumente und shell-metachars sind erlaubt)
`:%!sort`	Sortiert gesamten Pufferinhalt. (% = 1,$) Nach % kein Leerzeichen!
`:160,185 !tr m z`	Ersetzt von 160-185 'm' durch 'z'. (siehe man tr)

`:n`	Zur nächsten Datei gehen (bei mehreren gleichzeitig) (Gegenwärtige Einstellung macht vorher automatisch :w !)
`:n!`	Überwindet Warnungen, daß :w nicht benutzt wurde.
`:n e f`	Bearbeitet eine neue Datei-Liste, bestehend aus den Dateien e und f. Die alte Liste wird verlassen.
`:args`	Zeigt aktuelle Datei-Liste an, mit Markierung der gerade in Arbeit befindlichen. :n und :args haben zueinander Bezug, nicht jedoch mit :f (s. u.)
`:rew`	Geht zur ersten Datei in der args-Liste.
`:rew!`	Überwindet Warnungen, daß :w nicht benutzt wurde.

`:e g`	Eine andere Datei g wird editiert, ggf. zuvor erzeugt.
	Man kann zwar so zu beliebig vielen Dateien springen, aber
	der vi behält nur zwei gleichzeitig *in sich*.
`:e#`	Springt zur vorherigen zurück, und wieder zurück, usw.
`:e%`	Bezieht sich auf die gegenwärtige (:f), löscht den `:e#` -Bezug,
	und liest die aktuelle Datei (:f) (neu) in den Puffer ein.
	Hat generell keinen Bezug zur :args-Liste mit a [b] c d . . .
`:e!   g`	Überwindet Warnungen, daß :w nicht benutzt wurde.
`:f`	Gibt Informationen über Datei
`:f nn`	Gibt aktuellem Pufferinhalt neuen Namen, also einen anderen
	als den, mit dem man vi aufrief: vi aaa ; jetzt: aaa → nn
	Datei aaa existiert aber weiter, jedoch was ihren Inhalt
	angeht, bleibt dieser uneditiert, wenn nicht :w gemacht wurde,
	bevor `:f nn` gegeben wurde!
	Es ist also eine Übernahme des Inhalts von aaa in eine neue
	Datei nn hinein, um in dieser neuen weiterzueditieren.
	Und man muß den Puffer ausschreiben, damit nn auch existiert.
	Es sei denn, nn war vorher schon existent.

`:r d`	Holt Datei d hinter aktuelle Zeile herein.
`:12r d`	Holt Datei d hinter Zeile 12 herein.
`:0r d`	Holt Datei d an den Puffer-Anfang herein.
`:$r d`	Holt Datei d an das Puffer-Ende herein. (Bei Start mit
	vi und leerem Puffer editiert man dann quasi d.)
`:r !cmd`	Holt die Ausgabe eines UNIX-Kommandos hinter ak-
	tuelle Zeile.
`:$r !find .   -print`	schreibt die von find gefundenen Dateinamen im ak-
	tuellen Directory (.) an das Puffer-Ende.
`!!cmd`	Die Ausgabe eines UNIX-Kommandos ERSETZT die ak-
	tuelle Zeile.
`3!!cmd`	Die Ausgabe eines UNIX-Kommandos ERSETZT aktu-
	elle +2 Zeilen.
`!!cc -Zs %`	Für % wird der aktuelle Dateiname eingesetzt.

vi	Startet vi-Editor nur im unsichtbaren Puffer.
vi d	Startet vi-Editor mit Datei d.
vi a b c	Startet vi-Editor mit Dateien a, b und c. (siehe :n)
vi *.c	Startet vi-Editor mit allen c-Dateien im Directory.
vi -R d	Startet vi-Editor mit Datei d und nur Lesen ist erlaubt.
vi -L	Listet alle nach einem Crash gesicherten Dateien.
vi -r f	Nach einem Crash kann man hiermit Datei f holen.
	(siehe auch :preserve und :recover)
vi -w10 f	Macht Fenster nur 10 Zeilen groß.
:!vi s	Startet vi nochmal aus vi heraus - als weiterer Prozeß
:!cmd	Führt UNIX-Kommando cmd aus. (:!cp el.c /u)
	(Gegenwärtige Einstellung macht vorher automatisch :w !)
:!csh	Startet eine neue C-Shell.
:!sh	Startet eine neue BOURNE-Shell.
:sh	Startet eine neue Shell. (gemäß :setall-shell)
:cd d	Wechselt das Directory nach d. (And. Wrkg. als bei :!cd d)

:x	Editor beenden, mit Aktualisierung der *echten* Datei.
ZZ	dito
:x a	Editor beenden, mit Puffer-Schreiben zur Datei a.
	(vi-Warnung, falls a existiert.)
:q	Editor beenden, ohne Änderungen zu berücksichtigen.
:q!	Editor beenden, ohne Änderungen zu berücksichtigen.
	Überwindet Warnungen!
:wq	Wie :w und dann :q oder auch wie :x
:wq!	Wie :w! und dann :q. (Überwindet auch Read only)
:wq b	Wie :w b und dann :q (vi-Warnung)
:wq! b	Wie :w! b und dann :q (vi-Warnung)
Q	Geht in den ex-Editor bzw. zeilen-orientierten Modus;
:vi	geht wieder zum bildschirm-orientierten Modus zurück.

:=	Zeigt aktuelle Anzahl Zeilen im Puffer an.
:nu	Zeigt aktuelle Zeile mit deren Nummer.
:1,10nu	Zeigt Zeilen 1-10 mit deren Nummern.
:preserve	Sichert Puffer in schlimmen Situationen.
:recover d	Holt Datei d von dem Absicherungsbereich.

`:set all`	Zeigt alle Einstellungen, aber nicht die Abkürzungen.
`:set`	Zeigt alle, die von der Standardeinstellung abweichen.
`:set ai?`	Zeigt den Zustand von `ai` an.
`:set nonu`	Schaltet Zeilen-Numerierung ab. (`nonumber`)
`:set nu`	Schaltet Zeilen-Numerierung ein. (`number`)
`:set ai`	Erzeugt automatische Absatz-Einfügung. (`autoindent`)
	Es werden Leerzeichen und Tabs eingefügt.
`:set noai`	Stellt wieder Normal ein (`noautoindent`)
`:set list`	Macht Tabs und Zeilenenden sichtbar.
`:set nolist`	...
	Siehe Datei .exrc : set, map, map!, abbr
`:map @ A;^[`	
`:map! oe ö`	Schreibmodus-map! Bei 2 Zeichen diese schnell drücken!
`:unmap ^T`	
`:unmap! oe|ö`	
`:unabbr vvv`	Machen rückgängig.

Folgende Zeichen sind im Kommandomodus nicht belegt:
`g q v K V ^A ^C ^K ^O ^Q ^T ^V ^W ^X ^Z` (`^` = `<Ctrl>`)
– können also gemapt werden!

E

C++

C++ ist eine objektorientierte Hybrid-Sprache, die auf C basiert.

C++ besteht aus:

- C
- C-Erweiterungen: *Das Bessere C*
- Zusätzliche Sprachmittel zur objektorientierten Programmierung (OOP).

Man kann (fast) ohne weiteres aus einem sauber programmierten C-Programm ein C++ Programm machen, indem einfach die Dateinamen-Endung .c in .C bzw. .cpp geändert wird. In C++ muß also nicht unbedingt objektorientiert programmiert werden; C++ ist keine *reine* OOP-Sprache. C++ ist aber dennoch eine eigenständige Sprache, mit eigenem STANDARD, die sich ständig weiterentwickelt.

Das *Bessere C*

- // Zeilenkommentar
- Variablendefinition *on the fly*
- const int i= 12; wirkt wie #define i 12 und ist static.
- = Initialisierungen und [size] mittels Nichtkonstanten (berechnet), die aber auf Konstanten zurückführbar sein müssen.
- Referenzen: int &iref= i; (▶105)
- Typen ohne typedef
- Namenlose union
- Überladene Funktionsnamen -> strikte Prototypen
- Default Funktionsparameter
- Funktions-Inlining
- Speicherzuteilung mit new und delete

Zusätzliche Schlüsselwörter gegenüber C

new	and	reinterpret_cast
delete	and_eq	static_cast
inline	bitand	throw
class	bitor	true
private	bool	try
public	catch	typeid
protected	compl	typename
friend		wchar_t
virtual		xor
operator	explicit	xor_eq
this	export	or_eq
namespace	false	const_cast
using	not	dynamic_cast
mutable	not_eq	
template	or	

Die Schlüsselworte vertikal ab *namespace* sind später hinzugekommen. Die wirklich entscheidenden, unverzichtbaren zusätzlichen Schlüsselworte sind class bis this. class ist fast gleich mit struct.

Zusätzliche Operatoren bzw. zusätzliche Verwendungen davon

```
::      Auflösung, stellt einen Bezug her
:       Bei Vererbung von Klassen
~       Kennzeichnet ~Destruktor-Funktion()
&       Referenzen, fast wie *p
.*      Bei Zeigern auf Klassenmitglieder
->*     dito
<typ>   Bei Templates (Quellkode-Libraries)
```

Eine Reihe der weiter oben aufgeführten Schlüsselwörter sind Operatoren.

Das, was C++ im Kern ausmacht, im Vergleich zu C, sind die *sehr stark* erweiterten Möglichkeiten mit Strukturen und die Operatoren-Überladung mit operator. Innerhalb von Strukturen können auch Funktionen definiert werden! Der Innenraum von Strukturen kann unterteilt werden in Bereiche: privat, geschützt, öffentlich. Einer Struktur/Klasse zugeordnet können Operatoren überladen werden, das heißt, zu einem Operator wird eine beliebige Funktion definiert!:

```
int operator + (args) { /*...*/ };

class Kunden { /*...*/ };

Kunden K;
K+="Hans Mustermann,...";
K.print(NEU);
```

In C könnte man das folgendermaßen lösen:

```
static int Kunden(const char *, ...);

Kunden("%s%s", "+=", "Hans Mustermann,...");
Kunden("%s%i", "print", NEU);
```

Tatsächlich würde man das in C nicht so unelegant lösen, sondern einfach einen anderen OOP-Ansatz finden, der den Sprachmitteln von C besser entspricht. In C kann nämlich auch objektorientiert programmiert werden; das geht in den meisten prozeduralen Sprachen – nur nicht so komfortabel.

C in C++ umwandeln

Falls einfach durch Änderung der Endung .c zu .cpp aus einem C-Programm ein C++ Programm gemacht werden soll, sind folgende Punkte zu beachten:

- Es muß eine *sauber* programmierte C-Quelle vorliegen, in der nicht geschludert wurde:
  - Mit eingebundenen Headern, falls Funktionen daraus verwendet werden.
  - Mit Prototypen.
  - Ohne übersprungene Initialisierungen.
  - ...
- void* müssen explizit in andere Typen umgewandelt werden. Stichwort: malloc().
- arr[4]="abc"; statt arr[3]="abc".
- Zeichenkonstanten 'x' sind char statt int.
- Das auf ▶ 215 beschriebene Modul-Konzept verwenden oder C-Objekte folgendermaßen bekannt machen:
  ```
  extern "C" { extern int main_com(int a, int b, int c);
               extern int abc;
             }
  ```
  In den Headern <xyz.h> wird das nämlich mittels des Makros __cplusplus automatisch gemacht.

Literaturverzeichnis

1. Schellong, Helmut O. B. (1999/2000)
   Webseite *C-Tutorial+Referenz*
   `http://www.schellong.de/c.htm`

2. Schellong, Helmut O. B. (1994-2004)
   Handbuch zur Shell bsh und deren Kommandos
   `http://www.schellong.de/htm/bshmnk.htm`

3. Zweiter C-Standard (C9X)
   Programming languages C
   COMMITTEE DRAFT January 18, 1999 WG14/N869
   `http://www.open-std.org/jtc1/sc22/wg14/`

4. Zweiter C-Standard (C99)
   Programming languages C
   INTERNATIONAL STANDARD ©ISO/IEC ISO/IEC 9899:1999
   `http://www.iso.org`
   `http://webstore.ansi.org/`

5. Zweiter C-Standard (C99) Rationale
   `http://www.open-std.org/`
   `/jtc1/sc22/wg14/www/docs/C99RationaleV5.10.pdf`

6. Dritter C-Standard (C1X)
   Programming languages C
   COMMITTEE DRAFT April 12, 2011 WG14/N1570
   `http://www.open-std.org/jtc1/sc22/wg14/www/docs/n1570.pdf`

7. Dritter C-Standard (C11)
   Programming languages C
   INTERNATIONAL STANDARD ©ISO/IEC ISO/IEC 9899:2011
   `http://www.iso.org`
   `http://webstore.ansi.org/`

8. Programmieren in C
   Deutsche Ausgaben
   Hanser Verlag, 1983+1990
   ISBN 3-446-13878-1 + ISBN 3-446-15497-3

9. Usenet Newsgroup: `de.comp.lang.c` (dclc)

Sachverzeichnis

Zeitfracht Medien GmbH
Ferdinand-Jühlke-Straße 7
99095 Erfurt, Deutschland
produktsicherheit@kolibri360.de